"Los esclavos modernos
No están encadenados
Sino desinformados y manipulados"

CONTENIDO

Capítulo XII: La Industria Cultural y el Entretenimiento.

Capítulo XIII: La Psicología de la Manipulación.

Capítulo XIV: Neurociencia y Manipulación Cognitiva.

Capítulo XV: Gobernanza y Manipulación.

Capítulo XVI: Biopolítica y Control de la Población

Capítulo XVII: La Fuerza Militar Herramienta de Poder Global.

PREFACIO

" La propaganda funciona mejor cuando aquellos que están siendo manipulados están convencidos de que actúan por su propia voluntad."
— Joseph Goebbels

En este crucial punto de inflexión de nuestra historia, navegamos en un mar de información que, aunque parece fluir libremente, es meticulosamente filtrada a través de un caleidoscopio de intereses. En un mundo donde el poder está cada vez más concentrado en pocas manos, surge un llamado urgente a la reflexión y la acción. Este libro nace de una profunda inquietud por la dirección que está tomando nuestra sociedad y de un firme convencimiento en el poder del individuo y la colectividad para redirigirla hacia un futuro más prometedor y democrático.

En su elaboración, hemos adoptado un enfoque metodológico que combina el análisis riguroso de fuentes literarias con una observación crítica del estado actual de nuestra sociedad. La metodología se desglosa en etapas clave: una revisión exhaustiva de la literatura sobre el poder y la manipulación, un análisis detenido de estas fuentes, y la elaboración de conclusiones relevantes. Asimismo, examinamos críticamente la realidad social contemporánea, identificando cómo nuestra sociedad, muchas veces, permanece ciega y muda ante los mecanismos de engaño empleados por los sectores dominantes del poder.

A lo largo de esta investigación, observamos la manipulación de la opinión pública, la influencia desmedida en decisiones políticas y económicas, y la erosión progresiva de los cimientos democráticos. Aunque estos fenómenos no son nuevos, en la era digital las herramientas de control se han vuelto exponencialmente más poderosas y sutiles, planteando desafíos sin precedentes a nuestra autonomía y libertad.

El propósito de este libro es doble: por un lado, desentrañar las estructuras de poder que moldean nuestra realidad; por otro, ofrecer estrategias que empoderen a los lectores para actuar y promover el cambio. Más que un análisis académico, esta obra es una invitación a la introspección crítica y al activismo consciente. Anhelamos que sea un catalizador para el empoderamiento, porque el verdadero éxito de este esfuerzo no radicará únicamente en la erudición de sus argumentos, sino en la resonancia de nuestras ideas en la vida de los lectores y en su capacidad para inspirar un cambio real y significativo.

En definitiva, esta obra no es solo un compendio de ideas: es un llamado a cuestionar las normas establecidas y a contribuir activamente a la construcción de un futuro más equitativo. A medida que te adentres en las páginas que siguen, te animo a mantener una mente abierta y comprometida con el proceso de transformación que proponemos.

Juntos, podemos desentrañar los hilos de la manipulación y tejer un nuevo tapiz para nuestra sociedad: uno que refleje nuestra diversidad y nuestra dedicación a los valores fundamentales de justicia, equidad y libertad. Que este libro sea el inicio de un viaje profundo y esperanzador hacia un mundo mejor para todos.

DEDICATORIA

" Cuando la tiranía se hace ley, la rebelión se hace un deber."

– Thomas Jefferson

Este libro está dedicado a todos aquellos individuos, entidades y naciones que han sido víctimas de las manipulaciones de las élites dominantes. A aquellos cuyas voces han sido silenciadas, cuyas aspiraciones han sido sofocadas y cuyos sueños han sido aplastados en el implacable engranaje del poder.

Cada página de esta obra evoca las injusticias sufridas, los daños infligidos y las vidas transformadas —muchas veces devastadas— por las maquinaciones de quienes buscan mantener su dominio sobre las mayorías. Nos solidarizamos con los pueblos cuyas esperanzas han sido erosionadas y cuya dignidad ha sido pisoteada por estructuras de poder opresivas y excluyentes.

Nuestra solidaridad se dirige especialmente hacia los países en vías de desarrollo, sistemáticamente golpeados por políticas depredadoras impuestas por potencias extranjeras. Reconocemos los estragos causados por la deuda impagable, la explotación indiscriminada de recursos naturales y la imposición de modelos económicos que perpetúan el ciclo de pobreza, dependencia y desigualdad.

Que este libro sea un tributo a su resistencia, una voz para sus luchas y una chispa de esperanza en medio de la oscuridad. Que sea un testimonio de que, pese a los obstáculos aparentemente insuperables, la fuerza y la resiliencia de los oprimidos son inquebrantables.

En la búsqueda constante de justicia y libertad, nos comprometemos a honrar su memoria, a visibilizar su verdad y a trabajar incansablemente por un mundo donde cada ser humano sea tratado con dignidad, equidad y respeto.

Que su sufrimiento no haya sido en vano. Que su valentía inspire la transformación profunda que nuestras sociedades necesitan.

INTRODUCCIÓN

> *" La mayor fortaleza de los poderosos es*
> *hacerte creer que no tienes poder."*
> — Alice Walker

En un mundo donde la información fluye de manera constante y abrumadora, el poder de influir en la percepción y en las decisiones de las masas nunca ha sido tan significativo ni tan sofisticado. Este poder se concentra en manos de un grupo relativamente pequeño de individuos y organizaciones: las élites económicas, políticas y culturales. A través de su influencia desproporcionada en los ámbitos financieros, legislativos y mediáticos, estas élites tienen la capacidad de dirigir políticas públicas, moldear opiniones sociales y determinar el rumbo del desarrollo económico y tecnológico.

"Arquitectos de la Sombra del Poder: Diseñando la Manipulación Global" se adentra en el núcleo de ese poder, desentrañando los mecanismos y estrategias mediante los cuales las élites modelan nuestra comprensión del mundo y manipulan los hilos de la sociedad global. La manipulación, una herramienta tan antigua como la humanidad, ha evolucionado a lo largo de los siglos. Se ha adaptado a los cambios tecnológicos y culturales, operando desde las sombras, orquestando acontecimientos mundiales sin despertar sospechas y, a menudo, más allá del alcance de la supervisión pública o la rendición de cuentas. Su influencia se extiende por todas las sociedades y fronteras, afectando la vida de miles de millones de personas y moldeando el destino colectivo de la humanidad.

Comprender las dinámicas de poder entre las élites y las masas es fundamental por diversas razones. Primero, porque afectan casi todos los aspectos de la vida personal y social, desde las oportunidades económicas hasta la libertad de expresión y el acceso a la información. Segundo, porque el desequilibrio de poder contribuye a desigualdades estructurales que socavan los principios de equidad y justicia. Y tercero, porque la manipulación —a través de los medios de comunicación, el sistema educativo, la religión y la economía— inhibe el desarrollo de sociedades democráticas verdaderamente participativas y conscientes.

La importancia de conocer estas dinámicas radica en su omnipresencia y en las profundas consecuencias que tienen sobre nuestras vidas. Desde decisiones políticas que afectan el destino de naciones hasta tendencias de consumo que marcan el pulso de la economía global, la manipulación ejercida por las élites influye en cada aspecto de nuestra existencia. Entender estos mecanismos no es solo un ejercicio intelectual: es un paso fundamental hacia la emancipación individual y colectiva. Al arrojar luz sobre estas tácticas ocultas, este libro busca no solo comprenderlas, sino también empoderar a los lectores en la construcción de alternativas más justas y equitativas.

Mediante un enfoque profundo y multidisciplinario —que integra la teoría crítica, el marxismo, el postestructuralismo, el panoptismo y la biopolítica— se ofrecerán herramientas analíticas para comprender las complejas relaciones de poder que subyacen a la manipulación global. Se expondrán las tácticas de control utilizadas por las élites: desde la dominación económica hasta la construcción cultural de la realidad. El objetivo no es solo develar las estructuras que perpetúan su dominio, sino también fomentar una mayor conciencia del papel que cada persona desempeña dentro de esas dinámicas.

A lo largo de los capítulos, exploremos cómo las políticas económicas, el sistema educativo, los medios de comunicación, la religión, la industria del entretenimiento, los lobbies corporativos, la fuerza militar y la legislación coercitiva funcionan como engranajes de control diseñados para preservar el statu quo y proteger los intereses de las élites.

Aspiramos a inspirar a individuos y comunidades a cuestionar, resistir y proponer alternativas a la concentración de poder. Promovemos una sociedad empoderada, informada y verdaderamente democrática.

Comprender cómo operan estas fuerzas manipuladoras es el primer paso para contrarrestarlas. Al final, *"Arquitectos de la Sombra del Poder: Diseñando la Manipulación Global"* no solo busca desvelar los mecanismos de control, sino también inspirar un futuro en el que estas tácticas sean superadas por una ciudadanía crítica, consciente y activamente comprometida con la construcción de su propio destino.

Capítulo I
El Poder de las Élites

" El poder es la sombra que todo lo penetra, invisible pero omnipresente, moldeando destinos sin que jamás se vea su rostro."
— Inspirado en Foucault.

Antes de adentrarnos en la historia y en las manifestaciones del control, detengámonos a meditar sobre la naturaleza del poder. No es un objeto estático, sino una fuerza que se desliza y se infiltra en cada rincón de la existencia humana. Este capítulo explora cómo las élites han tejido una red invisible que determina el destino de las sociedades modernas, dando inicio al viaje que nos permitirá comprender los mecanismos que sostienen la dominación global.

La manipulación de las masas es un arte tan antiguo como las civilizaciones mismas. Desde los albores de la humanidad, las élites han utilizado diversas técnicas y herramientas para influenciar, controlar y, en muchas ocasiones, someter a los pueblos. En la actualidad, ese poder se distribuye de manera profundamente desigual: una minoría concentra una desproporcionada cuota de influencia sobre los aspectos políticos, económicos, culturales y tecnológicos de nuestras vidas.

A lo largo de la historia, reyes, emperadores, líderes religiosos y magnates han dirigido el rumbo de naciones enteras. Hoy, esa élite ya no habita solamente palacios ni parlamentos, sino también los rascacielos de las grandes corporaciones, los estudios de televisión, los servidores digitales y las plataformas educativas. Su poder se manifiesta tanto de manera visible como encubierta, y muchas veces opera con tal sutileza que pasa inadvertido para la mayoría.

La manipulación de las masas ha evolucionado significativamente con el tiempo, adaptándose a los cambios tecnológicos y sociales. Nos adentraremos en el estudio de estas herramientas de control, desde sus formas más tradicionales hasta sus manifestaciones en la era digital.

1. HERRAMIENTAS TRADICIONALES DE CONTROL

En todos los tiempos, las estructuras de poder han empleado pilares como la religión, la educación y los medios de comunicación para moldear la conciencia colectiva y perpetuar su dominio.

1.1. La Religión

Durante siglos, la religión ha sido una fuerza poderosa para moldear normas sociales, éticas y comportamientos, ofreciendo un marco tanto para la cohesión social como para la división. Las narrativas religiosas han proporcionado a las élites un medio para legitimar su poder, dictar moralidades y controlar la disidencia bajo la amenaza de sanciones tanto terrenales como espirituales. Un ejemplo histórico emblemático del uso de la religión como herramienta de control puede verse en la Europa medieval, donde la Iglesia Católica ejercía una influencia dominante sobre la vida política y social.

La doctrina del "derecho divino de los reyes", promovida por la iglesia, servía para justificar la autoridad absoluta de la monarquía, mientras que la Inquisición se utilizaba para suprimir cualquier desviación ideológica o religiosa, manteniendo así el control social y político.

1.2. La Educación

Lejos de ser siempre un vehículo de emancipación, la educación ha servido muchas veces como instrumento de domesticación. Los currículos diseñados por las élites reproducen sus intereses y refuerzan las jerarquías existentes, preparando a las generaciones futuras para aceptar estas dinámicas como naturales e inmutables. En el siglo XIX, por ejemplo, el sistema educativo británico estaba estructurado para preparar a la clase trabajadora en la obediencia, el trabajo manual y la religiosidad, mientras que reservaba a los hijos de la élite la formación en liderazgo, política y cultura clásica. De tal manera que la escuela funcionaba como un engranaje que legitimaba y naturalizaba el orden social.

1.3. Los Medios de Comunicación Tradicionales

La prensa escrita, la radio y la televisión han tenido un papel central en la formación de la opinión pública, actuando como vehículos de información, pero también como filtros ideológicos. A través de la selección y el enfoque de noticias, estos medios han moldeado percepciones, legitimado decisiones políticas y favorecido los intereses de las élites. Su poder radica tanto en lo que comunican como en lo que omiten: conflictos sociales silenciados, banalización de temas estructurales y la conversión de la política en espectáculo.

Un ejemplo clave fue la cobertura de la guerra de Vietnam, donde el gobierno estadounidense utilizó los medios para presentar una narrativa heroica de su intervención, ocultando masacres y violaciones de derechos humanos. Comunicados oficiales, imágenes controladas y discursos patrióticos mantuvieron el apoyo público y prolongaron el conflicto. Sin embargo, a medida que periodistas independientes mostraron el horror real del conflicto, la televisión se transformó en herramienta de denuncia, alimentando el descontento social y el crecimiento del movimiento pacifista.

Este caso ilustra que los medios tradicionales no son neutrales ni imparciales. Están profundamente condicionados por intereses políticos y económicos, y su objetividad muchas veces responde más a los propietarios de las cadenas que a un compromiso con la verdad. Por eso, es esencial una mirada crítica sobre su rol y estructura.

Entender que los medios no son meros observadores sino actores con capacidad de intervenir en la historia es clave para fortalecer la democracia. Sin un sistema comunicacional plural, transparente y accesible, la ciudadanía queda subordinada a narrativas impuestas. Democratizar la comunicación no es solo una demanda técnica, sino una necesidad política para garantizar que la información sirva al bien común y no a los intereses concentrados.

2. LA REVOLUCIÓN DIGITAL NUEVAS HERRAMIENTAS DE CONTROL

La era digital ha transformado radicalmente las formas de control. Internet, las redes sociales y los dispositivos móviles han ampliado exponencialmente el alcance del poder. Ahora, las élites no solo controlan lo que se dice, sino a quién se le dice, cuándo y cómo. Los datos personales, extraídos masivamente sin conciencia plena del usuario, permiten técnicas de persuasión hiperpersonalizadas que operan a nivel emocional y subconsciente.

Los algoritmos refuerzan nuestros sesgos, moldean nuestras preferencias y bloquean contenidos críticos, creando burbujas cognitivas. En este entorno, la manipulación ya no necesita ser explícita; se vuelve seductora, casi imperceptible. Casos como el escándalo de Cambridge Analytica han demostrado cómo se puede influenciar el comportamiento político de millones de personas sin que estas lo noten.

Además, vivimos bajo un régimen de vigilancia constante, en el que cada clic, cada desplazamiento y cada conversación digital deja huellas. Esta vigilancia crea una forma de autocensura silenciosa, donde el miedo a ser observado modifica nuestras conductas sin necesidad de coacción directa. Foucault ya lo había advertido con su metáfora del panóptico: el poder más efectivo es aquel que logra que nos vigilemos a nosotros mismos.

Las plataformas de redes sociales han transformado la forma en que se comparte y consume información, facilitando la difusión de desinformación y noticias falsas a escala global. Los algoritmos que determinan qué contenido es más visible para los usuarios pueden ser manipulados para reforzar sesgos existentes, promover agendas específicas y silenciar voces disidentes. Un ejemplo reciente del poder de las redes sociales en la manipulación de la opinión pública se vio en las elecciones presidenciales de Estados Unidos en 2016, donde operaciones de desinformación orquestadas, en parte, por actores extranjeros utilizaron plataformas como Facebook y Twitter para influir en las percepciones y comportamientos de los votantes. La personalización de la propaganda, basada en el análisis detallado de datos de los usuarios, demostró la potencialidad de las nuevas tecnologías digitales para influenciar decisiones políticas a gran escala.

La vigilancia digital se ha vuelto cada vez más intrusiva, con gobiernos y empresas privadas capaces de monitorear casi todos los aspectos de la vida de una persona. Esta omnipresencia de la vigilancia no solo erosiona la privacidad, sino que también facilita una forma de control social sutil pero poderosa, donde el comportamiento de las masas puede ser influenciado o directamente modificado a través del miedo a ser observado. La omnipresencia de la vigilancia digital tiene profundas implicaciones para la autonomía individual y colectiva.

El poder puede entenderse como una fuerza que se genera y se ejerce en las relaciones entre individuos, grupos e instituciones. No es algo que se tiene, sino algo que se hace. Michel Foucault nos advertía que el poder no solo se ejerce a través de la coerción, sino mediante la construcción de discursos que determinan lo que es verdadero, legítimo y aceptable. La hegemonía, como señalaba Gramsci, no se impone con la violencia explícita, sino con la capacidad de hacer que las masas interioricen el sistema que las oprime. Las élites, a lo largo de la historia, han comprendido que la dominación más efectiva no es aquella que se ejecuta con la espada, sino aquella que se normaliza en la mente de los gobernados. Nos encontramos en una era donde la manipulación ya no es burda ni evidente; se oculta detrás de instituciones, normativas y narrativas cuidadosamente diseñadas para parecer naturales. La verdadera pregunta es: ¿Hasta qué punto somos conscientes de nuestra propia sumisión? Y más importante aún, ¿Cómo podemos escapar de un sistema que hemos aprendido a aceptar como incuestionable?

Las élites han utilizado desde todos los tiempos herramientas —tanto tradicionales como modernas— para ejercer su dominio. Desde el uso de la religión y la educación, hasta la manipulación mediática y digital en la era contemporánea, estos mecanismos han constituido la base sobre la cual se erige y perpetúa el poder.

Con esta comprensión inicial, nos adentramos ahora en las principales teorías que analizan este fenómeno. El próximo capítulo, "Teorías del Poder", abordará los aportes fundamentales de pensadores críticos como

Michel Foucault, Antonio Gramsci y Jacques Derrida, cuyas perspectivas nos proporcionan claves conceptuales esenciales para entender la naturaleza difusa, sutil y omnipresente del poder en nuestras sociedades contemporáneas.

Síntesis Crítica

En este primer capítulo, se desvela cómo las élites han ejercido históricamente el poder mediante estructuras como la religión, la educación y los medios, transformándolas en mecanismos de control ideológico. En la era digital, el poder se ha vuelto más sutil e invasivo: ya no se impone, se internaliza. A través de datos, algoritmos y narrativas mediáticas, se construye una ilusión de libertad que encubre una manipulación profunda. La crítica central advierte sobre la necesidad de una conciencia crítica colectiva capaz de cuestionar lo que hoy se presenta como "normal" o "verdadero".

Aprendizajes Clave

- El poder se ejerce de forma directa y sutil, permeando las instituciones y los discursos sociales.
- Las herramientas de control, como la religión, la educación y los medios, funcionan no solo para reprimir, sino para moldear la percepción y la realidad de las masas.
- La manipulación de la información ha evolucionado con la era digital, ampliando el alcance de la influencia de las élites.

Preguntas para la Reflexión

1. ¿De qué manera influyen las estructuras tradicionales en la configuración de nuestro presente digital?
1. ¿Cómo podríamos identificar y cuestionar los mecanismos de control que operan de forma encubierta en la sociedad?
2. ¿Qué ejemplos contemporáneos evidencian la continuidad de estas prácticas históricas?

CAPÍTULO II
TEORÍAS DEL PODER

*" El poder se define no solo por lo que se impone,
sino por las estructuras invisibles que lo sostienen."*

— Inspirado en Gramsci.

Este capítulo explora las grandes corrientes de pensamiento que han moldeado nuestra comprensión del poder. Analiza cómo estos marcos teóricos permiten desentrañar las estrategias de control y la construcción de la hegemonía. Así, se establece una base conceptual sólida para cuestionar las dinámicas que perpetúan la dominación en la sociedad contemporánea.

Las teorías del poder nos permiten sumergirnos en las profundidades de diversas perspectivas críticas que han modelado nuestra comprensión del poder y la manipulación. A través del marxismo, la teoría crítica de la Escuela de Frankfurt, el posestructuralismo, la biopolítica, el panoptismo y el capitalismo de vigilancia, buscamos entender cómo las élites ejercen control sobre las masas y cómo este control se ha transformado en la era digital.

Además de estas teorías fundamentales, exploramos las formas en que este poder se manifiesta en la vida cotidiana, mediante el análisis de las estrategias de manipulación de las masas propuestas por Noam Chomsky. Chomsky desglosa estas estrategias en diez principios utilizados por diversas entidades, desde gobiernos hasta corporaciones, para influir en las opiniones, actitudes y comportamientos colectivos. Estas estrategias actúan como herramientas clave en el arsenal de quienes buscan consolidar su dominio sobre la sociedad.

Examinaremos cómo estas teorías críticas y estrategias de manipulación se entrelazan, se manifiestan en diferentes contextos históricos y continúan moldeando nuestras percepciones y experiencias.

1. CONCEPTO DE PODER

El concepto de poder ha sido uno de los temas más debatidos dentro de las ciencias sociales, con diversas interpretaciones ofrecidas a lo largo de la historia. Tradicionalmente, se ha entendido como la capacidad de un individuo o grupo para imponer su voluntad sobre otros, incluso contra su resistencia. Sin embargo, esta visión ha sido ampliamente expandida por teóricos contemporáneos, quienes han explorado el poder no solo como una relación de dominación directa, sino también como un elemento que permea las estructuras sociales, culturales y políticas. Estos enfoques han contribuido a una comprensión más matizada, viéndolo como un poder difuso y a menudo invisible.

1.1. Poder según Michel Foucault

Michel Foucault, uno de los teóricos más influyentes en el estudio del poder, propuso una concepción radicalmente distinta. Para él, el poder no se "posee", sino que se "ejerce". Es dinámico, circula a través de la sociedad y está integrado en una compleja red de relaciones. Se manifiesta a través de prácticas sociales y discursos que definen la verdad y el conocimiento, moldeando así percepciones, relaciones e identidades. Esta perspectiva nos permite entender el poder más allá del conflicto abierto, reconociendo su presencia en normas, instituciones y discursos cotidianos que sostienen sistemas de dominación.

1.2. Poder y hegemonía en Gramsci

Antonio Gramsci introduce la noción de hegemonía para explicar cómo las clases dominantes mantienen su poder no solo mediante la coacción, sino también mediante el consenso. Argumenta que las élites ejercen un control cultural e ideológico que normaliza su dominación, haciendo que sus intereses sean percibidos como universales. Este proceso implica la difusión de valores, creencias y prácticas a través de instituciones como la educación, los medios de comunicación y las organizaciones religiosas, asegurando la aceptación de la ideología dominante por parte de las clases subalternas. La hegemonía, entonces, actúa como un poder ejercido desde la superestructura, influyendo en la conciencia social y cultural.

1.3. Poder y lucha de clase Karl Marx y Friedrich Engels

Karl Marx y Friedrich Engels concibieron el poder no como una entidad abstracta o neutral, sino como una manifestación concreta de las relaciones sociales establecidas por el sistema económico dominante. En su análisis histórico-materialista, afirmaron que toda sociedad está estructurada sobre un modo de producción determinado, el cual da lugar a clases sociales antagónicas. Estas clases, principalmente la burguesía (propietaria de los medios de producción) y el proletariado (poseedora únicamente de su fuerza de trabajo), se enfrentan en una lucha constante por el control de los recursos y de la estructura institucional.

Para Marx y Engels, el Estado no es un árbitro imparcial entre estas clases, sino un instrumento al servicio de la clase dominante. A través del Estado, la burguesía impone sus intereses, sus leyes y su visión del mundo, disfrazándolos de universales y necesarios. Esta dominación no se basa únicamente en la coerción física, sino en la construcción de una ideología que naturaliza la desigualdad, invisibiliza la explotación y legitima el orden existente.

En este sentido, el poder se ejerce no solo mediante la represión directa, sino también a través de mecanismos ideológicos que moldean la conciencia de los individuos, haciendo que acepten como "normal" un sistema que, en realidad, reproduce la desigualdad y limita su autonomía. La escuela, la religión, los medios de comunicación y la cultura juegan un papel clave en este proceso de reproducción ideológica, actuando como aparatos que refuerzan la hegemonía de la clase dominante.

La propuesta marxista no se limita a una crítica del poder existente, sino que plantea la necesidad de transformar radicalmente estas relaciones. La lucha de clases, entendida como el motor de la historia, conduce eventualmente a una ruptura revolucionaria en la que el proletariado, al tomar conciencia de su posición y organizarse políticamente, puede derrocar el poder burgués, abolir la propiedad privada de los medios de producción y establecer una nueva forma de poder popular: la dictadura del proletariado, como paso hacia una sociedad sin clases.

2. CRÍTICA A LA ECONOMÍA Y LA SOCIEDAD

Esta sección aborda cómo las estructuras económicas y culturales son fundamentales para comprender las dinámicas de poder en el capitalismo.

2.1. Marxismo y lucha de clases

El marxismo, con su énfasis en la lucha de clases y la crítica a las desigualdades económicas, constituye un pilar esencial del análisis crítico. Karl Marx y Friedrich Engels plantearon que la historia de la humanidad es la historia de la lucha de clases, marcada por conflictos inherentes a los modos de producción. En el capitalismo, esta lucha se da entre la burguesía (propietaria de los medios de producción) y el proletariado (trabajadores que venden su fuerza laboral).

El materialismo histórico sostiene que estas relaciones de producción determinan no solo la distribución de la riqueza, sino también las instituciones políticas, las leyes, la cultura y las ideologías. La ideología dominante cumple una función legitimadora, perpetuando un sistema de explotación. Marx predijo que las contradicciones internas del capitalismo provocarían su derrumbe, dando paso a una sociedad sin clases: el comunismo.

En esta nueva sociedad, los medios de producción serían de propiedad colectiva, eliminando la explotación y promoviendo una distribución equitativa de los recursos. El marxismo, a través de su énfasis en el materialismo histórico, ofrece herramientas analíticas para comprender cómo las estructuras económicas condicionan el poder y la posibilidad de transformación social.

2.2. Escuela de Frankfurt y teoría crítica

La Escuela de Frankfurt, surgida en el Instituto de Investigación Social de Alemania, amplió la crítica marxista al analizar cómo la cultura y los medios masivos funcionan como instrumentos de control social. Pensadores como Max Horkheimer, Theodor Adorno, Herbert Marcuse y Jürgen Habermas argumentaron que la industria cultural crea una ilusoria satisfacción que inhibe el deseo de cambio.

Esta teoría subraya cómo los medios, el cine, la radio y la televisión actúan como mecanismos de dominación. La cultura de masas, según esta crítica, es estandarizada, superficial y orientada a la pasividad. A través de la repetición y la homogeneización, se genera conformismo y se limita la capacidad crítica del individuo.

La razón instrumental, según Adorno y Horkheimer en *"Dialéctica de la Ilustración"*, ha convertido el conocimiento en herramienta de control, no de emancipación. En lugar de liberar, la razón sirve para administrar y dominar. Este tipo de racionalidad vacía a la cultura de su potencial transformador, convirtiéndola en un producto de consumo que perpetúa la alienación.

La teoría crítica de la Escuela de Frankfurt constituye una herramienta esencial para comprender cómo se articulan las estructuras económicas, políticas y culturales en la reproducción del poder. Desde esta perspectiva, el poder no se limita a su expresión institucional o legal, sino que se manifiesta también en las formas simbólicas, en la cultura de masas y en los mecanismos de alienación cotidiana. Autores como Max Horkheimer, Theodor Adorno, Herbert Marcuse y Jürgen Habermas analizaron cómo los medios de comunicación, el entretenimiento, la educación y la producción cultural actúan como dispositivos ideológicos que refuerzan el statu quo.

La dominación, por tanto, no opera únicamente por la fuerza, sino también por la producción de consenso y sentido. En este marco, la razón instrumental sustituye a la razón crítica, orientando la vida social hacia la eficiencia y el control más que hacia la emancipación. La conciencia crítica, entonces, se vuelve fundamental para identificar estas formas sutiles de sujeción. Solo a través del cuestionamiento de lo dado, del desmontaje de las ideologías dominantes y del ejercicio de la reflexión autónoma, es posible resistir y transformar las estructuras que perpetúan la desigualdad.

3. TEORÍAS CONTEMPORÁNEAS DEL PODER

En este apartado exploramos las teorías modernas que abordan el poder desde nuevas perspectivas, incluyendo la biopolítica, el panoptismo y el capitalismo de vigilancia. El postestructuralismo y la deconstrucción del poder complementan estas discusiones al desafiar las nociones tradicionales de identidad, conocimiento y poder, ofreciendo herramientas críticas para desentrañar las formas sutiles en que el poder se incrusta en nuestras estructuras sociales y discursivas.

3.1. Postestructuralismo y Deconstrucción del Poder

Jacques Derrida, uno de los pilares del postestructuralismo, introdujo el concepto de deconstrucción, una práctica crítica orientada a desmontar textos, discursos y estructuras lógicas para exponer sus contradicciones internas, presuposiciones ocultas y estructuras de poder subyacentes. Derrida argumenta que el lenguaje no es un medio neutral para transmitir la verdad; más bien, es un campo de batalla ideológico donde los significados son constantemente negociados y reconfigurados.

La deconstrucción busca ir más allá del texto superficial para revelar cómo las jerarquías de poder y dominación están incrustadas en el lenguaje y cómo este contribuye a la construcción de realidades sociales. Al examinar críticamente el uso de conceptos como género, raza y clase en diversos discursos, Derrida nos invita a cuestionar la supuesta naturalidad de las categorías binarias y las oposiciones jerárquicas, abriendo el camino para nuevas formas de pensar y relacionarnos que desafían el orden establecido.

3.2. Poder y Conocimiento en Foucault

Michel Foucault, otro importante teórico postestructuralista, profundizó en la relación intrínseca entre poder y conocimiento, argumentando que no se puede entender uno sin el otro. Desde su perspectiva, el conocimiento no es simplemente un reflejo de la realidad, sino un instrumento de poder. Foucault exploró cómo las instituciones y las prácticas discursivas (como la medicina, la psiquiatría, el sistema penal y la ciencia) crean "regímenes de verdad" que clasifican, normativizan y controlan a los individuos y las poblaciones.

Foucault desafía la idea de que el poder reside únicamente en estructuras económicas o institucionales. Según él, el poder se ejerce no solo mediante la represión o la fuerza, sino también a través de la producción de conocimiento que define lo que se considera normal, deseable o verdadero.

Este enfoque revela cómo las "verdades" son construidas y mantenidas por relaciones de poder específicas, y cómo estas "verdades" a su vez refuerzan dichas estructuras. Por ejemplo, el concepto de "locura" no es solo un diagnóstico médico neutral, sino también una categorización que históricamente ha servido para controlar y excluir a quienes desafían las normas sociales. Foucault introdujo conceptos como la biopolítica y el panoptismo para describir cómo el poder se ejerce mediante la vigilancia y el control sobre la vida y los cuerpos, revelando cómo se internalizan prácticas de auto-vigilancia y conformidad.

3.3. Biopolítica

La biopolítica es un concepto desarrollado por Michel Foucault para describir cómo los gobiernos modernos ejercen control sobre las poblaciones mediante políticas destinadas a regular los aspectos biológicos de la vida humana.

Este concepto surgió en sus lecturas en el Collège de France a finales de los años 70, particularmente en los cursos *"La sociedad debe ser defendida"* (1975–1976), *"Seguridad, territorio y población"* (1977–1978) y *"El nacimiento de la biopolítica"* (1978–1979). Foucault lo utilizó para describir una transición en las sociedades modernas: del poder soberano que dictamina sobre la muerte, hacia un poder que gestiona y optimiza la vida.

La biopolítica incluye desde políticas de salud pública y seguridad social hasta regulaciones sobre natalidad y cuerpo. Se trata de una forma de poder que busca optimizar, controlar y extraer valor de la vida humana, regulando aspectos como la salud, la sexualidad y las prácticas de vida.

Ejemplos de prácticas biopolíticas:

- **Políticas de salud pública:** Programas de vacunación, medidas de higiene y sistemas sanitarios que buscan proteger y mejorar la salud de la población.

- **Regulaciones sobre natalidad y familia:** Políticas que influyen en decisiones reproductivas y en la estructura familiar, como leyes sobre aborto, contracepción o incentivos para tener hijos.

La biopolítica representa un cambio hacia el gobierno de la vida misma. Aunque puede ser una herramienta de control, también abre espacios para la resistencia, como las luchas por los derechos reproductivos, contra el racismo institucional en los sistemas de salud, o por la soberanía alimentaria.

3.4. Panoptismo

El panoptismo es un principio de vigilancia y control descrito por Michel Foucault en *"Vigilar y castigar"* (1975). Se inspira en el diseño del Panóptico, una prisión ideada por Jeremy Bentham en el siglo XVIII, donde un solo vigilante puede observar a todos los prisioneros sin ser visto.

Foucault utiliza esta arquitectura como metáfora para explicar cómo la vigilancia se convierte en un mecanismo eficaz de control social.

Características del panoptismo:

- **Vigilancia constante:** Induce a los sujetos a comportarse como si siempre estuvieran siendo observados, promoviendo la auto-regulación.

- **Automatización del poder:** El control se vuelve eficiente sin necesidad de fuerza, pues el miedo al castigo asegura la conformidad.

Foucault argumenta que el panoptismo se ha extendido a instituciones como escuelas, fábricas y hospitales. Hoy, en la era digital, se manifiesta en formas avanzadas de vigilancia que rastrean comportamientos y pensamientos, generando nuevos desafíos para la privacidad y la autonomía individual.

3.5. Capitalismo de Vigilancia

El concepto de capitalismo de vigilancia fue desarrollado por Shoshana Zuboff, profesora emérita de Harvard, en su obra *"La era del capitalismo de vigilancia"*. Este término describe un nuevo modelo económico basado en la extracción y comercialización de datos personales mediante tecnologías digitales.

En este modelo, las experiencias humanas se convierten en insumos gratuitos que son recolectados, procesados y transformados en productos predictivos. A través de dispositivos conectados, redes sociales, búsquedas en línea y más, las empresas recopilan datos de los usuarios no solo para mejorar servicios, sino para predecir e incluso modificar su comportamiento.

Estas predicciones se venden a otras empresas para publicidad dirigida o manipulación del comportamiento. Este sistema plantea serias preocupaciones sobre privacidad, autonomía, discriminación algorítmica y concentración de poder en manos de grandes corporaciones tecnológicas.

Ante estos riesgos, se han alzado voces en favor de la regulación. Iniciativas como el Reglamento General de Protección de Datos (GDPR) en la Unión Europea, junto con movimientos de activismo digital, buscan limitar los excesos de este modelo y proteger los derechos fundamentales en la era digital.

Desde una perspectiva crítica, el postestructuralismo y la deconstrucción del poder nos brindan herramientas para analizar cómo el lenguaje y las estructuras sociales refuerzan las dinámicas de control. Estos enfoques nos permiten desentrañar las formas sutiles del poder y abrir caminos hacia relaciones sociales más equitativas, conscientes y transparentes.

4. LAS 10 ESTRATEGIAS DE MANIPULACIÓN UTILIZADAS POR LOS GOBIERNOS, SEGÚN NOAM CHOMSKY

1. La distracción.

El control social es el objetivo principal. Esta técnica consiste en desviar la atención del público respecto a los problemas importantes —como la pobreza, el sistema de salud, la crisis de vivienda, la inequidad o la corrupción— mediante una inundación constante de distracciones e información irrelevante, tarea que desempeñan eficazmente los noticieros de televisión. Esta estrategia impide que el público adquiera conocimientos clave en ciencia, filosofía, economía, psicología o política, manteniéndolo sin tiempo para reflexionar críticamente.

2. Crear problemas y luego ofrecer soluciones.

Conocido como "problema-reacción-solución", este método consiste en generar o exacerbar un problema para, luego, ofrecer una solución que consolide el poder y la legitimidad del gobierno. Por ejemplo, permitir que aumente la violencia urbana o incluso fomentar atentados puede llevar al público a exigir leyes que limiten sus libertades. Del mismo modo, una crisis económica puede justificar recortes de derechos sociales y la destrucción del sector público.

3. La estrategia de la gradualidad.

Se implementan políticas impopulares de forma progresiva para evitar resistencia. De este modo, cambios estructurales significativos —como el Estado mínimo, las privatizaciones o la precarización del trabajo— se vuelven aceptables porque no se introducen de golpe, sino como parte de una adaptación paulatina.

4. La estrategia de diferir.

Consiste en presentar decisiones impopulares como necesarias pero aplicables en el futuro. Esto reduce la resistencia inmediata, ya que los sacrificios se proyectan en el tiempo, y el público tiende a aceptar más fácilmente una pérdida futura que una inmediata.

5. Mensajes simplificados: dirigirse al público como si fueran niños.

Usar un lenguaje condescendiente, emocional y simplificado permite manipular al público con mayor facilidad. Tratar a los ciudadanos como si tuvieran menos de doce años refuerza respuestas emocionales y acríticas, facilitando el control.

6. Priorizar la emoción sobre la reflexión.

Apelar a las emociones bloquea el pensamiento racional y crítico. El uso del registro emocional abre el camino al inconsciente, donde se pueden implantar ideas, deseos, temores o comportamientos sin oposición consciente.

7. Fomentar una educación deficiente.

Mantener a la población en la ignorancia dificulta que comprenda los mecanismos de control a los que está sometida. Una educación mediocre facilita la manipulación y la pasividad frente a las injusticias estructurales.

8. Estímulo de la mediocridad y el conformismo.

Se promueve una cultura que glorifica lo superficial, la vulgaridad y la ignorancia. Se convierte en motivo de orgullo el rechazo a la cultura y al pensamiento crítico, perpetuando un sistema de sumisión pasiva.

9. Fomentar la autoculpabilidad.

Se convence al individuo de que es el único responsable de sus problemas, debido a su falta de esfuerzo o capacidad. Esta táctica desvía la atención de las causas estructurales y protege a los verdaderos responsables: las élites y sus políticas.

10. Conocer mejor al individuo que él mismo.

Gracias al análisis de datos personales, los gobiernos y corporaciones pueden anticipar y dirigir el comportamiento de los individuos. Este conocimiento les otorga un poder sin precedentes para moldear percepciones y conductas.

La manipulación gubernamental plantea serios desafíos para la democracia, los derechos humanos y la gobernabilidad. Estas prácticas distorsionan la verdad, socavan la confianza en las instituciones y erosionan las bases de una sociedad libre. Su impacto alimenta la polarización, desinforma y debilita la cohesión social.

A lo largo de este capítulo, exploramos un amplio espectro de teorías críticas, cada una aportando una lente distinta para analizar el poder. Desde el análisis marxista hasta las nuevas formas de control digital, estas perspectivas nos dotan de herramientas esenciales para desenmascarar las dinámicas que moldean nuestras sociedades.

Comprender estas estructuras requiere un enfoque interdisciplinario que integre economía, cultura, tecnología y política. Aunque cada teoría aporta una mirada única, en conjunto evidencian la urgencia de fortalecer la crítica, la vigilancia ciudadana y la acción colectiva como mecanismos de transformación social.

Tras sumergirnos en las ideas de Foucault, Gramsci y Derrida, comprendemos que el poder no solo actúa de manera visible, sino que se reproduce en lo cotidiano, en los discursos y en las prácticas culturales. En consonancia con el marco teórico establecido, el subsiguiente capítulo — *"La Economía de la Desigualdad"*— se propone descender desde el plano de la abstracción conceptual para analizar la manifestación tangible y las implicaciones de la inequidad global.

Síntesis Crítica.

Este capítulo ha puesto en evidencia cómo las principales corrientes teóricas —desde el marxismo y la teoría crítica hasta el postestructuralismo— ofrecen herramientas para comprender las complejas dinámicas del poder. La perspectiva de Foucault resalta su carácter distribuido y cotidiano; Gramsci nos alerta sobre la hegemonía cultural como forma de dominación consentida. Las estrategias de manipulación analizadas por Noam Chomsky complementan esta mirada, mostrando cómo se refuerza el control desde las instituciones y los medios.

La conciencia crítica y la acción colectiva se presentan como vías indispensables para resistir y transformar estas estructuras opresivas.

Aprendizajes Clave

- El poder se ejerce de forma difusa, a través de discursos, normas y prácticas cotidianas.

- Las teorías de Foucault y Gramsci subrayan la hegemonía y los regímenes de verdad como pilares del dominio.

- Deconstruir el poder implica identificar sus contradicciones y abrir espacio para nuevas formas de resistencia.

Preguntas para la Reflexión

1. ¿Cómo se relacionan las estrategias de manipulación aquí descritas con los actuales mecanismos de control?

2. ¿Qué papel juegan la cultura y los medios de comunicación en la legitimación del poder?

3. ¿De qué manera estas teorías pueden servir como herramientas para empoderar la acción colectiva y transformar las estructuras de poder?

CAPÍTULO III
LA ECONOMÍA DE LA DESIGUALDAD

*"La riqueza concentrada es el eco de un sistema
que premia la codicia a costa de la equidad."*
— Inspirado en Marx.

La desigualdad económica se ha convertido en uno de los desafíos más persistentes y complejos de la sociedad contemporánea. Lejos de ser una mera disparidad en los ingresos, constituye un fenómeno estructural que permea y restringe el acceso a la educación, la salud, la justicia y, en última instancia, las oportunidades de desarrollo personal y colectivo. Esta realidad ineludible nos fuerza a plantear interrogantes fundamentales sobre la viabilidad del modelo económico actual y su capacidad inherente para generar un bienestar equitativo para todos.

A lo largo de la historia, los sistemas económicos han tendido a favorecer la concentración de la riqueza en manos de unos pocos, creando brechas cada vez más profundas entre distintos segmentos de la población. El capitalismo, particularmente en su versión neoliberal, ha exacerbado esta tendencia al priorizar un crecimiento económico que rara vez se acompaña de una redistribución justa. El resultado es un panorama global donde el 1% más rico acapara una cantidad de recursos superior a la del resto de la humanidad combinada. [1]

Para comprender a fondo la desigualdad, es crucial examinar sus raíces económicas más profundas. Este capítulo analiza cómo la convergencia del neoliberalismo, la globalización y estrategias financieras específicas, como la evasión fiscal y el uso de paraísos fiscales, ha consolidado la riqueza en las manos de una minoría.

---

1. Según el informe de Oxfam 2023, "La desigualdad extrema", el 1% más rico del mundo acapara casi dos tercios de la nueva riqueza global generada desde 2020.

Este fenómeno no solo perpetúa un sistema de opresión que afecta a la gran mayoría de la población mundial, sino que también revela las dimensiones de manipulación económica global, demostrando cómo las políticas y la concentración de la riqueza no solo benefician a las élites, sino que intensifican las desigualdades existentes.

Las causas de esta desigualdad son múltiples y profundamente interconectadas. Entre ellas destacan la evasión fiscal, la corrupción, la limitada capacidad de acceso a una educación de calidad, la ineficiencia de ciertas políticas públicas y el progresivo debilitamiento de los derechos laborales. Además, las grandes corporaciones, con el apoyo de élites políticas y mediáticas, han diseñado un sistema global que perpetúa su dominio económico mediante el control de recursos estratégicos, la manipulación de mercados y una influencia desmedida sobre organismos multilaterales.

En este contexto, este capítulo también destaca la presencia de lo que se conoce como "Asesinos Económicos"; una expresión que describe las políticas y prácticas económicas deliberadamente diseñadas para explotar a países y comunidades enteras en beneficio exclusivo de una minoría privilegiada. La economía de la desigualdad se entrelaza íntimamente con estas tácticas, donde las políticas económicas neoliberales y la globalización actúan como herramientas para favorecer a las élites y perpetuar las disparidades económicas. Esta manipulación económica no solo impacta la distribución de la riqueza a nivel nacional, sino que amplifica las desigualdades globales, profundizando las brechas existentes entre los ricos y los pobres en todo el mundo.

Esta economía de la desigualdad, más allá de generar meras injusticias materiales, socava los principios democráticos al concentrar el poder en una minoría capaz de influir directamente en decisiones políticas, judiciales y mediáticas. Se instaura de esta manera un círculo vicioso donde las políticas públicas son moldeadas por los intereses de los poderosos, dejando sistemáticamente al margen a las mayorías.

Más allá de las estadísticas y los informes económicos, la desigualdad se manifiesta de forma palpable en la vida cotidiana de millones de personas: en la precariedad laboral, en el acceso limitado a la salud, en la marginación educativa y en la exclusión social. Abordar este problema requiere no solo voluntad política y compromiso ético, sino también una ciudadanía activa y consciente, capaz de exigir transformaciones profundas.

Este capítulo no pretende ofrecer soluciones absolutas, sino invitar a la reflexión crítica sobre un sistema que ha normalizado la injusticia y perpetúa privilegios. Reconocer la economía de la desigualdad como un problema estructural es el primer e indispensable paso para comenzar a construir un futuro donde la dignidad y la equidad no sean privilegios, sino derechos garantizados para todos.

La aceptación pasiva de la desigualdad ha sido alimentada por discursos que la presentan como inevitable, natural o incluso necesaria para el crecimiento económico. Sin embargo, esta narrativa es funcional a quienes se benefician del orden actual. Romper con esa lógica implica un cambio profundo de conciencia colectiva: entender que lo que se ha consolidado como "normal" es, en realidad, el resultado de decisiones políticas, estructuras históricas de exclusión y dinámicas globales que pueden y deben transformarse.

No se trata únicamente de distribuir mejor la riqueza, sino de cuestionar las bases mismas sobre las que se acumula. Esto exige replantear el papel del Estado, democratizar las instituciones económicas, fortalecer los derechos laborales y construir modelos productivos centrados en el bienestar social antes que en la rentabilidad. La economía debe volver a estar al servicio de la vida y no al revés.

Este capítulo, entonces, es un llamado urgente a tomar postura. A no resignarse frente a un orden económico que priva de futuro a millones. A imaginar y construir colectivamente un nuevo horizonte, donde el valor de una persona no esté definido por su cuenta bancaria, sino por su dignidad y su capacidad de vivir plenamente. Porque solo reconociendo que la desigualdad no es un accidente, sino una construcción social, podremos empezar a desarmarla con inteligencia, conciencia y voluntad política.

1. EL NEOLIBERALISMO

El neoliberalismo es más que una doctrina económica; es una visión del mundo que, desde finales del siglo XX, ha transformado la relación entre el Estado, la sociedad y el mercado. Postula que la intervención estatal debe reducirse al mínimo, permitiendo que las fuerzas del mercado se autorregulen. Sin embargo, lejos de ser una panacea para el progreso humano, este modelo ha contribuido a la consolidación de estructuras de poder que favorecen a unos pocos y relegan a la mayoría a un estado de precariedad.

Al reducir el papel del Estado, el neoliberalismo ha generado debates sobre su impacto en la equidad y el bienestar social.

1.1 Orígenes y Expansión

Nacido de la Escuela de Chicago y promovido por figuras como Milton Friedman y Friedrich Hayek, comenzó a consolidarse en la década de 1980 con las políticas de Margaret Thatcher en el Reino Unido y Ronald Reagan en Estados Unidos. Fue el inicio de una era de desregulación financiera, reducción del gasto público y privatización de empresas estatales.

En América Latina, este modelo se impuso con fuerza a través de los ajustes estructurales promovidos por el Fondo Monetario Internacional (FMI) y el Banco Mundial. Estos procesos se justificaron con la promesa de estimular el crecimiento económico, pero en la práctica han profundizado las desigualdades

1.2. La Desregulación y sus Efectos

Uno de los pilares del neoliberalismo ha sido la desregulación de los mercados, argumentando que eliminar barreras incentivaría la inversión y el crecimiento. Sin embargo, este proceso ha tenido varias consecuencias negativas:

- **Concentración de la riqueza**: La eliminación de restricciones ha permitido a grandes corporaciones expandirse sin control, favoreciendo la acumulación de capital en pocos actores.

- **Crisis financieras**: La flexibilización extrema del mercado financiero ha causado burbujas especulativas, como la crisis de 2008, cuyo impacto recayó principalmente en las clases trabajadoras.
- **Desmantelamiento del Estado de bienestar**: La reducción del gasto social ha debilitado servicios públicos esenciales como salud, educación y pensiones, aumentando la desigualdad.

1.3. Impacto en el Empleo y la desigualdad

El neoliberalismo ha promovido la idea de que el mercado laboral debe ser flexible, lo que en la práctica ha significado:

- **Precarización del trabajo**: Salarios bajos, contratos temporales y pérdida de derechos laborales.
- **Deslocalización**: Empresas que trasladan sus fábricas a países con menores regulaciones laborales y salariales.
- **Menor poder sindical**: La reducción del papel de los sindicatos ha debilitado la capacidad de los trabajadores para negociar mejores condiciones.

1.4. Casos de las Consecuencias del Neoliberalismo

El neoliberalismo, como doctrina económica, ha sido promovido bajo la premisa de que el libre mercado y la reducción del papel del Estado generarían crecimiento y desarrollo. Sin embargo, en la práctica, su aplicación extrema ha llevado a un incremento en la desigualdad, precarización laboral y crisis económicas recurrentes en muchos países.

Casos emblemáticos:

1.4.1. Chile (laboratorio neoliberal)

Chile fue el primer país en implementar de manera radical las políticas neoliberales, bajo la dictadura de Augusto Pinochet (1973-1990), con la asesoría de los Chicago Boys, un grupo de economistas formados en la Universidad de Chicago bajo la tutela de Milton Friedman.

Las reformas incluyeron:

- **Privatización de empresas estatales**: El Estado vendió empresas estratégicas, concentrando la riqueza en manos de unos pocos.

- **Sistema de pensiones privatizado (AFP)**: Se eliminó el sistema de pensiones público y se creó un modelo basado en fondos privados, lo que ha resultado en pensiones miserables para la mayoría de los jubilados

- **Reducción del gasto social**: Se redujeron los presupuestos de salud y educación, aumentando la desigualdad de acceso a estos servicios.

Consecuencias:

- **Crecimiento económico con alta desigualdad**: Aunque Chile tuvo un crecimiento sostenido, la riqueza se concentró en una élite, dejando a gran parte de la población con bajos ingresos.

- **Educación y salud privatizadas**: El acceso a una educación de calidad y a servicios de salud se convirtió en un lujo, profundizando las brechas sociales.

- **Estallido social (2019)**: Tras décadas de desigualdad y precarización, en 2019 estallaron protestas masivas en Chile exigiendo reformas estructurales.

  En 2019, el 1% más rico de Chile concentraba el **26,5%** de la riqueza nacional, mientras que el 50% más pobre solo tenía el **2,1%**.[2]

1.4.2. Caso de Argentina: Crisis recurrentes y las recetas neoliberales

Durante la presidencia de Carlos Menem (1989-1999), Argentina adoptó un modelo neoliberal extremo, basado en:

- **Privatización masiva:** Se vendieron empresas de energía, telecomunicaciones, ferrocarriles y aerolíneas a capitales extranjeros.

---

2. Comisión Económica para América Latina y el Caribe (CEPAL), *La región ha subestimado la desigualdad*, última modificación en 2015, https://www.cepal.org/es/comunicados/cepal-la-region-ha-subestimado-la-desigualdad

- **Flexibilización laboral:** Se redujeron los derechos de los trabajadores, facilitando despidos y debilitando sindicatos.

- **Convertibilidad peso-dólar:** Se estableció un tipo de cambio fijo 1 peso = 1 dólar, lo que resultó en una pérdida de competitividad de la economía.

Consecuencias:

- **Crecimiento con endeudamiento**: La estabilidad económica inicial se logró con endeudamiento externo, lo que generó una crisis insostenible.

- **Desempleo y pobreza**: A finales de los 90, la desocupación alcanzó niveles históricos y la pobreza se disparó.

- **Crisis del 2001**: La imposibilidad de pagar la deuda externa llevó a un colapso financiero y al estallido social, con protestas masivas que forzaron la renuncia del presidente Fernando de la Rúa.

En 2001, Argentina declaró el default de su deuda externa por más de 100 mil millones de dólares, una de las cesaciones de pago más grandes de la historia.[3]

1.4.3. Caso de México: Neoliberalismo y el empobrecimiento de la clase media

Desde la presidencia de Carlos Salinas de Gortari (1988-1994), México ha seguido un modelo neoliberal con:

- **Tratado de Libre Comercio de América del Norte (TLCAN):** Se abrieron los mercados a EE.UU. y Canadá, afectando a los pequeños productores locales.

- **Privatización de bancos y empresas estatales**: Se vendieron empresas clave a empresarios cercanos al gobierno, generando monopolios privados.

- **Reducción del Estado en servicios públicos**: Se recortó el gasto en educación, salud y asistencia social.

---

3. Banco Mundial, *Crisis financiera en Argentina: Un análisis de la cesación de pagos del 2001*, publicado en 2002, https://www.bancomundial.org/argentina-crisis-2001

Consecuencias:

- **Aumento de la desigualdad**: Aunque el PIB creció, la pobreza persistió y la riqueza quedó concentrada en unas pocas familias.
- **Crisis del peso (1994-1995)**: La liberalización financiera llevó a una crisis bancaria y la devaluación del peso, empobreciendo a la población.
- **Expansión del narcotráfico**: La falta de oportunidades económicas impulsó el crecimiento de carteles del narcotráfico y la violencia.

En 2018, el 10% más rico de México concentraba **65%** de la riqueza del país, mientras que el salario mínimo era insuficiente para cubrir la canasta básica. [4]

1.4.4. Caso de Reino Unido: El thatcherismo y la privatización extrema

En los años 80, Margaret Thatcher aplicó un modelo neoliberal radical en Reino Unido, basado en:

- **Privatización de industrias**: Vendió empresas públicas de energía, agua y telecomunicaciones.
- **Reducción del poder sindical**: Impuso medidas para debilitar a los sindicatos, lo que precarizó el empleo.
- **Recortes en bienestar social**: Redujo el gasto en educación, salud y vivienda.

Consecuencias:

- **Desigualdad creciente**: Se redujeron los impuestos a los más ricos, aumentando la brecha entre clases sociales.
- **Desindustrialización**: Muchas fábricas cerraron, aumentando el desempleo en el norte de Inglaterra y Escocia.
- **Crisis de vivienda**: La privatización de viviendas sociales dejó a miles sin acceso a una vivienda asequible.

---

4. Instituto Nacional de Estadística y Geografía de México (INEGI), *Distribución de la riqueza en México 2018*, publicado en 2019, https://www.inegi.org.mx/distribucion-riqueza-2018

En 1990, el 10% más rico de Reino Unido poseía **50%** de la riqueza nacional, mientras que millones de trabajadores quedaron sin empleo.[5]

El neoliberalismo, con su énfasis en la desregulación, la liberalización del comercio y la privatización, ha remodelado las economías a nivel mundial. Su aplicación ha tenido como patrón común: mayor concentración de la riqueza, precarización laboral y crisis económicas. Lejos de promover la libertad y la igualdad, el neoliberalismo ha contribuido a una concentración sin precedentes del poder en manos de una élite. Sin embargo, este modelo no es inmutable.

La crítica profunda a sus mecanismos abre la puerta a construir alternativas más equitativas. La clave para un futuro más justo reside en reimaginar la economía desde una perspectiva que priorice el bienestar colectivo, la soberanía de los trabajadores y la protección de los derechos fundamentales. Solo a través de un compromiso renovado con la justicia social, la participación ciudadana y la regulación de los mercados podemos aspirar a un modelo de desarrollo que rompa con la lógica del beneficio concentrado y permita que la prosperidad se distribuya de manera equitativa entre todos los pueblos.

Esto implica superar la dependencia de indicadores económicos tradicionales como el PIB, y avanzar hacia métricas que reflejen el bienestar humano y la sostenibilidad ecológica. También exige una revisión crítica del rol de las instituciones financieras internacionales y una democratización real de las decisiones económicas. Revalorizar los saberes locales, fortalecer las economías solidarias y proteger los bienes comunes son pasos fundamentales hacia un horizonte verdaderamente inclusivo. La transformación no será inmediata, pero es urgente, posible y necesaria.

---

5. Office for National Statistics (ONS), *Desigualdad y desempleo en la era Thatcher*, publicado en 1991, https://www.ons.gov.uk/thatcher-era

2. GLOBALIZACION

La globalización ha sido uno de los procesos más influyentes de la era moderna, transformando las relaciones económicas, políticas y sociales a nivel mundial. Aunque ha permitido el crecimiento de muchas economías y la interconexión de mercados, también ha profundizado la desigualdad, tanto entre países como dentro de ellos. Mientras algunos sectores se han beneficiado del libre comercio y la expansión tecnológica, otros han quedado rezagados, atrapados en un ciclo de explotación y precarización.

Presentada a menudo como un motor de desarrollo que facilita el acceso a mercados internacionales, el avance tecnológico y la expansión del comercio, la globalización ha generado beneficios distribuidos de forma desigual. Si bien ha impulsado el intercambio de conocimientos y el desarrollo en ciertas regiones, sus efectos negativos han sido devastadores para muchos países y sectores sociales.

2.1. Movimiento económico vs. Desigualdad

Algunas economías emergentes como China, India o Brasil han experimentado un crecimiento notable gracias a la globalización. Sin embargo, muchas otras han quedado excluidas o se han vuelto dependientes de las grandes potencias económicas, una realidad que se manifiesta en los siguientes puntos clave:

- **Países industrializados vs. Países en desarrollo:**

Mientras que economías avanzadas han consolidado su posición dominante, muchas naciones del sur global han quedado atrapadas en el rol de proveedores de materias primas, con poca capacidad para desarrollar su propia industria.

- **Expansión de la brecha interna:**

Dentro de los propios países, la globalización ha beneficiado desproporcionadamente a los sectores de altos ingresos, mientras que las clases trabajadoras han visto reducidas sus oportunidades debido a la automatización y la deslocalización del empleo.

En otras palabras, el crecimiento económico no ha significado necesariamente una reducción de la pobreza, sino más bien una mayor concentración de la riqueza.

2.2. Dominio económico y político

Las corporaciones transnacionales controlan sectores estratégicos como la energía, la alimentación, la tecnología y la banca, lo que les permite moldear políticas públicas a su favor.

- **Evasión fiscal y paraísos fiscales**: Muchas empresas trasladan sus ganancias a países con baja tributación, privando a los Estados de recursos esenciales para inversión en servicios públicos.

- **Influencia en políticas públicas**: A través de cabildeo y financiamiento de campañas políticas, las grandes corporaciones logran bloquear regulaciones que limiten su poder.

2.3. Explotación de recursos en países en desarrollo

Las multinacionales han explotado intensivamente los recursos naturales de países en vías de desarrollo, generando pobreza y devastación ambiental.

- **Industria minera y petrolera**: Empresas extranjeras extraen recursos sin invertir en las comunidades locales ni reparar los daños ecológicos.

- **Agronegocios y monocultivos**: La producción intensiva de soja o aceite de palma y las importaciones de productos agropecuarios han desplazado los productos locales en detrimento de los productores nacionales.

En este contexto, la globalización ha permitido que el capital fluya libremente, pero sin garantizar derechos ni beneficios equitativos para las poblaciones afectadas.

2.4. Deslocalización y Salarios Bajos

Uno de los efectos más nocivos de la globalización ha sido la reubicación de fábricas y empleos hacia regiones con menores costos laborales, lo que ha provocado la precarización del trabajo en muchos sectores.

Para maximizar sus beneficios, las empresas trasladan su producción a países donde la mano de obra es más barata, lo que tiene múltiples efectos:

- **Reducción de empleos en países desarrollados**: La pérdida de industrias ha dejado comunidades sin empleo y ha debilitado el tejido económico local.

- **Condiciones laborales precarias**: En los países receptores, los trabajadores enfrentan largas jornadas, bajos salarios y escasa protección laboral.

2.4.1. Debilitamiento de la clase trabajadora

El poder de negociación de los trabajadores ha disminuido drásticamente debido a la amenaza constante de la deslocalización.

- **Menor capacidad sindical**: Las empresas pueden cambiar de país si los trabajadores exigen mejores condiciones, debilitando la lucha por derechos laborales.

- **Competencia entre trabajadores**: El miedo al desempleo obliga a aceptar empleos mal remunerados, generando una carrera hacia el abismo en condiciones laborales.

De esa manera, la globalización ha permitido que las grandes empresas reduzcan costos a expensas del bienestar de la clase trabajadora.

2.5. El control financiero global

El sistema financiero internacional, liderado por instituciones como el Fondo Monetario Internacional (FMI) y el Banco Mundial, ha sido clave en la perpetuación de la desigualdad global.

2.5.1. La deuda como mecanismo de control

Muchos países en desarrollo han sido atrapados en una espiral de endeudamiento, lo que los obliga a aceptar políticas de austeridad impuestas por estos organismos.

- **Recortes en educación y salud**: Los gobiernos reducen su inversión social para pagar la deuda externa, perjudicando a las poblaciones más vulnerables.
- **Privatización de servicios básicos**: Se imponen condiciones para recibir financiamiento, que obligan a los Estados a vender empresas públicas a inversionistas privados.

2.5.2. La especulación financiera

La globalización ha permitido que el capital se mueva rápidamente de un país a otro, provocando crisis económicas en naciones vulnerables.

- **Fuga de capitales**: Ante la menor señal de inestabilidad, los inversionistas retiran su dinero, provocando desequilibrios económicos graves.
- **Crisis monetarias**: La especulación sobre divisas puede hundir la economía de un país en cuestión de días.

Este sistema, impulsado por la globalización y el neoliberalismo, ha consolidado la dependencia de los países en desarrollo y ha ampliado las desigualdades económicas globales. Al permitir que las corporaciones operen por encima de las fronteras, los Estados se han debilitado, dejando a las mayorías en condiciones de precariedad.

Para ilustrar estos conceptos, examinaremos casos de estudio que demuestran cómo estos procesos han reconfigurado el paisaje económico y social, destacando las consecuencias en la desigualdad social, la erosión de los derechos laborales y el debilitamiento de los estados nacionales frente a las corporaciones transnacionales.

Estudio de Caso 1: La Crisis Financiera de 2008

En las décadas previas a la crisis, las élites financieras aprovecharon una expansión sin precedentes del crédito y un auge inmobiliario en Estados Unidos. Estos actores, operando en las sombras, impulsaron la concesión de préstamos subprime mediante instrumentos financieros complejos como las CDO (obligaciones de deuda colateralizadas) y los CDS (swaps de incumplimiento crediticio). Estas herramientas, supuestamente diseñadas para dispersar el riesgo, en realidad ocultaban la magnitud de la burbuja que estaban creando.

Cuando el mercado inmobiliario comenzó a desmoronarse en 2007, las debilidades estructurales del sistema financiero quedaron expuestas. La quiebra de Lehman Brothers en 2008, uno de los gigantes de la banca de inversión, fue el detonante de un colapso global. Las élites económicas que habían promovido estos productos financieros enfrentaron entonces el pánico que ellas mismas habían sembrado.

La crisis provocó una recesión mundial y una profunda pérdida de confianza en las instituciones financieras. Bajo la presión de evitar un colapso total, los gobiernos intervinieron con rescates masivos y paquetes de estímulo, mientras la opinión pública cuestionaba la ética de quienes habían estado al mando.

La promulgación de regulaciones como la Ley Dodd-Frank representó un intento de limitar el poder de estas entidades, aunque muchas de las raíces del problema permanecen sin resolver. Este caso ilustra cómo las élites financieras utilizan la complejidad técnica para ejercer influencia global con consecuencias devastadoras. También pone en evidencia la necesidad de una regulación más estricta y transparente, aunque las estructuras de poder global continúan siendo vulnerables a la manipulación de quienes operan lejos del escrutinio público.

En este contexto, la crisis financiera de 2008 se convierte en un ejemplo paradigmático de cómo el poder oculto puede moldear —y desestabilizar— economías enteras, mientras los actores principales se protegen a sí mismos de las consecuencias de sus acciones.

Estudio de Caso 2: La Desigualdad en América Latina

La desigualdad en América Latina no es un fenómeno reciente, sino el resultado de siglos de estructuras coloniales que consolidaron el poder y la riqueza en manos de una élite, relegando a la mayoría de la población a la pobreza. Este sistema, basado en la explotación de los recursos naturales y de la mano de obra, estableció un orden social rígido que, en gran medida, sigue vigente hoy en día. A lo largo de la historia, las élites han utilizado su control sobre la tierra, la economía y las instituciones políticas para mantener su dominio, perpetuando así un ciclo de pobreza y exclusión.

A lo largo del siglo XX y lo que va del XXI, esta desigualdad se ha manifestado en múltiples dimensiones: económica, educativa, de género y en el acceso a servicios básicos. Las élites económicas han mantenido su control mediante el dominio de sectores clave, la evasión fiscal y la captura de instituciones políticas. Las disparidades en ingresos, educación y salud son, en última instancia, síntomas de un sistema que perpetúa la exclusión. La falta de oportunidades equitativas ha desencadenado tensiones sociales, violencia estructural e inestabilidad política, y las élites han aprovechado estas divisiones para mantener su hegemonía.

A pesar de que en décadas recientes se han implementado políticas redistributivas, inversiones en salud y educación, y reformas estructurales, los resultados para superar esta desigualdad han sido limitados. La resistencia de las élites a los cambios significativos ha impedido una transformación real del sistema. Por ello, superar la desigualdad en América Latina no solo requiere de reformas económicas y sociales profundas, sino también de un enfrentamiento directo con las estructuras de poder que operan desde las sombras. Las élites que moldean el destino de la región deben ser confrontadas con voluntad política, movilización social y mecanismos de transparencia y justicia.

En este contexto, la desigualdad en América Latina es un claro ejemplo de cómo las élites de poder han influido y continúan influyendo en la configuración de las sociedades. Han moldeado las realidades económicas y sociales de manera que perpetúan su dominio sobre la mayoría de la población, demostrando la complejidad y la profundidad de las estructuras de poder que deben ser desafiadas para lograr una sociedad más equitativa.

Estudio de Caso 3: Desigualdad económica en África.

África es un continente marcado por una profunda desigualdad, producto de una combinación de factores históricos, económicos y Políticos. Desde la colonización europea hasta la explotación de recursos naturales por parte de multinacionales, las estructuras de poder han perpetuado una distribución desigual de la riqueza y las oportunidades, afectando a millones de personas.

La colonización europea en África, iniciada en el siglo XIX, dejó un legado de explotación y fragmentación. Las potencias coloniales establecieron fronteras arbitrarias que ignoraban las realidades étnicas y culturales del continente, lo que contribuyó a conflictos internos y profundizó las desigualdades. Durante este período, las economías africanas fueron configuradas para servir a los intereses de las metrópolis europeas, concentrando la riqueza en manos de unos pocos, mientras la mayoría de la población era relegada a la pobreza.

Pese a su abundancia de recursos naturales —como minerales, petróleo y gas—, esta riqueza no se ha traducido en beneficios para la mayoría de la población. Las multinacionales extranjeras han explotado estos recursos, a menudo en connivencia con élites locales, sin que los beneficios lleguen a la ciudadanía en general. La llamada "maldición de los recursos" ha generado una dependencia económica de las exportaciones de materias primas, obstaculizando el desarrollo de economías diversificadas y perpetuando la pobreza y la desigualdad.

La corrupción y la mala gobernanza también son factores clave que han exacerbado la desigualdad en África. Muchos gobiernos africanos han sido acusados de malversación de fondos públicos, falta de transparencia y represión de la oposición política. Esto ha debilitado las instituciones públicas y dificultado la implementación de políticas eficaces para reducir la pobreza y las brechas sociales.

La desigualdad de género representa una dimensión crítica del problema. En muchas regiones del continente, las mujeres enfrentan barreras significativas en cuanto al acceso a la educación, el empleo y los derechos políticos. Normas culturales restrictivas y leyes discriminatorias perpetúan su marginación, limitando su participación plena en la vida económica y social.

La globalización ha tenido un impacto ambivalente en África. Si bien ha abierto algunas oportunidades de desarrollo, también ha profundizado las desigualdades al integrar las economías africanas en un sistema global que frecuentemente favorece a los países más desarrollados. Las políticas de ajuste estructural impuestas por instituciones financieras internacionales en las décadas de 1980 y 1990 provocaron recortes en el gasto social y la privatización de servicios públicos, afectando de forma desproporcionada a los sectores más vulnerables.

A pesar de estos desafíos, se han impulsado esfuerzos para combatir la desigualdad en el continente. Programas de desarrollo promovidos por gobiernos locales y organizaciones internacionales han buscado mejorar el acceso a la educación, la salud y las oportunidades económicas. Asimismo, el creciente activismo social, liderado por organizaciones de la sociedad civil, ha presionado por reformas políticas y económicas que favorezcan una distribución más equitativa de la riqueza.

La desigualdad en África es un problema complejo y multifacético, arraigado en la historia colonial, la explotación de recursos, la corrupción y la mala gobernanza. Sin embargo, existen movimientos y políticas que trabajan para transformar esta realidad, ofreciendo esperanza de un futuro más justo y equitativo para el continente.

Estos estudios de caso evidencian cómo las políticas neoliberales refuerzan desigualdades estructurales al favorecer sistemáticamente a las élites. La crisis financiera de 2008, la desigualdad en África, la situación en América Latina y el uso de paraísos fiscales por corporaciones multinacionales ilustran cómo opera esta economía global de la desigualdad.

Lejos de ser un efecto colateral, la desigualdad es un componente deliberado del modelo neoliberal. Las estructuras económicas internacionales y los marcos legales vigentes consolidan un orden que beneficia a una minoría concentrada de poder.

La acumulación ilimitada se legitima mediante tratados internacionales, mientras que la deuda externa actúa como mecanismo de control sobre países empobrecidos. La toma de decisiones económicas permanece en manos de instituciones opacas y no representativas, sin control democrático real.

Esta arquitectura global convierte la desigualdad en una condición estructural y persistente. Cuestionarla requiere una lectura crítica del sistema y el impulso de alternativas orientadas a la justicia social, la equidad y la soberanía económica de los pueblos.

3. EVASIÓN FISCAL Y PARAÍSOS FISCALES

En la compleja arquitectura del poder, la evasión fiscal y el uso de paraísos fiscales se edifican como dos de las herramientas más insidiosas que las élites emplean para perpetuar su dominio. De la misma forma que en tiempos inmemoriales la opulencia se ocultaba tras el velo de la aparente honestidad de las instituciones, hoy la acumulación de riqueza se legitima mediante artimañas financieras que, lejos de contribuir al bien común, profundizan la desigualdad y la injusticia.

3.1. Evasión Fiscal

El contrato social, en el que cada ciudadano confía en que el Estado redistribuirá la riqueza para garantizar el bienestar colectivo, se ve traicionado cuando los poderosos eluden sus responsabilidades. La evasión fiscal, ese acto deliberado de desvirtuar las contribuciones al erario público, no es sino una afrenta al principio de equidad que debe regir la convivencia social. Al evadir impuestos, las élites no solo socavan los recursos destinados a la educación, la salud y la infraestructura, sino que, en esencia, reniegan de su deber hacia la comunidad.

Este artificio, cuidadosamente orquestado a través de sofisticadas estructuras financieras y asesorías legales de alto nivel, permite que una minoría concentre una porción desproporcionada de la riqueza. La consecuencia es un debilitamiento del tejido social, en el que la redistribución justa se vuelve un ideal inalcanzable, y la brecha entre ricos y pobres se ensancha de forma alarmante.

3.2. Los Paraísos Fiscales

Los paraísos fiscales constituyen territorios donde la fiscalidad es mínima o nula y se resguarda un alto nivel de secreto bancario, convirtiéndose en refugios idóneos para que las élites económicas oculten sus activos y manipulen los sistemas financieros. Lejos de ser un accidente del sistema, estos enclaves son el resultado de políticas diseñadas para favorecer la movilidad del capital y la acumulación de riquezas en pocas manos, en detrimento de la equidad social.

Estos territorios, caracterizados por regulaciones laxas y procesos de incorporación rápidos, facilitan la transferencia y ocultación de grandes sumas de dinero. Al permitir que el capital se mueva sin restricciones, los paraísos fiscales privan a los Estados de ingresos críticos, obligándolos a recurrir a políticas de austeridad que afectan a las mayorías. Lo que se presenta como una libertad económica se transforma, en la práctica, en una trampa que perpetúa la hegemonía de los poderosos y limita la capacidad de desarrollo de las sociedades.

La exposición de los "Papeles de Panamá" y los "Paradise Papers" ilustra de forma contundente la escala y sofisticación de estas operaciones, evidenciando cómo se utilizan para evadir impuestos y consolidar el dominio de una minoría privilegiada. Lejos de ser anomalías, estos escándalos revelan el funcionamiento habitual de una economía global diseñada para proteger al capital concentrado y blindarlo frente a la responsabilidad fiscal.

Los Estados pierden cada año cientos de miles de millones de dólares por esta vía, fondos que podrían destinarse a educación, salud, infraestructura o protección social. Esta sangría fiscal no solo erosiona el bienestar colectivo, sino que debilita la legitimidad democrática al hacer evidente que no todos contribuyen en proporción a sus capacidades.

En palabras que resuenan con el espíritu de Rousseau, la verdadera libertad y equidad sólo podrán alcanzarse cuando se restituya el pacto social en su esencia: un acuerdo en el que cada individuo contribuya y, a su vez, se beneficie de la justicia y la solidaridad. El desequilibrio que permite la evasión fiscal y la existencia de paraísos fiscales no es un fenómeno natural, sino el fruto de un diseño deliberado que perpetúa la dominación de una élite.

Para transformar este sistema, es imprescindible un reequilibrio profundo: una redefinición del papel del Estado y de la economía, basada en la transparencia, la rendición de cuentas y la equidad como pilares de un nuevo contrato social. Solo desde una ciudadanía informada y activa será posible desmantelar estos mecanismos de privilegio y construir un orden fiscal verdaderamente justo y redistributivo.

4. FUNDAMENTOS DE LA ECONOMIA DE ELITE

La economía de élite se refiere al dominio ejercido por un pequeño grupo de individuos y corporaciones sobre el vasto entramado de la actividad económica global. Este dominio no se manifiesta solo en la acumulación desproporcionada de riqueza, sino también en la capacidad de influir —y con frecuencia, determinar— las políticas y estructuras económicas que rigen las sociedades a nivel mundial. Las élites económicas —compuestas por magnates financieros, corporaciones multinacionales y sus aliados políticos— utilizan este poder para asegurar que el sistema económico global funcione de manera que perpetúe sus intereses y consolide su control.

La influencia de las élites se extiende a través de diversos mecanismos como el cabildeo político, el financiamiento de campañas, la captura regulatoria y la propiedad de medios de comunicación, herramientas con las que moldean leyes, regulaciones y la opinión pública a su favor. Su dominio sobre los mercados financieros y su capacidad para dirigir inversiones globales les otorgan un rol decisivo en el modelado de la economía mundial, desde la definición de prioridades de desarrollo hasta la manipulación de tasas de interés.

La acumulación de capital —es decir, la concentración de la riqueza y los recursos productivos en manos de unos pocos— ha sido un proceso histórico que cimentó el poder de las élites desde la Revolución Industrial, pasando por la expansión colonial, hasta la era de la globalización. Este proceso ha sido tanto motor como reflejo del poder concentrado.

En sus inicios, la acumulación fue impulsada mediante la explotación de recursos naturales y humanos en las colonias, la implementación de sistemas de producción capitalista, y leyes de propiedad que favorecían a los propietarios de los medios de producción. Con la globalización del siglo XX y XXI, las élites expandieron su control a través de corporaciones multinacionales y el sistema financiero internacional, aprovechando políticas de liberalización para consolidar aún más su poder.

Este proceso, lejos de ser lineal o uniforme, ha estado marcado por resistencias, crisis y reconfiguraciones. Sin embargo, una constante ha sido la capacidad de las élites para adaptarse y moldear las condiciones económicas a su favor. La acumulación de capital ha ampliado la brecha entre élites y mayorías, reforzando estructuras de poder que hacen del cambio hacia sistemas más equitativos un desafío complejo.

Esta sección establece el marco para comprender cómo las élites económicas han utilizado su poder para influir en las estructuras económicas a su favor, y cómo la historia de la acumulación de capital ha sido clave en la consolidación de ese dominio. Con esta base, avanzaremos hacia un análisis más profundo de los mecanismos de control económico y su impacto social.

4.1. Control de los Medios de Producción

El control sobre los medios de producción —fábricas, tierras, tecnología— es una de las herramientas más determinantes mediante las cuales las élites económicas ejercen su poder. Este control no solo les permite acumular riqueza a través de la explotación de recursos y trabajo, sino también dictar los términos económicos y laborales bajo los cuales opera la sociedad.

Thomas Piketty ofrece una perspectiva histórica crucial: la tasa de retorno del capital (r) tiende a ser mayor que la tasa de crecimiento económico (g), lo que explica por qué la riqueza tiende a concentrarse en manos de quienes poseen los medios de producción. Este fenómeno perpetúa la desigualdad y fortalece las estructuras de poder dominantes.

Anthony Atkinson complementa esta visión al destacar la necesidad de políticas públicas activas para redistribuir el control sobre los medios de producción. Propone medidas como impuestos progresivos sobre la riqueza y la propiedad, así como la promoción de modelos de propiedad cooperativa, que permitan una distribución más equitativa de los recursos productivos. No obstante, estas propuestas enfrentan una resistencia sistemática por parte de las élites, que al controlar los medios de producción también influyen en la formulación de políticas económicas.

Al poseer los medios de producción, las élites deciden qué se produce, cómo se produce y en qué condiciones. Esto incluye la fijación de salarios, jornadas laborales y estándares de seguridad, que con frecuencia se diseñan para minimizar costos y maximizar beneficios, incluso a expensas de los trabajadores. Esta dinámica refuerza la dependencia económica de las masas hacia las élites, perpetuando ciclos de control y subordinación.

Por otro lado, las políticas económicas y la regulación constituyen otro mecanismo esencial a través del cual las élites mantienen su dominio. Las decisiones sobre fiscalidad, gasto público, regulación financiera y comercio internacional son moldeadas por los intereses de estas élites, que ejercen su influencia para diseñar marcos legales que protejan sus privilegios.

Ejemplo de ello son los sistemas tributarios regresivos, que imponen mayores cargas sobre las clases medias y bajas mientras ofrecen exenciones fiscales y ventajas a grandes corporaciones y patrimonios. Además, la desregulación financiera ha permitido prácticas especulativas altamente lucrativas —pero riesgosas— que, en momentos de crisis, trasladan los costos a los sectores más vulnerables de la población.

4.2. El Papel de las Instituciones Financieras

Las instituciones financieras internacionales y los bancos centrales desempeñan un rol estratégico en la perpetuación del dominio de las élites económicas. A través de la gestión de políticas monetarias, préstamos y asistencia financiera, estas entidades imponen condiciones que frecuentemente benefician a las élites, mientras exigen austeridad y recortes sociales que afectan a las mayorías.

El Fondo Monetario Internacional (FMI) y el Banco Mundial, por ejemplo, suelen condicionar sus préstamos a reformas estructurales como la liberalización del mercado y la privatización de servicios públicos. Estas exigencias, en nombre de la estabilidad macroeconómica, debilitan las redes de protección social y abren las economías nacionales a la explotación por parte de grandes corporaciones multinacionales.

Estas acciones refuerzan las estructuras de poder global dominante y aseguran que las economías permanezcan orientadas hacia los intereses de las élites económicas globales.

Branko Milanović destaca que, en la arquitectura económica global, los grandes beneficiarios de la globalización han sido las élites económicas globales y una emergente clase media de países en desarrollo. En contraste, la clase media de los países industrializados y los sectores más pobres del mundo han experimentado estancamiento o retroceso. Milanović señala que las políticas promovidas por las instituciones financieras internacionales han sido fundamentales en esta dinámica.

Amartya Sen ofrece una perspectiva más humanista, subrayando que las políticas económicas deben evaluarse no solo por sus cifras macroeconómicas, sino también por su impacto en las capacidades humanas. La austeridad impuesta desde los organismos financieros restringe el acceso a la educación, la salud y otros servicios básicos, lo que profundiza la desigualdad y perpetúa la privación estructural.

La economía de élite no es simplemente un fenómeno derivado del éxito individual o la eficiencia del mercado. Es el resultado de una arquitectura histórica, institucional y política diseñada para concentrar poder económico y blindar sus beneficios. Desde el control de los medios de producción hasta el uso instrumental de instituciones financieras globales, las élites han configurado un entorno que perpetúa su dominio a expensas de la equidad y el bienestar colectivo.

Esta concentración no ocurre de forma espontánea; es el producto de decisiones deliberadas, marcos regulatorios moldeados a medida y redes de influencia que atraviesan gobiernos, corporaciones y organismos multilaterales. El discurso del "mérito" sirve como coartada moral para invisibilizar privilegios heredados y barreras estructurales que impiden la movilidad social. Además, las élites capturan el aparato normativo y legislativo, asegurando que las reformas sustantivas se diluyan o queden neutralizadas.

Comprender estos fundamentos es esencial para imaginar transformaciones económicas profundas, capaces de redistribuir no solo la riqueza, sino también el poder. Se requiere una ruptura con las lógicas que naturalizan la desigualdad y un fortalecimiento de las instituciones democráticas al servicio del bien común. Solo así será posible avanzar hacia una economía orientada al bienestar colectivo y no al privilegio perpetuo de unos pocos.

5. "ASESINOS ECONÓMICOS"

En el turbio mundo de la geopolítica y la economía globalizada, existe un fenómeno poco conocido pero de profundo impacto: los "asesinos económicos". Este término, popularizado por el ex-economista John Perkins en su revelador libro *"Confesiones de un Gángster Económico"*, describe a individuos y entidades que operan en las sombras, utilizando tácticas económicas y políticas para servir a los intereses de las corporaciones y las élites financieras internacionales. Los asesinos económicos no son figuras de películas de espías, sino actores reales que influyen en la toma de decisiones a nivel gubernamental y empresarial en todo el mundo. Su modus operandi implica la manipulación de deudas soberanas, la corrupción de líderes políticos, el saqueo de recursos naturales y la imposición de políticas económicas desfavorables para los países en desarrollo. Todo esto se hace en aras de garantizar la maximización de ganancias para unos pocos, a menudo a expensas del bienestar de la población y la soberanía de las naciones.

La operación de los asesinos económicos es sutil pero devastadora. Se aprovechan de la vulnerabilidad económica y política de los países en desarrollo, ofreciendo préstamos y acuerdos financieros que parecen beneficiosos en el corto plazo, pero que en realidad generan una deuda insostenible y comprometen la autonomía nacional a largo plazo. Una vez que los países caen en la trampa de la deuda, los asesinos económicos entran en acción, dictando políticas económicas que benefician a las corporaciones extranjeras en detrimento de la población local.

Explicaremos en detalle cómo operan los asesinos económicos, utilizando el relato de John Perkins como punto de partida para comprender las complejidades y consecuencias de esta práctica clandestina. Examinaremos casos concretos de manipulación económica y política en diferentes partes del mundo, revelando la verdadera naturaleza del poder económico global y sus impactos en la desigualdad, la pobreza y la degradación ambiental.

A través de este análisis, buscamos arrojar luz sobre un fenómeno que permanece en las sombras, pero que tiene ramificaciones profundas en la vida de millones de personas en todo el mundo.

John Perkins, en su obra *"Confesiones de un Gángster Económico"*, ofrece una mirada sin precedentes a su vida como un ex-economista convertido en "asesino económico" para el imperio corporativo estadounidense. En su relato, Perkins revela cómo fue reclutado por una firma de consultoría internacional para llevar a cabo misiones encubiertas en países en desarrollo, con el objetivo de servir a los intereses de las grandes corporaciones y los círculos financieros dominantes.

Perkins detalla cómo, bajo la fachada de la ayuda económica y el desarrollo, él y otros agentes económicos trabajaron para asegurar la dominación económica y política de Estados Unidos sobre países estratégicamente importantes. Utilizando métodos de manipulación, soborno y coacción, Perkins y sus colegas ejercieron una influencia desproporcionada sobre líderes políticos y funcionarios gubernamentales, asegurando de esta manera la implementación de políticas favorables a los intereses de las corporaciones estadounidenses.

En su papel de "asesino económico", Perkins fue instrumento en la firma de acuerdos que endeudaron a naciones enteras y las obligaron a adoptar políticas que erosionaron su soberanía y empobrecieron a sus ciudadanos.

Estos acuerdos, disfrazados de ayuda y desarrollo, en realidad sirvieron para enriquecer a unos pocos a costa del sufrimiento de muchos. Sin embargo, a medida que Perkins profundiza en su papel como "gángster económico", comenzó a cuestionar la ética y la moralidad de sus acciones. Se dio cuenta de que estaba contribuyendo activamente a la explotación y el saqueo de recursos naturales, la opresión de los pueblos indígenas y la destrucción del medio ambiente en nombre del beneficio corporativo. Finalmente, Perkins tomó la decisión valiente de dejar atrás su vida como "asesino económico" y revelar la verdad sobre estas prácticas nefastas.

El relato de Perkins es un testimonio poderoso de cómo incluso aquellos que están profundamente involucrados en sistemas de poder corruptos pueden encontrar el coraje para rebelarse contra la injusticia y buscar la redención. Su historia sirve como un llamado de atención sobre los peligros de la codicia desenfrenada y la falta de responsabilidad en el mundo de los negocios y la política global.

Las tácticas de manipulación económica descritas por John Perkins son diversas y están diseñadas para garantizar el control económico y político de los países en desarrollo por parte de las grandes potencias y las corporaciones transnacionales.

A continuación, se destacan las principales:

• **Manipulación de deudas soberanas**

Una de las tácticas más comunes es la inducción de países en desarrollo a aceptar préstamos masivos de instituciones financieras internacionales controladas por potencias extranjeras.

Estos préstamos, a menudo ofrecidos con tasas de interés desfavorables, generan una carga de deuda insostenible para los países receptores.

Ejemplo: El caso de Ecuador en la década de 1970, donde se aceptaron préstamos masivos del Banco Mundial y el Fondo Monetario Internacional (FMI), resultando en una deuda abrumadora que comprometió gravemente la economía del país.

• **Corrupción de líderes políticos**

Los "asesinos económicos" utilizan sobornos y favores para corromper a líderes políticos y funcionarios gubernamentales, asegurando su cooperación en la implementación de políticas favorables a los intereses de las corporaciones extranjeras.

Ejemplo: El caso de Omar Torrijos en Panamá, quien fue supuestamente sobornado para aceptar proyectos de infraestructura financiados por empresas estadounidenses, a pesar de los intereses de su propio país.

• **Saqueo de recursos naturales**

Los países en desarrollo son a menudo ricos en recursos naturales, como petróleo, gas, minerales y tierras fértiles. Los asesinos económicos trabajan para asegurar el acceso y el control sobre estos recursos, a menudo a través de acuerdos desfavorables que permiten a las corporaciones extranjeras explotarlos sin compensación justa para el país anfitrión.

Ejemplo: El caso de Nigeria, donde empresas petroleras internacionales han sido acusadas de saquear recursos petroleros y contribuir a la degradación ambiental y la pobreza en la región del delta del Níger.

• Imposición de políticas económicas desfavorables

Los "asesinos económicos" presionan a los gobiernos para que adopten políticas económicas que beneficien a las corporaciones extranjeras en detrimento de la población local, como la privatización de servicios públicos, la desregulación financiera y la reducción de protecciones laborales y ambientales.

Ejemplo: El caso de Argentina en la década de 1990, donde se implementaron políticas neoliberales bajo la presión del FMI, lo que resulto en una crisis económica devastadora y el empobrecimiento de millones de argentinos.

Estos ejemplos ilustran cómo las tácticas de manipulación económica son utilizadas para ejercer un control económico y político significativo sobre los países en desarrollo, perpetuando la desigualdad y la injusticia a escala global.

Las prácticas de los "asesinos económicos" tienen un impacto devastador en múltiples niveles, afectando no solo a los países en desarrollo directamente involucrados, sino también al equilibrio económico global y la justicia social.

Un ejemplo de cómo estas prácticas contribuyen a la desigualdad económica, el empobrecimiento de países en desarrollo, la degradación ambiental y la erosión de la soberanía nacional son las siguientes:

• Desigualdad económica

Las tácticas de manipulación económica perpetúan la desigualdad al favorecer a las élites financieras y corporativas internacionales en detrimento de la población local. La imposición de políticas económicas desfavorables, la privatización de servicios públicos y la explotación de recursos naturales contribuyen a la concentración de riqueza en manos de unos pocos, mientras que la mayoría de la población sufre de pobreza y falta de acceso a servicios básicos.

• Empobrecimiento de países en desarrollo

Los países en desarrollo que son objeto de manipulación económica frecuentemente se encuentran atrapados en un ciclo de deuda insostenible y dependencia económica. La carga de la deuda limita severamente su capacidad para invertir en desarrollo humano, infraestructura básica y servicios sociales, perpetuando así la pobreza y el subdesarrollo.

• Degradación ambiental

La explotación descontrolada de recursos naturales promovida por los "asesinos económicos" conduce a la degradación ambiental y la pérdida de biodiversidad. Las prácticas extractivas irresponsables, como la minería a gran escala y la deforestación, provocan daños irreparables a los ecosistemas locales, contaminan el aire y el agua, y contribuyen al cambio climático global.

• Erosión de la soberanía nacional

La manipulación económica socava la soberanía nacional al subordinar los intereses de los países receptores a los de las potencias extranjeras y las corporaciones transnacionales.

Los líderes políticos corruptos son manipulados para tomar decisiones que benefician a intereses extranjeros en lugar de proteger los intereses y derechos de sus propios ciudadanos. Esto perpetúa un ciclo de dependencia y subordinación que debilita la autonomía y la capacidad de autodeterminación de los países afectados.

El testimonio de John Perkins en su obra *"Confesiones de un Gángster Económico"*, proporciona una ventana reveladora al mundo. Perkins nos sumerge en un oscuro panorama de intrigas geopolíticas y manipulación económica a escala global, donde las élites corporativas y gubernamentales trabajan en conjunto para imponer sus intereses sobre naciones enteras.

El relato descarnado de John Perkins sobre su papel como un "asesino económico", contratado por corporaciones y agencias gubernamentales, revela cómo estas prácticas han contribuido a concentrar el poder económico en manos de unas pocas élites globales. Mientras tanto, millones de personas en todo el mundo sufren las consecuencias de la explotación, la desigualdad y la injusticia.

A través del impacto global que describe Perkins, se hace aún más evidente la urgencia de implementar reformas económicas y políticas orientadas a promover la equidad, la justicia social y el desarrollo sostenible a escala planetaria.

Las revelaciones de Perkins son tanto impactantes como esclarecedoras. Nos lleva detrás de las cortinas del poder, donde se toman decisiones que afectan a millones de personas en todo el mundo, pero que rara vez se exponen a la luz pública. Desde la manipulación de líderes políticos y la imposición de políticas económicas desfavorables, hasta el saqueo de recursos naturales y la creación de deudas insostenibles, Perkins nos muestra cómo las élites financieras y corporativas internacionales han ejercido un control abrumador sobre la economía global.

Lo más inquietante es que estas prácticas no son meras teorías de conspiración, sino realidades palpables que han dado forma al curso de la historia moderna. Perkins nos cuenta historias de países enteros sumidos en la pobreza y la desesperación debido a acuerdos económicos injustos y préstamos insostenibles.

Nos muestra cómo la explotación desenfrenada de recursos naturales ha devastado ecosistemas enteros y ha empobrecido a comunidades enteras en nombre del beneficio corporativo.

Pero más allá de simplemente exponer las injusticias del sistema económico global, Perkins también nos insta a reflexionar sobre las implicaciones más amplias de estas prácticas. Nos desafía a cuestionar nuestras propias percepciones sobre el desarrollo y el progreso, y a reconocer el verdadero costo humano y ambiental de un sistema basado en la maximización de ganancias a toda costa.

Al ofrecernos una perspectiva íntima desde dentro del mundo de los "asesinos económicos", Perkins nos obliga a confrontar las complejidades y las consecuencias de la manipulación económica en el mundo contemporáneo. Nos hace entender que, aunque las fuerzas del poder económico pueden parecer abrumadoras, también hay espacio para la resistencia y la transformación. Y nos desafía a imaginar y construir un futuro donde la equidad, la justicia y la sostenibilidad sean los pilares fundamentales de nuestra sociedad global.

En resumen, *"Confesiones de un Gángster Económico"* es más que un simple relato de las experiencias de un hombre. Es un llamado de atención urgente sobre la necesidad de un cambio fundamental en nuestro sistema económico y político, y una invitación a todos nosotros a unirnos en la lucha por un mundo más justo y humano para todos.

6. DESIGUALDAD ECONÓMICA

La desigualdad económica, una brecha creciente entre los muy ricos y el resto de la población, es una de las consecuencias más perniciosas de las prácticas económicas dominadas por las élites. Este fenómeno no es meramente el resultado de fuerzas de mercado natural o diferencias individuales en habilidades y esfuerzo, sino que está profundamente arraigado en estructuras y políticas económicas que favorecen la acumulación de riqueza en manos de unos pocos.

Las élites económicas influyen en la creación de leyes y políticas fiscales que les permiten no solo preservar sino también incrementar su riqueza a través de medios como bajos impuestos sobre grandes fortunas y ganancias de capital, así como mediante el uso de paraísos fiscales y otras estrategias de evasión fiscal.

La concentración de la riqueza resulta en una influencia desproporcionada sobre la política y la economía, creando un ciclo de retroalimentación positiva que perpetúa y amplía la desigualdad.

Esto limita las oportunidades de movilidad social y ensancha la brecha no solo en términos de ingresos, sino también en el acceso a la educación de calidad, la atención sanitaria, y la participación política. La desigualdad económica extrema socava la cohesión social, fomenta la discordia y la desconfianza entre diferentes grupos sociales, y puede llevar a un aumento de la tensión y la inestabilidad.

6.1. Precarización del Trabajo

Las decisiones económicas tomadas por las élites también tienen un impacto directo en las condiciones laborales y la calidad de vida de la población general. La globalización económica, impulsada por la búsqueda de maximización de ganancias, ha llevado a una carrera hacia el abajo en términos de salarios y condiciones laborales, a medida que las empresas trasladan la producción a regiones donde pueden explotar la mano de obra barata y las regulaciones laborales son mínimas.

Este proceso de precarización del trabajo se manifiesta en la inseguridad laboral, contratos temporales o de "cero horas", bajos salarios, y la erosión de los derechos laborales y los beneficios sociales.

La precarización no solo afecta a los trabajadores en sectores tradicionalmente de bajos ingresos, sino que se está extendiendo a profesiones más cualificadas, creando una clase de trabajadores "precarios" a través de amplios segmentos de la economía. Esta inestabilidad laboral afecta el bienestar físico y mental de los trabajadores, limita su capacidad para planificar el futuro y contribuye a la inseguridad económica generalizada.

Thomas Piketty argumenta que la concentración de la riqueza en manos de las élites ha llevado a una disminución relativa de los ingresos laborales. Esto ha exacerbado la precarización del trabajo, ya que los trabajadores tienen menos poder de negociación frente a empleadores que controlan gran parte del capital.

Amartya Sen amplía esta perspectiva al señalar que la precarización no solo afecta los ingresos, sino también las capacidades de las personas para llevar una vida plena. La inseguridad laboral limita el acceso a la educación, la salud y la participación social, lo que perpetúa ciclos de pobreza y desigualdad.

El impacto de estas prácticas económicas influenciadas por las élites no sólo perpetúa la desigualdad económica, sino que también degrada las condiciones laborales para la mayoría. Estos efectos se entrelazan para crear un tejido social cada vez más fragmentado y una economía que sirve a los intereses de una minoría en detrimento del bienestar colectivo. El reconocimiento y análisis de estas realidades son pasos esenciales hacia la formulación de estrategias para construir una sociedad más equitativa y sostenible.

La precarización del trabajo, la erosión de los derechos laborales y la informalidad creciente son síntomas visibles de un modelo que prioriza la rentabilidad sobre la dignidad humana. A esto se suma la automatización sin regulación, que desplaza trabajadores sin ofrecer garantías de reconversión ni protección social. La concentración del poder económico en manos de unos pocos también limita la capacidad de los ciudadanos para incidir en las decisiones que afectan su vida cotidiana. En este escenario, pensar alternativas requiere no sólo reformas técnicas, sino una transformación profunda de las lógicas que estructuran el orden económico actual.

7. MOVIMIENTOS SOCIALES Y ECONÓMICOS

Desde la antigüedad, ha habido una constante resistencia contra el control económico ejercido por las élites. Movimientos laborales, protestas por la justicia económica y campañas contra la desigualdad y la explotación son ejemplos de cómo las masas han buscado desafiar el statu quo y reclamar un reparto más justo del poder y los recursos.

Desde las huelgas obreras del siglo XIX hasta las recientes movilizaciones globales contra la austeridad y por los derechos de los trabajadores, estas formas de activismo demuestran la capacidad de las personas para organizarse y luchar por cambios significativos.

En la era digital, el activismo económico también ha encontrado nuevas plataformas y métodos de organización, permitiendo una coordinación y difusión más amplias de las causas. Movimientos como Occupy Wall Street y las protestas contra la desigualdad económica y social en diferentes partes del mundo han utilizado las redes sociales para movilizar a las personas, generar conciencia y presionar por reformas políticas y económicas. Estas acciones colectivas son cruciales para contrarrestar el poder de las élites y abrir espacios para la discusión sobre alternativas económicas más saludables.

7.1. Movimiento Obrero

Surgido en el siglo XIX, el movimiento obrero ha sido una de las fuerzas más significativas en la lucha contra la explotación económica. En respuesta a las condiciones laborales inhumanas de la Revolución Industrial, los trabajadores comenzaron a organizarse en sindicatos para exigir mejores salarios, condiciones de trabajo seguras y derechos laborales. Este movimiento logró importantes victorias, como la reducción de la jornada laboral, el establecimiento de salarios mínimos y la protección de los derechos de los trabajadores.

- **Movimiento por la Justicia Económica**

Este movimiento aboga por la redistribución equitativa de la riqueza y los recursos, enfocándose en la lucha contra la creciente desigualdad económica. Movimientos como Occupy Wall Street en 2011 pusieron en el centro del debate la concentración de la riqueza en el 1% más rico de la población y la necesidad de un sistema económico que beneficie a todos, no solo a unos pocos.

- **Movimiento por el Salario Mínimo**

Centrado en la lucha por un salario mínimo digno, este movimiento busca garantizar que los trabajadores puedan cubrir sus necesidades básicas. La campaña "Fight for $15" (lucha por 15 dólares) en Estados Unidos es un ejemplo destacado que ha logrado elevar el salario mínimo en varios estados y ciudades, representando un avance significativo hacia la justicia económica.

- **Movimiento Anti-globalización**

Surgido en la década de 1990, el movimiento anti-globalización reacciona contra las políticas neoliberales y el impacto negativo de la globalización en las economías locales. Los activistas critican a las corporaciones transnacionales y las instituciones financieras internacionales, como el Fondo Monetario Internacional y el Banco Mundial, por promover un modelo económico que favorece a las élites y perjudica a los trabajadores y las comunidades locales.

- **Movimientos por la Descolonización Económica**

Estos movimientos buscan revertir las estructuras económicas impuestas durante el colonialismo que aún persisten en muchas regiones del mundo. Enfocados en la redistribución de tierras, la autonomía económica y la resistencia contra el neocolonialismo, estos movimientos desafían el control de recursos naturales y mercados por parte de potencias extranjeras.

- **Movimientos Feministas Económicos**

El feminismo económico aborda las desigualdades de género en el ámbito económico, luchando por la igualdad salarial, el reconocimiento del trabajo no remunerado (como el trabajo doméstico y de cuidados), y la inclusión de las mujeres en todas las esferas económicas. Este movimiento ha sido clave para visibilizar y combatir la desigualdad de género en la economía global.

- **Movimientos por la Soberanía Alimentaria**

Este movimiento defiende el derecho de las comunidades a controlar su propio suministro de alimentos, en lugar de depender de grandes corporaciones agroalimentarias. Aboga por prácticas agrícolas sostenibles, la protección de semillas tradicionales y la resistencia contra el acaparamiento de tierras y la explotación por parte de multinacionales.

7.2. Economías Alternativas

Ante la creciente conciencia de los límites y fallas del sistema económico dominante, han emergido modelos económicos alternativos que buscan redistribuir el poder y los recursos de manera más equitativa.

El cooperativismo, por ejemplo, propone una estructura organizativa basada en la propiedad y gestión colectiva de los medios de producción, priorizando las necesidades de los miembros y de la comunidad en lugar de la maximización de ganancias.

La economía social y solidaria es otro modelo que integra principios de solidaridad, cooperación y respeto por el medio ambiente en la actividad económica, promoviendo iniciativas como cooperativas de consumidores, empresas sociales y bancos éticos. Estas formas de organización no solo buscan ser económicamente viables, sino también generar un impacto social positivo y fomentar un desarrollo más sostenible.

Además, el surgimiento de monedas locales, sistemas de trueque y plataformas de economía compartida que priorizan el bienestar comunitario sobre el lucro corporativo son indicativos de la búsqueda de alternativas al sistema económico convencional. Estos modelos apuntan hacia una economía más descentralizada, donde el poder y los recursos se distribuyen más equitativamente entre la población, fomentando así una mayor justicia económica y social.

La resistencia contra el control económico de las élites y la exploración de economías alternativas son testimonio de la capacidad de la sociedad para imaginar y construir futuros de bienestar y progreso. Al desafiar las estructuras existentes de poder y proponer modelos económicos inclusivos, se abre la posibilidad de transformaciones significativas que pueden llevar a una distribución más equitativa de la riqueza y un empoderamiento real de las comunidades.

La desigualdad no es un accidente, ni un efecto colateral del sistema, sino su propósito. Karl Marx argumentaba que toda estructura económica está diseñada para beneficiar a un grupo reducido a costa de la explotación de las mayorías. La acumulación de riqueza en manos de unos pocos no es un fenómeno espontáneo, sino el resultado de siglos de políticas, estrategias y dispositivos de control que garantizan que el capital fluya en una única dirección.

El neoliberalismo, con su dogma de la "autorregulación del mercado", ha sido una de las herramientas más sofisticadas de dominación, pues transforma la desigualdad en un fenómeno casi natural, desvinculado de toda responsabilidad política. La pregunta clave es: ¿cómo revertir un sistema que ha sido tan exitoso en hacer que las víctimas de la opresión lo defiendan con fervor? La respuesta no es sencilla, pues implica no solo una transformación económica, sino un cambio radical en la forma en que entendemos la justicia, el progreso y la propia naturaleza del poder.

Este capítulo no solo destaca las luchas contra la opresión económica, sino que también reflexionamos sobre las alternativas viables para una sociedad más equitativa. La historia de la acumulación de capital, junto con los mecanismos actuales de control económico, ilustra cómo las estructuras de poder se han reforzado a lo largo del tiempo, conduciendo a niveles alarmantes de desigualdad económica y precarización del trabajo.

Estas dinámicas no solo afectan la economía en un sentido abstracto, sino que tienen impactos tangibles y a menudo devastadores en la vida cotidiana de las personas, limitando su capacidad para influir en las decisiones económicas que afectan directamente sus vidas.

Al comprender la economía como una herramienta de control, sentamos las bases para una exploración más profunda de otras estrategias de manipulación empleadas por las élites. La economía no es un sistema neutral de intercambio y producción, sino una estructura profundamente entrelazada con los intereses del poder. A través de la distribución de la riqueza, la manipulación de países, las condiciones laborales y las oportunidades de vida de las masas, las élites configuran el orden social, asegurando la perpetuación de su dominio.

Las políticas económicas, la propiedad de los medios de producción y la regulación financiera no responden únicamente a principios de eficiencia o equidad. Más allá de su apariencia técnica, estas herramientas son utilizadas estratégicamente para consolidar el control sobre sociedades enteras. En este contexto, la desigualdad económica no es una consecuencia inevitable, sino un mecanismo deliberado que fortalece estructuras de poder y perpetúa privilegios.

En los próximos capítulos, ampliaremos esta discusión al examinar cómo otros pilares del sistema, como la educación, los medios de comunicación y la tecnología, también sirven como mecanismos de control. A partir de esta base, el siguiente capítulo, *" Economía para el Bien Común"*, abordará propuestas concretas para democratizar la economía, redistribuir el poder y construir un sistema que priorice el bienestar colectivo sobre la acumulación desenfrenada de riqueza.

Síntesis Crítica

Este crucial capítulo ofrece una síntesis crítica sobre la economía de la desigualdad. Argumenta cómo la convergencia de políticas neoliberales (caracterizadas por la desregulación y la precarización laboral, ejemplificadas en casos como Chile, Argentina, México y el Reino Unido), la globalización (señalada por exacerbar las disparidades entre y dentro de los países a través de la explotación de recursos, la deslocalización productiva y el control financiero), y la evasión fiscal facilitada por los paraísos fiscales, actúan conjuntamente para concentrar la riqueza en manos de unos pocos, perpetuando de esta manera la opresión social y económica.

Aprendizajes Clave

- Las políticas económicas y las estrategias financieras, como la evasión fiscal y el uso de paraísos fiscales, son herramientas esenciales para la consolidación del poder de las élites.

- Los estudios de caso, desde la crisis financiera de 2008 hasta la situación en América Latina, África y la problemática de los "asesinos económicos", demuestran la eficacia de estos mecanismos de control.
- La concentración de riqueza no es accidental, sino parte de un diseño deliberado que refuerza la hegemonía económica y política.

Preguntas para la Reflexión:

1. ¿Qué políticas podrían revertir o mitigar la concentración de la riqueza   sin afectar la competitividad global?
2. ¿De qué manera pueden las sociedades reorganizar sus sistemas económicos para priorizar el bien común sobre los intereses corporativos?
3. ¿Qué papel juegan los movimientos sociales en la transformación de estas estructuras económicas?

CAPÍTULO IV
ECONOMÍA PARA EL BIEN COMÚN

" Una economía justa transforma la escasez en abundancia para todos, no en privilegios para unos pocos. "

– Inspirado en visiones de justicia económica.

Este capítulo ofrece una visión alternativa a la economía dominante. Proponemos modelos y estrategias que buscan democratizar la riqueza y priorizar el bienestar colectivo. Más allá de las cooperativas, analizaremos cómo las redes de mercadeo, los mercados financieros y las criptomonedas pueden contribuir a un sistema económico basado en la equidad y la sostenibilidad.

1. MIDIENDO EL PROGRESO REAL

En un mundo donde la desigualdad económica y la degradación ambiental amenazan nuestro futuro, es imperativo repensar el modelo económico dominante. Aquí exploramos alternativas que priorizan el bienestar humano y la sostenibilidad, presentando ejemplos concretos y analizando el papel crucial del Estado.

1.1 El producto interno bruto (PIB)

El Producto Interno Bruto (PIB) ha sido, durante décadas, el indicador principal del progreso económico de las naciones. Sin embargo, este índice mide únicamente la actividad económica sin diferenciar si proviene de fuentes beneficiosas o perjudiciales para la sociedad y el medio ambiente. Además no refleja la distribución de la riqueza, la calidad de vida ni el bienestar de las personas. Es hora de adoptar indicadores más holísticos que capturen la complejidad del progreso real, por ello, han surgido nuevos enfoques que permiten medir el verdadero impacto de la economía en la vida de las personas y orientan políticas hacia un desarrollo más equitativo y sostenible.

1.2. Índice de Progreso Social (IPS)

Este índice evalúa dimensiones sociales y ambientales como salud, educación y sostenibilidad. A diferencia del PIB, el IPS se enfoca en el acceso efectivo a servicios esenciales, inclusión social y protección ambiental. Incluso países con economías prósperas pueden obtener bajas puntuaciones si su crecimiento no mejora la calidad de vida de su población.

1.3. Índice de Desarrollo Humano (IDH)

El IDH, elaborado por el (PNUD), Programa de las Naciones Unidas para el Desarrollo. El IDH combina la esperanza de vida, la educación y el ingreso per cápita para evaluar el bienestar de una nación. Este indicador permite comparar el progreso humano más allá del crecimiento económico, proporcionando una visión más equilibrada del desarrollo. Ha sido utilizado por gobiernos para diseñar políticas públicas que prioricen el bienestar social.

1.4. Felicidad Interna Bruta (FIB)

Adoptado por Bután, la FIB mide el bienestar de la sociedad desde una perspectiva integral, incluyendo el bienestar psicológico, la salud, la educación, la cultura, el buen gobierno, la ecología y la resiliencia comunitaria. En lugar de enfocarse únicamente en la producción económica, la FIB busca garantizar una vida digna y equilibrada para todos los ciudadanos.

Adoptar indicadores más inclusivos del progreso humano no solo implica un cambio en la forma de medir el desarrollo, sino también en la estructura del sistema económico. Si el objetivo es construir sociedades más equitativas y sostenibles, es fundamental democratizar la economía, permitiendo que más personas participen activamente en la generación y distribución de la riqueza. En este contexto, la democratización de la economía se vuelve clave para asegurar una participación más equitativa en la generación y distribución de la riqueza.

2. DEMOCRATIZANDO LA ECONOMÍA

2.1 Cooperativas: Un modelo de economía solidaria

Las cooperativas son organizaciones en las que la propiedad y la gestión se comparten entre sus miembros. Este modelo promueve una distribución justa de la riqueza, fortalece el desarrollo local y reduce la dependencia de corporaciones o monopolios. Existen en sectores tan diversos como la agricultura, el comercio, la energía, la vivienda y los servicios financieros. Su filosofía de participación equitativa y toma de decisiones democrática las convierte en una alternativa viable para una economía centrada en el bien común.

- **Mondragón (España):** Un conglomerado cooperativo que ha demostrado que la propiedad colectiva y la gestión democrática pueden ser sostenibles. Fundado en 1956, Mondragón ha crecido hasta convertirse en una de las mayores redes de cooperativas del mundo, con más de 80.000 trabajadores. Su estructura se basa en la toma de decisiones participativa y en la reinversión de beneficios en la comunidad.

- **Cooperativas de energía renovable:** En diversas regiones del mundo, están liderando la transición hacia una energía limpia y descentralizada. Estas cooperativas permiten a las comunidades producir y gestionar su propia electricidad a partir de fuentes renovables, reduciendo la dependencia de combustibles fósiles y promoviendo la autosuficiencia energética.

- **Cooperativas de vivienda:** Ofrecen soluciones habitacionales asequibles y sostenibles, empoderando a los ciudadanos. En países como Uruguay y Dinamarca, este modelo ha permitido a miles de familias acceder a viviendas dignas sin estar sujetas a la especulación inmobiliaria. Además, fomentan la vida en comunidad y la toma de decisiones colectivas sobre el mantenimiento y administración de los espacios habitacionales.

Oportunidades:

- **Empoderamiento económico**

- Los miembros son propietarios activos de sus empresas, lo que les brinda mayor control sobre su destino económico.
- Pueden acceder a servicios financieros, productos y bienes a precios más justos y competitivos.
- Generan oportunidades de empleo y autoempleo, fomentando la creación de riqueza local.

- **Desarrollo social**
  - Promueven la participación democrática y la toma de decisiones colectivas, fortaleciendo el tejido social.
  - Fomentan la solidaridad, la cooperación y el apoyo mutuo entre sus miembros.
  - Contribuyen al desarrollo de habilidades y capacidades, tanto a nivel individual como colectivo.

- **Acceso a servicios**
  - Las cooperativas pueden ofrecer servicios esenciales como vivienda, salud, educación y energía, adaptados a las necesidades de sus miembros.
  - Facilitan el acceso a financiamiento, seguros y otros servicios financieros a través de cooperativas de crédito.

- **Desarrollo local**
  - Las cooperativas contribuyen al desarrollo económico local, generando empleo, riqueza y dinamismo en las comunidades.
  - Promueven la producción y el consumo responsable, priorizando la sostenibilidad ambiental y social.
  - Fomentan la creación de redes de colaboración y alianzas entre diferentes actores locales.

- **Inclusión social**
  - Las cooperativas pueden ser una herramienta poderosa para la inclusión social de grupos vulnerables, como personas con discapacidad, minorías étnicas y personas en riesgo de exclusión.
  - Promueven la igualdad de oportunidades y la equidad de género.

- **Sostenibilidad**
  - Muchas cooperativas priorizan prácticas sostenibles en sus operaciones, contribuyendo a la protección del medio ambiente.
  - Fomentan la economía circular y la gestión responsable de los recursos.

2.2. Redes de Mercadeo: una Oportunidad para el Emprendimiento

Las redes de mercadeo han ganado protagonismo como un modelo de negocio que permite a las personas emprender sin la necesidad de una gran inversión inicial. A través de la venta directa y la creación de redes de distribuidores, estas estructuras pueden ofrecer independencia económica y crecimiento personal. Si bien este sistema ha sido criticado por su posible uso en esquemas piramidales poco éticos, existen empresas que aplican principios de transparencia y sostenibilidad, beneficiando a miles de personas. La clave para que las redes de mercadeo contribuyan al bien común está en su regulación y en la educación financiera de sus participantes.

Oportunidades:

- Fomentan el emprendimiento y la autonomía económica.
- Promueven productos sostenibles y de comercio justo.
- Establecen criterios éticos y de transparencia, previniendo esquemas piramidales.
- Fomentar que las redes de mercadeo se estructuren como cooperativas.

2.3. Mercados Financieros: Acceso a la Inversión Responsable

Los mercados financieros han sido históricamente dominados por grandes inversionistas e instituciones, pero la democratización del acceso a la información y las tecnologías ha permitido que más personas participen en ellos. Plataformas de inversión en línea y fondos de impacto social han creado nuevas oportunidades para que los ciudadanos gestionen su propio capital y financien proyectos con propósitos sostenibles. La inversión responsable, que prioriza empresas con prácticas éticas y sustentables, es una herramienta poderosa para redirigir el capital hacia iniciativas que beneficien a la sociedad en su conjunto.

Promover la educación financiera y la participación equitativa en estos mercados es clave para convertirlos en motores del bien común.

Oportunidades:

- Canalizan inversiones hacia proyectos sostenibles y de impacto social.
- Democratizan el acceso al capital mediante la inversión de impacto y los bonos sociales.
- Regulan la especulación y promueven la banca ética.

2.4. Criptomonedas: Descentralización y Empoderamiento Económico

Las criptomonedas han emergido como una alternativa al sistema financiero tradicional, ofreciendo descentralización, transparencia y acceso financiero sin intermediarios. En muchos países, las criptomonedas han permitido que personas sin acceso a servicios bancarios puedan realizar transacciones, ahorrar e invertir. Aunque su volatilidad y la falta de regulación plantean desafíos, la tecnología blockchain en la que se basan tiene el potencial de transformar sectores como las remesas, la trazabilidad de productos y la gestión de contratos inteligentes. Si se regulan adecuadamente y se utilizan con responsabilidad, las criptomonedas pueden convertirse en una herramienta clave para la inclusión financiera y el bien común.

Oportunidades:

- Facilitan transacciones transfronterizas y reducen costos de remesas.
- Promueven la inclusión financiera en comunidades no bancarizadas.
- Utilizan la tecnología blockchain para la transparencia y la trazabilidad.
- Fomentar el desarrollo de criptomonedas sostenibles y energéticamente eficientes.

3. EL PAPEL DEL ESTADO

El Estado es clave en la construcción de una economía orientada al bien común. Sin embargo, su rol ha sido debilitado por intereses privados y políticas neoliberales.

Funciones esenciales:

• Regulación de mercados

Para evitar la explotación laboral, la especulación y la destrucción ambiental. La falta de regulación ha llevado a crisis financieras, abusos empresariales y daños irreversibles en los ecosistemas. La intervención estatal es crucial para establecer reglas que promuevan la justicia social y el desarrollo sostenible.

• Redistribución de la riqueza

Mediante impuestos progresivos y programas sociales que garanticen equidad. La concentración extrema de riqueza genera desigualdad y conflictos sociales. Mediante una tributación justa y políticas redistributivas, el Estado puede garantizar que los beneficios del crecimiento económico sean compartidos por toda la sociedad.

• Inversión en bienes públicos

Salud, educación e infraestructura que beneficien a la mayoría. Un Estado fuerte debe garantizar acceso universal a servicios esenciales para mejorar la calidad de vida y reducir las desigualdades.

• Fomento de la economía social

Apoyando cooperativas, empresas sociales y otros modelos sustentables. Esto implica incentivos fiscales, acceso a financiamiento y políticas que fomenten modelos económicos más equitativos y sostenibles. Sin embargo, la influencia de los grandes capitales ha socavado estos esfuerzos, imponiendo políticas neoliberales que desmantelan la capacidad del Estado para intervenir y corregir las desigualdades estructurales.

Un Estado fuerte debe actuar como garante de justicia, equidad y sostenibilidad, enfrentando la influencia de grandes capitales que imponen agendas desreguladoras.

4. TRANSICIÓN HACIA UNA ECONOMÍA CIRCULAR Y REGENERATIVA

El modelo de economía lineal (producir, usar, desechar) es insostenible. La transición hacia una economía circular y regenerativa es vital para garantizar la sostenibilidad del planeta, promoviendo un enfoque en el que los recursos se mantengan en uso el mayor tiempo posible y los desechos se minimicen. Este modelo no solo implica cambios en la producción y el consumo, sino también en la mentalidad de empresas y ciudadanos.

4.1. Fundamentos de la economía circular

- **Principios de la economía circular**

Reducir, reutilizar, reparar y reciclar. Estos pilares buscan maximizar la eficiencia de los recursos y minimizar los impactos ambientales.

- **Agricultura regenerativa**

Un enfoque que va más allá de la agricultura sostenible, restaurando la salud del suelo, capturando carbono de la atmósfera y promoviendo la biodiversidad a través de prácticas como la rotación de cultivos, el uso de compost y la reducción de productos químicos sintéticos.

- **Ecodiseño**

Creando productos duraderos, reparables y reciclables desde su concepción. Esto incluye el uso de materiales biodegradables, la modularidad en el diseño y estrategias como la reutilización de componentes en nuevos productos.

- **Economía de servicios**

Un modelo en el que se prioriza el acceso sobre la propiedad, fomentando la reutilización y reducción del consumo. Ejemplos incluyen modelos de negocio basados en el alquiler y la suscripción en lugar de la compra.

- **Países Bajos**

Un líder en la implementación de políticas de economía circular. Con iniciativas pioneras en reciclaje, reutilización de materiales de construcción y regulación de residuos, el país ha establecido un modelo a seguir para otras naciones.

- **Innovaciones tecnológicas y economía circular**

La tecnología juega un papel crucial en la transición, con avances en biotecnología, materiales biodegradables y sistemas inteligentes de gestión de residuos que optimizan los procesos de reciclaje y reutilización. No obstante, este cambio enfrenta una fuerte oposición de industrias extractivistas que ven en la economía circular una amenaza a su modelo de negocios basado en la obsolescencia programada y la extracción sin límites.

Estas industrias ejercen una presión significativa en la formulación de políticas públicas para retrasar regulaciones ambientales y fomentar el consumo desmedido. A pesar de ello, el impulso hacia una economía circular sigue creciendo, respaldado por iniciativas gubernamentales, compromisos corporativos y una creciente conciencia ciudadana sobre la urgencia de la sostenibilidad.

Si la economía ha sido históricamente un instrumento de opresión, también puede convertirse en un mecanismo de emancipación. Frente a un modelo basado en la acumulación y la desigualdad, surge la necesidad de repensar el sistema desde una perspectiva ética, orientada al bienestar colectivo. ¿Es posible otro modelo económico?

Adam Smith defendía la idea de un "mercado autorregulado", pero el siglo XXI ha demostrado que la desregulación beneficia solo a una minoría. Karl Polanyi advirtió que, cuando el mercado domina la sociedad, las personas se convierten en mercancías, perdiendo su dignidad en el proceso.

La economía del bien común, el cooperativismo y la redistribución del ingreso han probado que la eficiencia no está reñida con la justicia social.

Sin embargo, el mayor obstáculo no es técnico, sino ideológico: el sistema actual se ha diseñado para perpetuarse, dogmatizando la ausencia de alternativas. Pero si la economía es una construcción humana, también puede ser rediseñada. La pregunta no es si un mundo más justo es posible, sino qué nos impide crearlo.

Una economía orientada al bien común no solo es viable, sino urgente en un mundo marcado por la desigualdad y la crisis ambiental. No obstante, este modelo enfrenta una resistencia sistémica de quienes han construido su poder sobre estructuras de explotación. El reto trasciende lo técnico o político; es, ante todo, cultural e ideológico. Implica redefinir nuestra concepción de progreso, riqueza y bienestar, cuestionando las estructuras que perpetúan la desigualdad y la depredación ambiental.

El bien común no puede reducirse a la suma de intereses individuales. Es una realidad colectiva que cohesiona la sociedad, requiriendo participación activa, deliberación pública y equidad. Como señalaba Aristóteles, la vida buena solo es posible en una comunidad bien ordenada, donde los ciudadanos actúen no solo por beneficio propio, sino por el bien de todos.

Este anhelo no es utópico, sino alcanzable si los ciudadanos asumen su responsabilidad en la construcción del orden social. La política debe trascender la lucha por el poder y convertirse en un arte que guíe hacia la justicia y la excelencia moral. Para lograrlo, es esencial democratizar la economía mediante modelos que combinen equidad, participación y sostenibilidad. Cooperativas, mercados justos, finanzas responsables e incluso criptomonedas pueden coexistir, siempre bajo marcos regulatorios equitativos y una educación financiera sólida.

Pero esta transformación no ocurrirá de manera aislada. Exige un cambio profundo en la formación de conciencias y la transmisión de Valores, es aquí donde la educación juega un rol de suma importancia, no solo como herramienta formativa, sino como motor de cambio social.

En el siguiente capítulo, analizamos cómo el sistema educativo ha sido utilizado para consolidar el statu quo, reforzando la obediencia y limitando el pensamiento crítico. Solo al deconstruir estos mecanismos podremos imaginar una educación emancipadora y una sociedad verdaderamente justa.

Síntesis Crítica

Este capítulo presenta una alternativa a la economía de la desigualdad. Cuestiona el PIB como medida de progreso e introduce indicadores más integrales como el IPS, IDH y FIB. Defiende la democratización económica mediante cooperativas, redes éticas de mercadeo, finanzas responsables y criptomonedas reguladas.

El papel del Estado es central en la regulación, redistribución y promoción del bien común. Además, se impulsa la transición hacia una economía circular frente a la crisis ecológica. El capítulo concluye con un llamado a un cambio ideológico profundo y una educación emancipadora.

Aprendizajes Clave

- La economía para el bien común plantea que el progreso real se mide no solo en términos de crecimiento, sino en la calidad de vida y el acceso equitativo a los recursos.

- La descentralización de la riqueza, a través de iniciativas como economías paralelas y redes de producción local, ofrece un camino para romper con la dependencia de las grandes corporaciones y los bancos globales.

- La transformación económica es inseparable de la transformación social: la educación, la participación ciudadana y la política inclusiva son componentes cruciales para sostener un cambio duradero.

Preguntas para la Reflexión

1. ¿Cuáles son los mayores desafíos para implementar políticas de economía para el bien común en un contexto global dominado por intereses concentrados?

2. ¿Qué ejemplos prácticos pueden inspirar a las comunidades a tomar el control de sus economías locales?

3. ¿Cómo pueden los ciudadanos y los movimientos sociales impulsar una transición hacia modelos económicos que prioricen la equidad y la sostenibilidad incluyendo la regulación y el uso responsable de nuevas tecnologías financieras?

CAPÍTULO V
LA EDUCACIÓN COMO HERRAMIENTA DE CONTROL

" La educación no es solo un medio para iluminar la mente; es también la pluma con la que se escribe el futuro, a veces con tinta de obediencia, otra veces con la tinta de la emancipación. "

— Inspirado en Paulo Freire.

Antes de explorar los entresijos del sistema educativo, reflexionemos sobre el doble filo de la enseñanza. ¿Es la educación un camino hacia la liberación o un instrumento sutil de dominación? Este capítulo nos impulsa a descubrir cómo se forjan las ideas y se moldean las conciencias a través de lo que se enseña y, quizás, lo que se omite.

El sistema educativo juega un papel crucial en la formación de las futuras generaciones, no únicamente en términos de conocimientos y habilidades, sino también en la perpetuación de valores, normas y estructuras sociales existentes. Se profundiza en cómo la educación puede servir como un instrumento de control social, explorando desde la selección de contenidos hasta el uso de tecnología en el aula.

Desde la perspectiva de la teoría crítica, la educación es vista no solo como un medio de transmisión de conocimiento, sino también como un instrumento poderoso para inculcar valores, normas sociales y estructuras de poder que benefician predominantemente a las élites. Según teóricos como Paulo Freire y Louis Althusser, el sistema educativo funciona como una herramienta de "adoctrinamiento ideológico" donde las ideologías dominantes de la sociedad son normalizadas y transmitidas a las generaciones futuras. Este proceso asegura la perpetuación del statu quo, manteniendo las estructuras de poder existentes y limitando el potencial de cambio social. La educación, bajo esta luz, es un campo de batalla ideológico donde se lucha por el control de la conciencia social.

1. ESTRUCTURAS EDUCATIVAS Y SU ROL EN LA SOCIEDAD

Las estructuras y políticas educativas desempeñan un papel crítico en la reproducción de la estratificación social y económica. Esto se manifiesta de diversas formas:

• Segregación y Estratificación

Los sistemas educativos reflejan y refuerzan las divisiones de clase, raza y género. Las escuelas en zonas de bajos ingresos suelen tener menos recursos, ofreciendo una educación de menor calidad en comparación con las ubicadas en sectores más acomodados. Este desequilibrio perpetúa un ciclo de desventaja y limita las posibilidades de movilidad social.

• Currículum y Evaluación

Los estándares curriculares y los sistemas de evaluación tienden a favorecer los conocimientos y habilidades valorados por las élites, preparando a los estudiantes para roles específicos dentro de la economía capitalista. Este enfoque a menudo ignora o margina saberes y perspectivas alternativas, especialmente aquellos que provienen de comunidades desfavorecidas o culturas no dominantes.

• Políticas Educativas

La promoción de la privatización y la competencia entre instituciones educativas refuerza la desigualdad, ya que favorece a quienes pueden pagar una educación de calidad y excluye a los sectores más vulnerables. Además, la financiación de la educación pública está muchas veces supeditada a políticas de austeridad que afectan negativamente a su desarrollo.

En conjunto, estos aspectos evidencian cómo el sistema educativo puede funcionar como una herramienta de control en manos de las élites, reforzando jerarquías sociales y limitando el acceso al conocimiento emancipador. La necesidad de reformar las estructuras educativas es urgente si se pretende convertir la educación en una fuerza de empoderamiento y transformación social.

2. CURRÍCULUM SELECCIÓN DE CONTENIDOS

La selección de qué se enseña y cómo se enseña es fundamental para entender el papel del sistema educativo en el mantenimiento del statu quo. Los currículos a menudo reflejan y refuerzan las ideologías dominantes, marginalizando perspectivas alternativas y omitiendo críticas a las estructuras de poder existentes. Además, las reformas educativas, impulsadas por agendas políticas y económicas, pueden reconfigurar la educación para enfatizar habilidades técnicas y utilitarias en detrimento del pensamiento crítico y la conciencia social, preparando a los estudiantes para roles específicos dentro de la economía capitalista sin cuestionar las desigualdades subyacentes.

• El Currículum Oculto

Este concepto alude a los aprendizajes implícitos que transmiten normas, valores y creencias alineados con los intereses de las élites. A través del "currículum oculto", se inculcan en los estudiantes actitudes de conformidad, obediencia y aceptación del orden social y económico existente, preparándolos no para cuestionar el statu quo, sino para integrarse en él sin resistencia.

Los libros de texto y los estándares curriculares desempeñan un papel central en este proceso, a menudo presentando una versión de la historia y de la realidad social que glorifica los logros de las élites, minimiza o ignora las injusticias y luchas de las clases populares y las minorías, y promueve una visión del mundo alineada con los intereses capitalistas y neoliberales.

Este enfoque no solo limita el espectro de conocimientos y perspectivas a las que los estudiantes están expuestos, sino que también moldea su comprensión del mundo de manera que favorece la aceptación de las desigualdades existentes como naturales o inevitables.

• Ideología en el Aula

La ideología no se transmite únicamente en los contenidos, sino también en las metodologías. La enseñanza basada en la memorización y la repetición, que minimiza el pensamiento crítico, refuerza la verticalidad del conocimiento y la pasividad del estudiante, reproduciendo así relaciones jerárquicas dentro del aula.

• Tecnología y Educación en Línea

La tecnología y la educación en línea han transformado el panorama educativo, ofreciendo nuevas oportunidades para el aprendizaje y el acceso a la información. Sin embargo, también presentan nuevas vías para el control y la manipulación.

Las plataformas de aprendizaje en línea, los sistemas de gestión del aprendizaje y los recursos educativos digitales pueden ser diseñados para dirigir el proceso de aprendizaje de manera sutil, priorizando ciertos tipos de conocimiento y formas de pensar. Además, la recopilación de datos sobre el comportamiento y el rendimiento de los estudiantes a través de estas tecnologías pueden conducir a una forma de vigilancia educativa, donde se monitorea y evalúa constantemente a los estudiantes.

Además, la selección de contenidos que se incluyen en el currículum a menudo refleja una visión del mundo sesgada, excluyendo voces y perspectivas marginales en favor de narrativas dominantes. Esto es evidente en la enseñanza de la historia, donde las contribuciones de las mujeres, las minorías étnicas y las clases trabajadoras son frecuentemente marginadas o visibilizadas. Del mismo modo, en la enseñanza de la ciencia y la economía, se pueden promover visiones del mundo que ignoran las preocupaciones ecológicas o que presentan el sistema capitalista como la única forma viable de organización económica.

Al examinar críticamente el currículum y el contenido educativo, se puede evidenciar cómo la educación puede servir como un medio para la reproducción de ideologías y estructuras de poder que benefician a las élites. Al hacer visible el currículum oculto y las prácticas ideológicas en el aula, se abre la posibilidad de desafiar y transformar la educación en una herramienta para el empoderamiento y la liberación, en lugar de la conformidad y el control.

3. ACCESO Y DESIGUALDAD EN LA EDUCACIÓN

El acceso a una educación de calidad es esencial para la equidad social. Sin embargo, las condiciones económicas y estructurales impiden que millones accedan a oportunidades educativas dignas, perpetuando ciclos de pobreza y exclusión. Estas barreras van desde la falta de recursos financieros para costear la educación, hasta la ubicación geográfica de las escuelas y la disponibilidad de infraestructura educativa adecuada.

En muchas partes del mundo, los niños de familias de bajos ingresos enfrentan obstáculos adicionales, como la necesidad de trabajar para apoyar a sus familias, lo que limita su tiempo y capacidad para asistir a la escuela o concentrarse en sus estudios. Además, las escuelas en áreas desfavorecidas a menudo carecen de los recursos necesarios, incluyendo libros, tecnología educativa y maestros calificados, lo que afecta la calidad de la educación que reciben los estudiantes. Esta brecha en la calidad y accesibilidad de la educación refuerza la estratificación social y económica, limitando las oportunidades de las generaciones futuras basadas en su origen socioeconómico.

• Efectos de la Privatización

La privatización de la educación ha sido promovida en algunos círculos como una solución a la ineficiencia y la falta de recursos en el sector público. Sin embargo, la evidencia sugiere que la expansión de la educación privada a menudo contribuye a una mayor desigualdad educativa. Las instituciones educativas privadas, al operar bajo un modelo de negocio, tienden a concentrarse en áreas urbanas y acomodadas, y a cobrar tasas de matrícula que excluyen a las familias de bajos ingresos. Esto no solo limita las oportunidades educativas para las clases baja y media, sino que también reduce la inversión en el sector público. Como consecuencia, las escuelas públicas reciben aún menos recursos.

La privatización también puede llevar a una "segmentación del mercado educativo", donde las escuelas privadas compiten por atraer a los estudiantes más "deseables" (a menudo aquellos de familias más ricas), mientras que los estudiantes con menos recursos o necesidades educativas especiales quedan relegados a escuelas públicas cada vez más desfinanciadas. Esto agrava la segregación social y reduce la cohesión social, creando sistemas educativos paralelos que ofrecen experiencias muy diferentes basadas en la riqueza y el estatus social.

En el acceso y desigualdad en la educación podemos destacar cómo las estructuras y políticas educativas actuales no solo reflejan sino que también intensifican las divisiones socioeconómicas existentes. Reconocer y abordar estas barreras es esencial para avanzar hacia un sistema educativo más equitativo que ofrezca a todos los individuos, independientemente de su origen, la oportunidad de alcanzar su potencial. Este análisis prepara el escenario para discutir cómo pueden ser diseñadas e implementadas iniciativas y políticas que favorezcan a los de menos ingresos económicos.

4. RESISTENCIA Y EDUCACIÓN ALTERNATIVA

En el trascurrir de la historia, diversos movimientos de reforma educativa han surgido en respuesta a sistemas que perpetúan desigualdades y refuerzan estructuras opresivas. Estos movimientos buscan transformar la educación para que sea más inclusiva, equitativa y liberadora.

4.1. Educación Popular

Inspirada en las ideas de Paulo Freire, la Educación Popular es un enfoque que utiliza el diálogo y la participación activa para abordar temas relevantes para los estudiantes y sus comunidades.

Freire criticó los métodos de educación "bancaria" que veían a los estudiantes como recipientes pasivos de conocimiento, proponiendo en cambio un proceso dialógico que fomente la reflexión crítica y la acción transformadora. Este modelo fomenta la reflexión crítica sobre la realidad social y alienta a los estudiantes a ser agentes de cambio en sus propias vidas y en la sociedad.

Características Clave

- **Pedagogía Dialógica:** Fomenta la participación activa y el diálogo.
- **Concientización Social:** Desarrolla una conciencia crítica y un compromiso con la justicia social.

- **Empoderamiento Comunitario:** Involucra a las comunidades en el proceso educativo.

4.2. Educación Inclusiva

El movimiento global por la Educación Inclusiva busca desmantelar las barreras que impiden el acceso y la participación plena en la educación para todos los estudiantes, especialmente aquellos con discapacidades o provenientes de grupos marginados. Este movimiento aboga por ajustes en la infraestructura, los currículos y las prácticas pedagógicas para atender a la diversidad de necesidades y experiencias de los estudiantes.

Características Clave

- **Acceso Universal:** Garantiza que todos los estudiantes tengan derecho a la educación.
- **Adaptación Curricular:** Ajustes en el currículo y métodos de enseñanza para atender a la diversidad.
- **Entornos Inclusivos:** Creación de ambientes educativos accesibles y acogedores.

4.3. Educación para la Justicia Social

La Educación para la Justicia Social busca promover una educación comprometida con la equidad y los derechos humanos. Este modelo enfatiza la importancia de un currículo que incorpore temas de justicia social y prepare a los estudiantes para ser ciudadanos activos que luchan por la justicia y la equidad.

Características Clave:

- **Currículo Crítico:** Incluye temas de desigualdad, opresión y derechos humanos.
- **Participación Activa:** Fomenta la participación de los estudiantes en proyectos de justicia social.
- **Equidad y Derechos Humanos:** Promueve la equidad en la educación y la eliminación de barreras.

4.4. Educación Intercultural

La Educación Intercultural promueve el respeto y la comprensión entre diferentes culturas dentro del contexto educativo. Este enfoque busca valorar la diversidad cultural como una riqueza y preparar a los estudiantes para vivir en una sociedad globalizada y diversa.

Características Clave

- **Reconocimiento de la Diversidad:** Valora las distintas identidades culturales.
- **Diálogo Intercultural:** Fomenta la interacción entre estudiantes de diferentes culturas.
- **Currículo Inclusivo:** Incluye perspectivas culturales diversas en la educación.

4.5. Educación Holística

La Educación Holística adopta una visión integral del ser humano, considerando el desarrollo no solo académico sino también emocional, social, físico y espiritual. Este modelo busca un equilibrio entre el conocimiento académico y el crecimiento personal.

Características Clave

- **Enfoque Integral:** Considera todas las dimensiones del desarrollo humano.
- **Aprendizaje Experiencial:** Integra experiencias prácticas y reflexivas.
- **Conexión con el Entorno:** Fomenta la relación armónica entre el individuo y su entorno.

4.6. Movimientos por la Descolonización de la Educación

Los Movimientos por la Descolonización de la Educación buscan transformar las estructuras educativas que perpetúan el colonialismo cultural y la hegemonía. Critican la imposición de un currículo centrado en la cultura occidental y abogan por la inclusión de conocimientos y perspectivas de los pueblos colonizados y marginados.

Características Clave:

- **Crítica al Eurocentrismo:** Desafía la centralidad de la cultura occidental en la educación.
- **Revalorización del Conocimiento Local:** Incluye saberes tradicionales de comunidades marginadas.
- **Empoderamiento Cultural:** Promueve la identidad y autonomía cultural de los estudiantes.

4.7. Aprendizaje Basado en Proyectos (ABP)

El Aprendizaje Basado en Proyectos (ABP) permite a los estudiantes explorar y responder a problemas complejos del mundo real a través de proyectos prolongados. Este enfoque promueve el desarrollo de habilidades críticas y creativas, el trabajo en equipo y la autogestión.

Características Clave:

- **Resolución de Problemas:** Enfoque en la solución de problemas reales.
- **Desarrollo de Habilidades:** Promueve habilidades críticas, creativas y de colaboración.
- **Autonomía:** Fomenta la autogestión y el aprendizaje independiente.

4.8. Escuelas Democráticas

Las Escuelas Democráticas adoptan principios democráticos en su estructura organizativa y procesos de toma de decisiones. Permiten que estudiantes y profesores participen en igualdad de condiciones en la gestión escolar, buscando empoderar a los estudiantes y promover valores democráticos.

Características Clave:

- **Participación Igualitaria:** Estudiantes y profesores toman decisiones conjuntamente.
- **Valores Democráticos:** Promueve la igualdad y la participación.

- **Autonomía Estudiantil:** Fomenta la responsabilidad y la autodirección.

Los modelos y movimientos educativos contemporáneos representan esfuerzos significativos para transformar la educación en todo el mundo, promoviendo sistemas más justos, inclusivos y orientados al desarrollo integral del individuo. Al valorar la diversidad, la inclusión y la participación activa, estos modelos abren caminos hacia la transformación social y el empoderamiento de las comunidades.

La transformación del sistema educativo requiere una revisión crítica y radical de sus fundamentos teóricos, estructuras, prácticas pedagógicas y contenidos curriculares. Esto implica abogar por una educación que no solo prepare a los estudiantes para el mercado laboral, sino que también los forme como ciudadanos activos y conscientes, capaces de desafiar y transformar las estructuras de poder existentes. En este contexto, es crucial fomentar el pensamiento crítico, la justicia social y económica, y la apreciación de la diversidad.

El control social más efectivo no se impone con armas, sino con ideas. La educación ha sido, desde tiempos inmemoriales, un dispositivo central en la configuración del pensamiento y la conducta humana. Paulo Freire nos advertía que existen dos modelos de educación: una educación bancaria, diseñada para domesticar y perpetuar el statu quo, y una educación liberadora, que despierta la conciencia crítica y promueve la emancipación. La respuesta a cuál de estas domina hoy en las instituciones educativas es evidente cuando observamos cómo los planes de estudio están diseñados para formar individuos funcionales al sistema, pero no ciudadanos críticos capaces de cuestionarlo. Se nos enseña a memorizar datos, pero no a cuestionar las estructuras que definen nuestras vidas; se nos inculca obediencia, pero no rebeldía. Sin embargo, el conocimiento tiene una cualidad subversiva: cuando se utiliza de manera crítica, se convierte en un arma contra la opresión.

La educación puede funcionar tanto como una herramienta de control en manos de las élites como un espacio de resistencia y potencial liberación. Esta dualidad nos incita a reimaginar la educación no solo como un derecho humano fundamental, sino también como un pilar esencial para la construcción de una sociedad inclusiva y equitativa.

Los ejemplos de resistencia y las alternativas educativas que hemos explorado ilustran cómo es posible desafiar las estructuras de poder y fomentar una sociedad más crítica y consciente. Estas iniciativas ofrecen esperanzas concretas y prácticas para superar las limitaciones impuestas por los sistemas tradicionales y construir futuros más democráticos y participativos.

Sin embargo, el control sobre el pensamiento y el comportamiento de las masas no se limita al ámbito educativo. Existen otras estructuras que, al igual que la educación, han sido utilizadas para perpetuar el statu quo y moldear las percepciones colectivas. Los medios de comunicación, la industria del entretenimiento, la tecnología y la religión han desempeñado un papel crucial en la configuración de la conciencia social, determinando qué ideas se legitiman y cuáles se marginan. Aunque estas esferas de poder son distintas en su forma, comparten un mismo propósito: mantener la estabilidad de un orden social que beneficia a quienes lo dirigen. No obstante, al igual que en el ámbito educativo, dentro de estos espacios también existen fisuras que pueden convertirse en oportunidades para la resistencia y la transformación.

La educación no opera de manera aislada; su influencia se entrelaza con otras dimensiones de la vida cultural y política, reforzando o desafiando el control social. En el siguiente capítulo, *"La Influencia de la Religión"*, explora cómo las instituciones religiosas y las narrativas espirituales han sido utilizadas para legitimar el poder, moldear la conducta de las masas e influir en la estructura social. A través de este análisis, veremos cómo la educación y la religión, dos de las herramientas más poderosas de conformación ideológica, convergen en la configuración de un orden que favorece a las élites, pero que, al mismo tiempo, puede ser cuestionado y transformado.

Síntesis Crítica

Este capítulo crucial analiza la educación como un arma de doble filo: potencial liberador o sutil instrumento de control. Explora cómo las estructuras educativas (segregación, currículo, políticas) reproducen la estratificación social y favorecen a las élites. Critica la selección de contenidos y el "currículum oculto" por inculcar conformidad y marginar perspectivas críticas. Examina cómo la tecnología y la educación en línea pueden ser nuevas vías de control y vigilancia. Denuncia las desigualdades en el acceso a una educación de calidad, exacerbadas por la privatización.

Sin embargo, también destaca movimientos de resistencia y educación alternativa (Educación Popular de Freire, Inclusiva, para la Justicia Social, Intercultural, Holística, Descolonización, ABP, Escuelas Democráticas) que buscan transformar la educación en una herramienta de emancipación y justicia social.

Aprendizajes Clave

- Las estructuras y políticas educativas no son neutrales: reflejan y refuerzan las jerarquías establecidas.

- El currículum, en su versión explícita y oculta, configura las percepciones y los valores que orientan la conducta social.

- La resistencia a través de modelos educativos alternativos y críticas al sistema convencional se presenta como una vía para empoderar a las comunidades y fomentar el cambio.

Preguntas para la Reflexión

1. ¿De qué manera podrían reformarse los sistemas educativos para promover el pensamiento crítico y la autonomía individual?
2. ¿Cómo puede la educación convertirse en una herramienta de liberación en lugar de un mecanismo de control?
3. ¿Qué ejemplos actuales de educación alternativa podrían inspirar una transformación real en el sistema?

CAPÍTULO VI
LA INFLUENCIA DE LA RELIGIÓN

*"La fe puede ser una luz de esperanza o el velo
que oculta la verdadera naturaleza del poder."*
– Inspirado en reflexiones sobre la religión y el poder.

Este capítulo, aborda el papel de la religión en la consolidación del poder. Analiza cómo las instituciones y narrativas religiosas han servido para legitimar la autoridad y moldear valores, influyendo profundamente en la estructura social y en la percepción colectiva.

El control de las élites religiosas sobre las masas es un tema complejo que ha sido explorado a lo largo de la historia desde múltiples perspectivas. Las religiones, con sus estructuras jerárquicas y narrativas doctrinales, han ejercido una influencia significativa en la conformación de sociedades y culturas. A través de diversas épocas y culturas, la religión ha servido no solo como fuente de consuelo y guía espiritual sino también como un instrumento en manos de las élites para moldear sociedades, justificar normas y consolidar el poder. Este control se manifiesta de varias maneras, desde la dirección espiritual hasta la imposición de normas morales y sociales, y puede ser analizado desde varios ángulos, incluyendo sociológicos, psicológicos, e históricos.

1. LA RELIGIÓN INSTRUMENTO DE PODER

1.1. Perspectiva Sociológica

Desde el enfoque sociológico, las élites religiosas —líderes espirituales, instituciones y teólogos— han influido en la configuración de normas culturales y sociales. A través de sermones, textos sagrados y rituales, establecen lo que se considera moralmente correcto o incorrecto, impactando tanto en la conducta individual como colectiva.

Las instituciones religiosas también han ejercido un papel relevante en la educación, la política y los servicios sociales, ampliando así su influencia más allá del plano espiritual. En general, la religión ha sido utilizada como un mecanismo de cohesión social, estableciendo normas compartidas que promueven la unidad.

Émile Durkheim sostuvo que la religión es clave en la construcción de la solidaridad social, al establecer lo sagrado y lo profano. Sin embargo, también puede operar como mecanismo de control, justificando jerarquías sociales y manteniendo el statu quo. En este sentido, ofrece un marco ideológico que legitima el poder y naturaliza la desigualdad.

Desde una perspectiva sociopolítica, Nicolás Maquiavelo entendía la religión como una herramienta estratégica para preservar el orden y consolidar el poder. En *El Príncipe*, afirmaba que un gobernante sagaz puede usar la religión para presentar sus decisiones como divinamente autorizadas, y por tanto, incuestionables. La religión, en este marco, actúa como cemento ideológico que facilita la obediencia y desalienta la disidencia.

1.2. Perspectiva Psicológica

La religión también ejerce una influencia profunda en la mente humana, configurando tanto la identidad individual como la colectiva. Funciona como un marco interpretativo para comprender el mundo, ofreciendo respuestas a preguntas existenciales sobre la vida, la muerte y el propósito.

Históricamente, las élites han explotado esta función psicológica para manipular creencias y regular comportamientos. Uno de los mecanismos psicológicos más efectivos en este sentido ha sido el uso del miedo y la recompensa. La promesa de un paraíso eterno o el temor al castigo divino han servido como herramientas para fomentar la obediencia y desalentar la disidencia. Este tipo de condicionamiento, basado en la culpa y la redención, regula el comportamiento individual mediante la expectativa de consecuencias en la vida después de la muerte. De esta manera, la religión no solo ofrece un significado trascendental, sino que también refuerza estructuras de poder al moldear la conciencia moral y social de los creyentes.

Desde la psicología, Freud interpretó la religión como una ilusión que responde a necesidades emocionales profundas. En *El porvenir de una ilusión*, describió a Dios como una figura parental idealizada, que proporciona seguridad en un mundo incierto. Por contraste, Carl Jung propuso que los símbolos y rituales religiosos reflejan arquetipos del inconsciente colectivo, facilitando procesos de integración y autoconocimiento.

Karl Marx, por su parte, consideró la religión como una forma de alienación. En su célebre frase, la llamó "el opio del pueblo", aludiendo a su función de consuelo ilusorio que desvía la atención de las injusticias materiales. Para Marx, la religión adormece a los oprimidos y refuerza la estructura dominante.

A nivel psicológico, la religión ha servido como elemento de pertenencia y cohesión. Provee sistemas de valores y prácticas que otorgan sentido de identidad, aunque también pueden derivar en exclusión o violencia hacia quienes sostienen creencias distintas.

En contextos de crisis, la fe se convierte en un mecanismo de afrontamiento ante el miedo y la desesperanza. Sin embargo, esta vulnerabilidad puede ser aprovechada por sectas o líderes religiosos que buscan consolidar poder sobre individuos y comunidades.

En la actualidad, la religión sigue ejerciendo un impacto sobre las masas, especialmente en entornos marcados por la incertidumbre económica, política o social. En tales contextos, suelen proliferar movimientos religiosos que prometen certezas absolutas y estabilidad emocional. En algunos casos, incluso se han convertido en vehículos de radicalización ideológica y violencia.

En síntesis, la religión, además de su dimensión espiritual, constituye una herramienta poderosa de influencia psicosocial. Puede brindar consuelo y trascendencia, pero también operar como mecanismo de control. Comprender su dimensión psicológica es clave para entender su persistente influencia en las sociedades contemporáneas.

1.3. Perspectiva Histórica

La religión desde siempre, ha desempeñado un papel estructural en la consolidación de sistemas de poder político y social. Lejos de ser un ámbito exclusivamente espiritual, lo religioso ha funcionado como un dispositivo ideológico capaz de legitimar gobiernos, normar conductas colectivas y justificar procesos de dominación. Desde la adopción del cristianismo como religión oficial del Imperio Romano bajo Constantino, hasta su participación activa en las monarquías absolutistas europeas, la fusión entre lo sagrado y lo político ha sido un mecanismo eficaz para asegurar el control social y la perpetuación del poder.

Durante la Edad Media, la Iglesia católica se consolidó como una de las instituciones más influyentes de Europa occidental, ejerciendo una autoridad que excedía lo espiritual y se proyectaba con fuerza sobre la esfera política. El papado no solo legitimaba el poder de los monarcas, sino que se beneficiaba de su protección y financiamiento. Esta relación simbiótica permitió que la Iglesia acumulara un enorme capital político, económico y cultural. Sin embargo, dicha alianza no estuvo exenta de tensiones. Las críticas a la jerarquía eclesiástica, plasmadas en sátiras, panfletos y representaciones artísticas, revelaban el creciente descontento ante prácticas como el nepotismo, la corrupción y la ostentación clerical. Estas manifestaciones de resistencia, tanto internas como externas, pusieron en evidencia la fragilidad del discurso de autoridad moral que la Iglesia pretendía sostener.

Uno de los momentos más paradigmáticos de la instrumentalización religiosa se produjo durante la expansión colonial europea, especialmente con el llamado "descubrimiento" de América. En este contexto, la Iglesia católica desempeñó un papel central en la construcción del aparato ideológico que justificó la conquista y la subyugación de los pueblos originarios. A través de documentos como la bula *Inter Caetera* (1493), el papado concedió legitimidad al dominio imperial de España y Portugal sobre los territorios recién "descubiertos", bajo el pretexto de la evangelización. De forma aún más explícita, la doctrina del *Requerimiento* obligaba a las poblaciones indígenas a aceptar la fe cristiana y la soberanía de la Corona española, so pena de ser consideradas enemigas y objeto de violencia legítima.

Más allá de su justificación teológica, la Iglesia desempeñó un papel activo en la administración colonial. Órdenes como los jesuitas, franciscanos y dominicos controlaron territorios, influyeron en la educación y organizaron misiones que, si bien buscaban la conversión, también se convirtieron en espacios de resistencia. Figuras como Bartolomé de las Casas denunciaron los abusos del sistema, evidenciando que la Iglesia no fue una institución monolítica, sino un espacio de tensiones éticas y disputas internas.

La Reforma Protestante, encabezada por Martín Lutero en el siglo XVI, cuestionó tanto la doctrina católica como su alianza con el poder político, generando transformaciones profundas: guerras religiosas, divisiones sociales y el avance de la secularización. En respuesta, la Contrarreforma buscó reafirmar la autoridad papal mediante el Concilio de Trento, la censura y la persecución de disidentes.

Aunque hoy existe una separación formal entre Iglesia y Estado en muchos países, la religión sigue influyendo en la vida pública. Las tensiones en torno a derechos sexuales, educación laica y reconocimiento de derechos civiles evidencian esa vigencia. Casos como el apoyo de la jerarquía católica al franquismo o la presión religiosa en agendas legislativas en América Latina y EE. UU. muestran que la fe continúa siendo una herramienta de poder.

Comprender esta relación histórica entre religión y política permite analizar cómo se legitima el poder, pero también cómo surgen resistencias y alternativas desde dentro de las propias instituciones religiosas. La religión sigue siendo un campo de disputa simbólica y política clave para entender el orden social contemporáneo.

Además, las creencias religiosas, lejos de estar confinadas al ámbito privado, continúan influyendo en decisiones públicas, marcos legislativos y discursos nacionales. Su instrumentalización puede reforzar estructuras de dominación o alimentar movimientos emancipatorios. Por ello, desentrañar sus tensiones internas y sus vínculos con el poder resulta indispensable para una lectura crítica de la realidad actual.

2. LEGITIMACIÓN DEL PODER Y AUTORIDAD

La religión a menudo se utiliza para legitimar el poder tanto en contextos históricos como contemporáneos. La idea del "derecho divino" de los reyes es un claro ejemplo: la creencia de que la autoridad monárquica es voluntad de la divinidad se utilizó para justificar el poder absoluto. En la actualidad, líderes y regímenes pueden recurrir a principios religiosos para avalar sus políticas y mantener su liderazgo.

2.1. Legitimación Religiosa del Poder

- **Normas Morales y Éticas**

La religión establece marcos morales que regulan el comportamiento individual y colectivo. Estas normas, al definir lo correcto o incorrecto, moldean decisiones personales y también influyen en leyes y políticas públicas. Así, se restringen libertades o se promueven agendas morales específicas desde estructuras religiosas.

- **Cohesión Social y Conformidad**

Las prácticas y rituales religiosos fomentan la cohesión social y promueven la conformidad dentro de la comunidad. A través de la participación en rituales comunes y la adhesión a un conjunto compartido de creencias y normas, los individuos fortalecen su sentido de pertenencia y su identidad colectiva. Sin embargo, este sentido de comunidad también puede ser utilizado para excluir a aquellos que no se conforman a las normas religiosas, creando barreras sociales y fomentando la homogeneidad cultural y religiosa.

- **Control de la Información y la Educación**

Las instituciones religiosas han influido en la transmisión del conocimiento, privilegiando ciertos saberes y censurando otros considerados heréticos o blasfemos. Esto restringe el pensamiento crítico, limitando su capacidad para cuestionar o desafiar las estructuras de poder existentes y refuerza cosmovisiones de los individuos desde una edad temprana alineadas con los intereses del poder religioso.

- **Justificación de Desigualdades Sociales**

En algunos casos, la religión ha sido utilizada para justificar desigualdades sociales y económicas, presentándose como parte del orden natural o divino. Al atribuir la pobreza, la opresión, o la desigualdad a la voluntad divina o al karma, por ejemplo, se puede disuadir a las personas de cuestionar o resistir su situación, perpetuando con ello las estructuras de poder y desigualdad.

- **Fomento del Miedo y la Sumisión**

El temor al castigo divino o a las consecuencias espirituales negativas puede ser un poderoso mecanismo de control social. La creencia en un juicio divino, el infierno, o la retribución en la vida después de la muerte puede motivar a las personas a adherirse a las normas religiosas y sociales, incluso en ausencia de supervisión humana directa.

- **El Manto de la Autoridad Espiritual**

Las élites religiosas, abarcando desde sacerdotes, clérigos, teólogos y papas, ostentado una autoridad que trasciende lo terrenal, reclamando un vínculo directo con lo divino. Esta posición les ha conferido una poderosa influencia sobre sus seguidores, quienes buscan en la religión respuestas a las grandes preguntas de la existencia. La autoridad espiritual se ha utilizado no solo para guiar a las masas en la fe sino también para establecer normas sociales y morales que reflejan los intereses de estas élites.

- **Instrumentos de Control Social**

Las instituciones religiosas han desempeñado un rol central en la configuración de las normas culturales y sociales. Desde la definición de los códigos morales hasta la intervención en la política y la educación, la religión ha sido un pilar en la estructuración de la sociedad. La promulgación de leyes basadas en preceptos religiosos y la integración de la moral religiosa en el tejido social han permitido a las élites religiosas ejercer un control considerable sobre la vida cotidiana de las personas.

- ## **Economía y Poder Temporal**

Las instituciones religiosas, a lo largo de la historia, han acumulado riquezas considerables mediante diezmos, donaciones, indulgencias y el control de tierras. Este poder económico fortaleció no solo su influencia espiritual, sino también su capacidad de intervenir en asuntos temporales. En Europa medieval y moderna, la Iglesia fue uno de los mayores terratenientes, ejerciendo un rol central en la política y la vida social.

La construcción de catedrales y centros de peregrinación, como Santiago de Compostela o el Vaticano, fue tanto un acto de fe como una estrategia económica. Estos espacios concentraban comercio, devoción y poder simbólico. Órdenes como los templarios incluso participaron en redes bancarias y comerciales, sentando bases del capitalismo financiero.

Gracias a estos recursos, la Iglesia formó universidades, financió misiones y consolidó su red global de influencia. Sin embargo, esta acumulación de poder generó críticas constantes por corrupción y simonía, dando lugar a movimientos reformistas como el de Lutero y Calvino, que denunciaron el mercantilismo de la fe. En respuesta, muchas monarquías intentaron limitar el poder fiscal e inmobiliario del clero.

Durante la colonización de América, la Iglesia no solo evangelizó, sino que controló haciendas, esclavos y encomiendas, lo que también provocó tensiones. En los siglos XIX y XX, reformas liberales promovieron la desamortización de bienes eclesiásticos en países como México y Colombia.

Hoy, aunque el poder económico de la Iglesia ha disminuido, sigue siendo significativo: recibe donaciones, goza de exenciones fiscales y gestiona instituciones educativas y sanitarias. En varios países, su financiamiento estatal suscita debates sobre laicidad y equidad.

Comprender esta dimensión económica es clave para analizar cómo las instituciones religiosas han ejercido —y aún ejercen— poder más allá de lo espiritual, moldeando estructuras sociales y políticas a lo largo del tiempo.

3. REFORMAS RELIGIOSAS

La historia demuestra que la autoridad religiosa ha estado lejos de ser inmutable o incuestionable. Diversas reformas, cismas y movimientos doctrinales han surgido en distintos contextos históricos y culturales, desafiando el poder establecido de las élites eclesiásticas y promoviendo profundas transformaciones en las estructuras y creencias religiosas.

Estos procesos de reforma han tenido múltiples causas: desde la corrupción interna, el abuso de poder y la desvinculación del clero con las necesidades del pueblo, hasta el surgimiento de nuevas interpretaciones teológicas y el avance del pensamiento crítico. En muchos casos, las reformas religiosas no solo buscaron una renovación espiritual, sino también una redistribución del poder dentro de las instituciones religiosas.

• Reforma Protestante (Siglo XVI)

Iniciada por Martín Lutero en 1517 con sus "95 Tesis", la Reforma Protestante fue un movimiento de reforma religiosa dentro de la Iglesia Católica en Europa. Criticó prácticas como la venta de indulgencias y abogó por un retorno a las enseñanzas bíblicas. Dio origen a varias denominaciones protestantes, como el luteranismo, calvinismo, y anglicanismo, y provocó una profunda división en el cristianismo occidental.

La Reforma tuvo consecuencias de gran alcance: no solo dividió el cristianismo, sino que también reconfiguró el mapa político de Europa, fortaleciendo a los estados nacionales frente al poder del papado. Dio impulso a la alfabetización, al traducirse la Biblia a las lenguas vernáculas, y sentó las bases para la libertad de conciencia y la pluralidad religiosa. También provocó guerras de religión, persecuciones y tensiones sociales durante más de un siglo.

• Contrarreforma (Siglo XVI-XVII)

La Contrarreforma, también denominada Reforma Católica, fue la respuesta estructural y doctrinal de la Iglesia Católica ante el desafío que supuso la Reforma Protestante iniciada por Martín Lutero en 1517. Lejos de ser una mera reacción coyuntural, la Contrarreforma implicó una profunda reorganización eclesiástica, cuyo objetivo era reafirmar la autoridad papal, revitalizar la vida religiosa interna y detener la expansión de las nuevas corrientes protestantes en Europa.

El Concilio de Trento (1545–1563)

El evento central de este proceso fue el Concilio de Trento, convocado por el papa Paulo III y celebrado en distintas etapas entre 1545 y 1563. Este concilio ecuménico se propuso como una plataforma para responder a las críticas protestantes y para abordar las reformas necesarias dentro del catolicismo.

Desde una perspectiva doctrinal, el Concilio consolido con firmeza los pilares teológicos cuestionados por los reformadores:

- La autoridad del Papa como cabeza de la Iglesia.

- La validez de la tradición eclesiástica junto con las Sagradas Escrituras.

- La existencia de siete sacramentos (frente a los dos reconocidos por Lutero).

- La doctrina de la transubstanciación en la Eucaristía.

- La importancia de las buenas obras en la salvación, además de la fe.

• Reforma Anglicana (Siglo XVI)

Impulsada por el rey Enrique VIII de Inglaterra, la Reforma Anglicana separó la Iglesia de Inglaterra de la autoridad del Papa y de la Iglesia Católica en Roma. Esta reforma no solo tuvo motivaciones religiosas sino también políticas, debido al deseo del rey de controlar la iglesia en su reino y a su conflicto con el Papa por la anulación de su matrimonio con Catalina de Aragón.

La Reforma Anglicana transformó radicalmente el paisaje religioso y político de Inglaterra. Aunque inicialmente el culto y la doctrina se mantuvieron muy similares al catolicismo, con el tiempo se introdujeron reformas más cercanas al protestantismo, sobre todo durante el reinado de su hijo Eduardo VI. Este proceso marcó el inicio de una etapa de profundos conflictos religiosos en el país, cuyas consecuencias se sentirían durante generaciones, incluyendo guerras civiles, persecuciones y la consolidación del anglicanismo como una tercera vía entre el catolicismo y el protestantismo continental.

• Reforma Radical (Siglo XVI)

Este fue un movimiento más extremo dentro de la Reforma Protestante, que buscó una mayor separación de la Iglesia Católica y promovió cambios radicales en la estructura y la teología de la iglesia. Los anabaptistas fueron uno de los grupos más conocidos de esta reforma, que abogaron por el bautismo solo de adultos y una separación completa entre la iglesia y el estado.

• Reforma de la Iglesia Ortodoxa Rusa (Siglo XVII)

La reforma de la Iglesia Ortodoxa Rusa fue llevada a cabo por el patriarca Nikon en la década de 1650. Nikon buscó alinear los ritos y las prácticas de la Iglesia Ortodoxa Rusa más de cerca con las de la Iglesia Ortodoxa Griega. Esto llevó a una división con los "Viejos Creyentes", quienes resistieron estos cambios y formaron un cisma dentro de la iglesia.

• Reforma Católica en el Concilio Vaticano II (Siglo XX)

Celebrado entre 1962 y 1965, el Concilio Vaticano II introdujo una serie de reformas significativas en la Iglesia Católica, promoviendo una mayor apertura hacia el mundo moderno y otras religiones. Cambios notables incluyeron la celebración de la misa en lenguas vernáculas en lugar del latín, un mayor enfoque en la laicidad y una reevaluación de la relación de la Iglesia con otras religiones y con el judaísmo en particular.

Estas reformas religiosas tuvieron un impacto profundo en la estructura, la doctrina y la práctica de las iglesias cristianas, y sus efectos todavía son evidentes en el mundo religioso actual.

4. LA RELIGIÓN EN LA SOCIEDAD CONTEMPORÁNEA

Max Weber vinculó la ética protestante al surgimiento del capitalismo, mientras Karl Marx calificó la religión como "el opio del pueblo". En el siglo XXI, la religión sigue siendo un actor central en la política y la economía global. Las élites la utilizan para legitimar su poder, mientras que los pueblos la reinterpretan como una forma de resistencia. Hoy, esa dualidad persiste: la religión es fuente tanto de inspiración como de manipulación.

En la era actual, la relación entre las élites religiosas y las masas sigue evolucionando. Aunque la secularización ha reducido el control directo de las instituciones religiosas en muchos ámbitos, su influencia persiste en la política, la educación y el debate moral. El resurgimiento de movimientos fundamentalistas y el uso de la religión como herramienta de identidad evidencian su capacidad para movilizar y, en ocasiones, dividir a la sociedad.

Habiendo profundizado en el papel de la religión como instrumento de poder, apreciamos cómo su capacidad para legitimar el control, moldear valores y dirigir la moralidad colectiva se articula con otros mecanismos de dominación. Las narrativas religiosas, al igual que los discursos educativos, ayudan a establecer un consenso que beneficia a las élites. Las instituciones religiosas han sido usadas para legitimar el poder, pero también cómo pueden ser espacios de resistencia. La convergencia entre educación y religión revela patrones más amplios de control ideológico y sus grietas.

Al examinar cómo las instituciones y figuras religiosas utilizan su autoridad espiritual y recursos para influir en la sociedad, se subraya la importancia de entender la religión no solo como una dimensión espiritual, sino como un factor clave en la dinámica del poder social. Es crucial destacar que esta crítica no se dirige a la espiritualidad en sí misma, ni a la negación de una divinidad omnipresente. Más bien, se centra en el uso que el ser humano ha dado a la religión a lo largo de la historia, transformándola en un instrumento de control y manipulación. Este análisis es esencial para abordar las tensiones entre fe, libertad y control en un mundo cada vez más plural y conectado.

¿Es posible separar la espiritualidad del dominio ideológico? La respuesta radica en entender que la fe, en sí misma, no es opresiva; lo es su instrumentalización para justificar desigualdades, guerras y sistemas injustos. Cuando la religión se convierte en un aparato de poder, pierde su esencia y se transforma en un instrumento de manipulación. En un mundo donde la secularización avanza y los dogmas pierden fuerza, la verdadera batalla no es entre creyentes y no creyentes, sino entre quienes buscan la emancipación del pensamiento y quienes quieren encadenarlo a los intereses de unos pocos.

Si la religión ha operado históricamente como un lenguaje simbólico capaz de moldear conciencias, disciplinar conductas y legitimar estructuras de poder, su influencia no actúa en el vacío ni se limita al ámbito espiritual. En las sociedades contemporáneas, ese poder de significación se desplaza y se amplifica a través de nuevos templos seculares: los medios de comunicación. Allí donde antes la fe ofrecía narrativas de salvación, culpa o redención, hoy los discursos mediáticos configuran verdades, jerarquizan hechos y determinan lo que debe ser creído, temido o ignorado. Comprender esta continuidad —del púlpito a la pantalla— resulta esencial para analizar cómo se construye la realidad social y cómo el poder adapta sus mecanismos de persuasión a los lenguajes de cada época.

Síntesis Crítica

La religión ha sido usada como instrumento de poder, se explora cómo las élites religiosas han moldeado sociedades, justificado normas y consolidado su autoridad a través de perspectivas sociológicas, psicológicas e históricas. Se examina cómo la religión establece control moral, fomenta cohesión y conformidad (que puede excluir), influye en la información y educación, justifica desigualdades y utiliza el miedo y la sumisión. Se destaca la autoridad espiritual de las élites religiosas y su poder temporal. Sin embargo, el capítulo también se aborda reformas religiosas históricas y contemporáneas que cuestionaron y transformaron este control.

Aprendizajes Clave

- Las instituciones religiosas y sus narrativas han sido utilizadas para consolidar el control social y legitimar las estructuras de poder.

- La autoridad espiritual, a menudo en complicidad con intereses políticos y económicos, influye en la percepción de la realidad y en la aceptación de un orden preestablecido.

- La crítica a la función ideológica de la religión abre la puerta a una reinterpretación de sus roles, invitando a que se transforme en un agente de emancipación y cambio social.

Preguntas para la Reflexión

1. ¿Cómo puede la religión ser reinterpretada para servir a una sociedad más equitativa y consciente?

2. ¿Qué ejemplos históricos o contemporáneos demuestran la transformación de instituciones religiosas en fuerzas de liberación?

3. ¿Qué estrategias podrían adoptarse para separar la dimensión espiritual de la instrumentalización política y económica?

4. ¿A la luz de las perspectivas de Marx, ¿es posible transformar la religión en un agente de liberación y justicia social, o está inevitablemente ligada a las estructuras de poder?

CAPÍTULO VII
MEDIOS DE COMUNICACIÓN
CONSTRUCCIÓN DE LA REALIDAD

"Los medios son el teatro en el que se representa la verdad, pero también el escenario donde se manipulan las percepciones."

— Inspirado en las ideas de Chomsky

Estás preparado para cuestionar lo que crees saber? Este capítulo explora el papel de los medios de comunicación en la construcción de realidades. Analiza cómo la selección de información, la estandarización de los mensajes y la concentración de la propiedad mediática convergen para moldear la opinión pública, frecuentemente al servicio de las élites.

El control y uso de los medios de comunicación por parte de las élites constituyen una de las herramientas más eficaces para perpetuar sus intereses y mantener su posición de poder. La concentración de la propiedad mediática en manos de un pequeño número de conglomerados globales ha llevado a una homogeneización del contenido mediático, donde las narrativas que se promueven reflejan los intereses de estas poderosas entidades. Esta concentración limita la diversidad de voces y perspectivas en el espacio público y reduce la capacidad de los medios para actuar como un verdadero cuarto poder que fiscaliza a las élites en lugar de servirles. Nos adentramos en el complejo papel de los medios de comunicación en la sociedad contemporánea, enfocándonos en cómo contribuyen a la formación, manipulación y polarización de la opinión pública.

La propiedad concentrada tiene un impacto directo en la diversidad de contenido disponible para el público. Las decisiones editoriales, la selección de noticias y la cobertura de temas están influenciadas por intereses comerciales y políticos, lo que puede llevar a la marginalización de voces disidentes y la minimización de problemas sociales que no se alinean con los intereses de las élites. Este fenómeno se traduce en un paisaje mediático donde ciertas narrativas dominan y moldean la percepción pública, a menudo en detrimento del debate democrático y de la comprensión compleja de los problemas globales y locales.

Noam Chomsky y Edward S. Herman en su obra *"Manufacturing Consent"* (*"Fabricación del Consentimiento"*) argumentan que los medios de comunicación operan dentro de un sistema económico y político que los hace servir como herramientas para la manipulación de la opinión pública. A través de mecanismos como la filtración de noticias, la agenda setting y el enmarcado de temas, de manera que reflejen favorablemente los intereses de las élites, los medios fabrican el consentimiento de las masas hacia políticas y prácticas que benefician a esas mismas élites.

El modelo de propaganda de Chomsky y Herman describe cómo se ejerce este control, identificando "filtros" a través de los cuales pasan las noticias antes de llegar al público. Estos filtros incluyen la propiedad de los medios, la dependencia de los medios de financiamiento a través de la publicidad, las fuentes de las noticias, las "flak" o críticas y el "anticomunismo" como control ideológico. Aunque el contexto ha cambiado, los principios siguen vigentes. Nuevas formas de control, como las campañas de desinformación, el uso estratégico de "noticias falsas" y la censura algorítmica, se han sumado al repertorio de manipulación contemporáneo.

Comprender estos mecanismos es esencial para desarrollar una conciencia crítica frente a la información que consumimos y para buscar alternativas que enriquezcan nuestra comprensión del mundo.

El ecosistema digital actual ha amplificado la capacidad de manipulación al fragmentar audiencias y dirigir mensajes personalizados que refuerzan sesgos previos. Plataformas sociales como Facebook, X (Twitter) o YouTube operan bajo algoritmos diseñados para maximizar la atención, no la veracidad. En ese entorno, la verdad se convierte en una mercancía más, moldeada por intereses comerciales o políticos. A ello se suma la concentración mediática, que reduce la pluralidad de voces y limita el acceso a perspectivas divergentes. Frente a esta realidad, alfabetizar mediáticamente a la ciudadanía es una tarea urgente y emancipadora.

1. MANIPULACIÓN MEDIÁTICA Y SUS EFECTOS

Los medios de comunicación, frecuentemente controlados por grupos de poder económico y político, desempeñan un rol central en la configuración de las agendas públicas. Determinan qué temas se visibilizan y cuáles son relegados, en función de intereses que buscan preservar el statu quo. Esta selección informativa no es inocente: responde a lógicas de poder que moldean la percepción colectiva. Problemas estructurales como la pobreza, el cambio climático o la desigualdad suelen recibir una cobertura superficial o sesgada, lo que contribuye a minimizar su urgencia y a desmovilizar la acción pública.

La manipulación mediática también se expresa en la construcción de narrativas que legitiman decisiones impopulares o controvertidas. En contextos de conflicto o crisis, los medios tienden a justificar intervenciones militares, políticas de austeridad o reformas neoliberales, presentándolas como inevitables o técnicas, y omitiendo sus consecuencias sociales. Tales narrativas, al naturalizar determinadas posiciones ideológicas, debilitan el pensamiento crítico y silencian las voces disidentes.

En el ámbito económico, se promueve la idea de que no existen alternativas al libre mercado, presentando medidas como la desregulación o privatización como caminos obligados al progreso, a pesar de la evidencia de que estas políticas agravan la desigualdad. Del mismo modo, en situaciones de guerra, la deshumanización del "enemigo" y la ocultación de víctimas civiles son comunes.

Comprender los mecanismos mediante los cuales los medios manipulan agendas y discursos permite desarrollar una conciencia crítica. Esto implica cuestionar lo que se presenta como verdad, buscar fuentes diversas y asumir una participación activa y reflexiva en el espacio público. Solo así es posible disputar la hegemonía de los relatos que perpetúan las estructuras de dominación.

2. RESISTENCIA Y MEDIOS ALTERNATIVOS

En contraste con el panorama mediático dominado por intereses corporativos y elitistas, los medios independientes y el periodismo ciudadano emergen como fuerzas vitales de resistencia, democratización y pluralismo informativo. Estas plataformas se esfuerzan por ofrecer perspectivas alternativas que desafían las narrativas predominantes, abriendo espacio para voces marginadas y promoviendo una diversidad de opiniones y experiencias.

A diferencia de los medios convencionales, cuya agenda a menudo refleja los intereses de sus propietarios o patrocinadores, los medios independientes operan con una mayor autonomía editorial, lo que les permite abordar temas ignorados o tergiversados por los medios de masas.

El periodismo ciudadano, facilitado por la tecnología digital y las redes sociales, permite a los individuos comunes participar activamente en la recopilación, reportaje y análisis de noticias. Este enfoque descentralizado puede contribuir significativamente a la diversificación de las fuentes de información y al empoderamiento de las comunidades al proporcionarles una plataforma para contar sus propias historias. A través de estas vías alternativas, es posible cuestionar y contrarrestar el monopolio de la información de los medios tradicionales y fomentar un discurso público más inclusivo y representativo.

3. EL ROL DE LAS REDES SOCIALES

Las redes sociales han revolucionado la forma en que se produce, distribuye y consume la información, ofreciendo oportunidades sin precedentes para la movilización y el activismo social. Han servido como herramientas cruciales de empoderamiento para movimientos sociales alrededor del mundo, permitiendo la coordinación de protestas, la sensibilización sobre diversas causas y la formación de comunidades de apoyo y resistencia. Sin embargo, este nuevo paisaje mediático digital también presenta desafíos significativos, incluida la susceptibilidad a la manipulación y la desinformación.

Las mismas características que hacen que las redes sociales sean efectivas para la difusión rápida de información también pueden ser explotadas para propagar noticias falsas, teorías de conspiración y contenido polarizador, a menudo con el objetivo de manipular la opinión pública o desacreditar a oponentes políticos.

La proliferación de la desinformación plantea riesgos serios para la calidad del discurso público y la integridad democrática, lo que requiere un enfoque crítico y reflexivo por parte de los usuarios de redes sociales y la implementación de políticas y mecanismos efectivos por parte de las plataformas para combatir la desinformación sin coartar la libertad de expresión.

Al presentar formas de resistencia y medios alternativos destacamos la importancia y el potencial de los medios independientes y el periodismo ciudadano como contrapuntos democráticos al control mediático de las élites. A su vez, reconoce los desafíos y dilemas que presenta el uso de las redes sociales en la lucha por un espacio informativo más libre y veraz. Estas dinámicas subrayan la necesidad continua de desarrollar y apoyar medios de comunicación que promuevan una sociedad informada, crítica y participativa, como también fomentar una ciudadanía digital responsable y crítica en el uso de las redes sociales.

4. HACIA UNA ÉTICA MEDIÁTICA

Vivimos en la era de la sobreinformación, pero nunca hemos estado más desinformados. Noam Chomsky afirmaba que el propósito de los medios de comunicación no es informar, sino moldear la percepción de la realidad. Las narrativas dominantes no surgen espontáneamente, sino que son fabricadas con precisión quirúrgica para dirigir la atención de las masas hacia lo que conviene a las élites. La propaganda del siglo XXI no adopta la forma de un discurso autoritario, sino de entretenimiento, noticias segmentadas y algoritmos que diseñan realidades a medida. Nos hacen creer que estamos informados cuando, en realidad, solo consumimos versiones fragmentadas y filtradas de los hechos. El problema no es la falta de información, sino la ausencia de pensamiento crítico para discernir lo real de lo manipulado. ¿Cuántas de nuestras opiniones han sido implantadas sin que nos demos cuenta? ¿Y cuántas de nuestras certezas son, en realidad, ideas diseñadas para mantenernos pasivos?

Tras haber analizado cómo los medios de comunicación construyen la realidad y manipulan la opinión pública con técnicas que van desde la selección de noticias hasta la creación de narrativas homogéneas, se vuelve evidente que el control informativo es una herramienta clave para perpetuar el dominio de las élites. La construcción de un espacio mediático ético, diverso y veraz es fundamental para la salud de cualquier democracia. La diversidad en los medios asegura que una gama amplia de voces y perspectivas sean representadas, mientras que la veracidad refuerza la confianza pública en los medios como fuentes de información fiable.

Para alcanzar estos objetivos, se pueden considerar varias estrategias:

• **Regulaciones sobre la Concentración de la Propiedad Mediática:** Implementar leyes que limiten la concentración de la propiedad de los medios en manos de pocas corporaciones puede ayudar a prevenir monopolios informativos y promover una mayor pluralidad de voces.

Estas regulaciones deberían equilibrar la necesidad de diversidad mediática con la libertad de prensa, asegurando que los medios puedan operar libremente sin influencia indebida del estado o intereses privados.

• **Fomento de la Transparencia:** Exigir a los medios la divulgación de información sobre su propiedad, financiación y procesos editoriales puede ayudar a crear una mayor transparencia, permitiendo que el público entienda mejor las potenciales sesgo y motivaciones detrás de la información presentada.

• **Educación Mediática:** En un mundo inundado de información, la capacidad de analizar críticamente los medios se ha vuelto indispensable. La educación mediática busca dotar a individuos de todas las edades con las habilidades necesarias para:

  - **Evaluar críticamente los medios:** Esto incluye la habilidad para discernir entre diferentes tipos de contenido mediático, reconocer sesgos y agendas, y evaluar la veracidad y relevancia de la información.

- **Comprender la producción de medios:** Un conocimiento básico de cómo se producen y distribuyen las noticias y el contenido mediático ayuda a entender las posibles influencias en el contenido que consumimos.

- **Crear Contenido Mediático Responsablemente:** La educación mediática también implica aprender a comunicar efectivamente en el espacio público, respetando principios éticos y contribuyendo a un discurso cívico saludable.

• **Usar Medios para el Empoderamiento Social:** Capacitar a las personas para que utilicen los medios como herramientas de activismo y cambio social, promoviendo causas justas y movilizando apoyo para iniciativas comunitarias.

Solo una ética mediática basada en pluralismo y veracidad, junto con una ciudadanía crítica, permitirá contrarrestar la manipulación y revitalizar la democracia.

Este enfoque hacia la ética mediática prepara el terreno para los siguientes episodios, que continuarán explorando la interacción entre el poder, la sociedad y la tecnología en la era digital. Con este entendimiento, el siguiente capítulo, *"Tecnología y Control Social"*, nos invita a explorar cómo las nuevas tecnologías amplifican estos mecanismos de control, permitiendo una vigilancia y manipulación a escala nunca antes vista.

Síntesis Crítica

Este capítulo se examina el papel crucial de los medios de comunicación en la construcción de la realidad social y política, destacando cómo las élites utilizan estos medios para moldear la opinión pública y perpetuar sus intereses. A través de la concentración de la propiedad mediática, los intereses comerciales y políticos influyen en la selección de noticias, limitando la diversidad de voces y reforzando narrativas homogéneas que favorecen el statu quo.

Aprendizajes Clave

- La construcción de la realidad mediática actúa como un filtro que favorece determinadas narrativas y minimiza otras.
- Los mecanismos de manipulación informativa, como la selección de contenidos y la estandarización de mensajes, contribuyen a la conformidad social.
- La existencia de medios alternativos y estrategias de resistencia mediática sugiere la posibilidad de contrarrestar la hegemonía informativa.

Preguntas para la Reflexión

1. ¿Qué papel pueden jugar los medios independientes en la construcción de una narrativa más plural y crítica?
2. ¿Cómo afecta la concentración de propiedad mediática a la diversidad de opiniones en la sociedad?
3. ¿De qué manera la alfabetización mediática puede empoderar a los ciudadanos para identificar y contrarrestar la manipulación informativa?

CAPÍTULO VIII
TECNOLOGÍA Y CONTROL SOCIAL

"La tecnología es la nueva frontera del poder, capaz de conectar y, a la vez, de encadenar a las masas con un solo clic."
— Inspirado en Shoshana Zuboff.

La era digital encarna una paradoja profunda: mientras promete conexión y libertad, también consolida nuevas formas de control. Este capítulo examina cómo tecnologías como la vigilancia masiva o la personalización algorítmica pueden operar como herramientas tanto de dominación como de emancipación. En un mundo hiperconectado, la recolección y análisis de datos personales es constante, revelando tensiones entre seguridad, autonomía y democracia.

Gobiernos y corporaciones acceden a volúmenes masivos de información —ubicaciones, historiales, hábitos, redes sociales— bajo la retórica de protección o eficiencia. Esta vigilancia permanente, similar al panóptico de Foucault, induce a la autocensura y disuade la disidencia.

No se trata solo de observar, sino de intervenir. Como plantea Shoshana Zuboff, el "capitalismo de vigilancia" convierte cada interacción digital en materia prima para predecir y modelar conductas.

Las estrategias de control ya no dependen de la censura directa, sino de la saturación informativa: se fragmenta, se polariza y se distrae. Bots, algoritmos y campañas digitales generan desinformación, mientras las burbujas de filtro aíslan a los usuarios y debilitan el debate democrático.

De esta manera, la opinión pública es moldeada no solo por lo que se expone, sino por lo que se omite. El diseño algorítmico —invisible pero eficaz— define qué vemos, cuándo y cómo, delineando los límites de lo pensable.

1. LA TECNOLOGÍA COMO MEDIO DE EMPODERAMIENTO

• Movimiento Sociales y redes Sociales

Las redes sociales y otras herramientas digitales han revolucionado la forma en que los movimientos sociales se organizan y movilizan. Estas plataformas ofrecen medios de comunicación rápidos y de amplio alcance, permitiendo a los activistas coordinar acciones, difundir información y movilizar apoyo a una escala global sin precedentes.

Los ejemplos de la Primavera Árabe, el movimiento #MeToo y las protestas globales por el cambio climático demuestran el potente papel catalizador que las redes sociales pueden desempeñar en la promoción del cambio social. Estas plataformas facilitan la organización de protestas, la sensibilización sobre cuestiones cruciales y la construcción de comunidades transfronterizas de apoyo y resistencia.

Una de las ventajas significativas de estas tecnologías radica en la reducción de las barreras de entrada al activismo. Esto permite que tanto individuos como grupos pequeños puedan generar un impacto considerable y ofrece una plataforma vital para que las voces marginadas sean escuchadas y amplificadas.

Además de facilitar la organización y la amplificación de voces, las redes sociales humanizan los problemas sociales y políticos al proporcionar un espacio para el testimonio directo y la narración personal. Esta capacidad de compartir experiencias individuales fomenta la empatía y genera un mayor apoyo entre audiencias globales.

• Acceso y Distribución de la Información

El internet y las plataformas digitales han transformado radicalmente el acceso a la información, desafiando el monopolio de los medios de comunicación tradicionales y permitiendo una mayor diversidad de voces y perspectivas. Esta democratización de la información ha empoderado a los usuarios para buscar, compartir y discutir una amplia gama de contenidos, desde noticias y análisis político hasta educación y entretenimiento.

La capacidad de acceder a una multitud de fuentes y puntos de vista contribuye a una sociedad más informada y crítica, donde los ciudadanos pueden contrastar diferentes narrativas, formar sus propias opiniones y participar de manera más efectiva en el discurso público. Además, el acceso abierto a recursos educativos, plataformas de aprendizaje en línea y comunidades de conocimiento ha fomentado oportunidades de aprendizaje y desarrollo personal que antes estaban limitadas por barreras geográficas, económicas o institucionales.

Destacamos aquí la dualidad de la tecnología como una herramienta que, si bien puede ser utilizada para ejercer control y vigilancia, también tiene el potencial de empoderar a individuos y comunidades, fomentar la participación democrática y facilitar el cambio social. Al reconocer y maximizar los aspectos positivos de la tecnología, se pueden fortalecer los movimientos sociales y promover un acceso más equitativo a la información, contribuyendo así a la construcción de sociedades más justas y participativas.

2. RETOS Y OPORTUNIDADES EN LA ERA DIGITAL

• Brecha Digital y Exclusión

La disparidad en el acceso y uso de tecnologías de la información y comunicación entre diferentes grupos de la sociedad sigue reproduciendo (e intensificando) otras formas de desigualdad. A pesar de la promesa emancipadora de las herramientas digitales, la realidad es que significativas porciones de la población mundial aún permanecen desconectadas o tienen acceso limitado a la tecnología, debido a factores como el costo, la falta de infraestructura, o la falta de habilidades digitales. Esta brecha perpetúa la exclusión y la desigualdad, ya que el acceso a la tecnología se ha convertido en un requisito crucial para participar plenamente en la economía global, la educación, y la sociedad en general.

Las desigualdades en el acceso a la tecnología no solo reflejan sino que también pueden intensificar otras formas de desigualdad social, económica y geográfica, limitando el potencial de las herramientas digitales para servir como medios de empoderamiento para ciertos grupos, especialmente en comunidades rurales, en países en desarrollo, y entre personas de edad avanzada, mujeres y minorías. Abordar la brecha digital requiere esfuerzos coordinados para garantizar el acceso universal a la tecnología, la infraestructura de internet y la educación digital, creando así oportunidades iguales para todos.

• Privacidad y Ética en la Tecnología

La ausencia de regulaciones claras permite el uso abusivo de datos personales. Muchas decisiones críticas —en salud, justicia, educación o empleo— están mediadas por algoritmos opacos, susceptibles a sesgos estructurales. Esto plantea un desafío urgente: ¿quién programa al programador?

La necesidad de desarrollar marcos éticos y regulaciones para las tecnologías digitales es imperativa para asegurar que estas herramientas sirvan al bienestar y la dignidad humana, en lugar de socavarlos. Esto incluye leyes de protección de datos que otorguen a los individuos mayor control sobre su información personal, regulaciones que garanticen la transparencia y la rendición de cuentas en el uso de algoritmos y tecnologías de inteligencia artificial, y el fomento de un diseño tecnológico que priorice la ética y los derechos humanos.

Hemos abordado los retos y oportunidades que presenta la era digital, destacando la importancia de enfrentar la brecha digital y abordar los desafíos éticos relacionados con la privacidad y el uso de tecnologías digitales. Al reconocer estos desafíos y trabajar proactivamente para superarlos, se puede maximizar el potencial emancipador de la tecnología, asegurando que beneficie a toda la sociedad de manera equilibrada, y no solo a las élites o a los ya privilegiados.

3. HACIA UN FUTURO DIGITAL INCLUSIVO Y DEMOCRÁTICO

• Tecnologías Alternativas y Open Source

Frente a la concentración del control tecnológico en manos de unas pocas corporaciones y estados, las tecnologías alternativas y el software de código abierto se presentan como herramientas poderosas para democratizar el acceso y uso de la tecnología. Estas iniciativas fomentan la colaboración, la transparencia y la autonomía de los usuarios, permitiendo a las comunidades desarrollar y adaptar tecnologías según sus propias necesidades y valores. Al promover un ecosistema tecnológico más diverso y accesible, estos proyectos desafían el modelo de propiedad cerrada y fomentan una cultura de innovación colaborativa y participativa.

• Educación y Alfabetización Digital

La alfabetización digital se ha vuelto una habilidad esencial en la sociedad de la información, crucial no solo para navegar con seguridad en el espacio digital, sino también para entender y participar críticamente en las dinámicas sociales, económicas y políticas que se desarrollan en línea.

El sueño de la libertad digital se ha convertido en una pesadilla de vigilancia. Cuando Internet nació, muchos lo vieron como una herramienta de democratización, pero hoy es el mayor dispositivo de control jamás creado. Michel Foucault hablaba del panoptismo como un sistema donde la vigilancia constante obliga a la auto-censura. Shoshana Zuboff amplió esta idea con el "capitalismo de vigilancia", donde las grandes corporaciones no solo observan, sino que predicen y moldean el comportamiento de las personas. Cada búsqueda en Google, cada "me gusta", cada clic alimenta un algoritmo que sabe más sobre nosotros que nosotros mismos. Pero la tecnología no es inherentemente opresiva; es el uso que se hace de ella lo que determina su impacto. ¿Podemos recuperar el control sobre nuestra privacidad? ¿O estamos destinados a ser productos de un sistema que nos reduce a datos, a patrones de consumo, a estadísticas en manos de quienes detentan el poder? La resistencia en la era digital no es solo una cuestión técnica, sino una lucha por la autonomía de la conciencia y la identidad.

La tecnología, a través de la vigilancia, la recopilación de datos y la personalización de la información, se ha convertido en un instrumento vital para el control social en la era digital. Con estas herramientas, las élites han alcanzado niveles sin precedentes de influencia sobre el comportamiento y las decisiones de las masas. Un análisis crítico de la era digital subraya la urgencia de adoptar estrategias conscientes y colectivas para navegar este panorama. La tecnología, en su inmenso potencial, debe ser guiada por principios éticos que prioricen el bienestar humano y el fortalecimiento de la democracia.

Fomentar una alfabetización digital amplia, implica no solo enseñar habilidades técnicas, sino también promover el pensamiento crítico, la conciencia ética y la comprensión de cómo la tecnología impacta en la sociedad y en el individuo. La educación en alfabetización digital es fundamental para empoderar a los ciudadanos para que se conviertan en usuarios activos y conscientes de la tecnología, capaces de contribuir a la construcción de un futuro digital inclusivo y democrático. Esto implica no solo el desarrollo y la implementación de tecnologías alternativas y marcos regulatorios que protejan la privacidad y promuevan la equidad, sino también la promoción de una educación y alfabetización digitales que preparen a los ciudadanos para interactuar crítica y constructivamente con el entorno digital.

Recién examinamos el complejo terreno de la tecnología y la información digital, revelando cómo estos elementos operan en el centro de la lucha contemporánea por el poder, la libertad y la justicia. Al ofrecer una perspectiva equilibrada, hemos explorado tanto los riesgos significativos asociados con la vigilancia masiva, la manipulación de la información y la exclusión digital, como las promesas de empoderamiento, acceso democratizado a la información y movilización social facilitada por las herramientas digitales.

Las bases están puestas para abordar las dinámicas de poder en un mundo influenciado profundamente por la tecnología. La reflexión sobre estos temas es esencial para avanzar hacia una sociedad donde la tecnología refleje y respalde los valores de justicia, igualdad y libertad, asegurando que sus beneficios se distribuyan ampliamente, y no se concentren en manos de unas pocas élites. La era digital, con todos sus desafíos y oportunidades, nos convoca a reimaginar y reconstruir las estructuras de poder en la sociedad, con el objetivo de crear un futuro más inclusivo y democrático para todos.

Pero la tecnología no solo redefine los métodos de control: transforma, a una escala sin precedentes, el valor mismo de lo humano. Lo que antes se entendía como identidad, privacidad o libertad, hoy se convierte en mercancía, empaquetada en algoritmos y vendida al mejor postor. De tal manera que, el ser humano deja de ser sujeto para convertirse en producto, moldeado por intereses que ya no requieren cadenas visibles para ejercer su dominio. Con esta lógica despiadada comienza una nueva etapa: la mercantilización del ser.

Síntesis Crítica

Este capítulo aborda críticamente la dualidad de la tecnología digital como instrumento de poder y posibilidad. Por un lado, expone cómo la vigilancia masiva, la recolección de datos y la manipulación algorítmica son usadas por élites estatales y corporativas para ejercer control social, limitar la autonomía individual y moldear el comportamiento colectivo, consolidando lo que Zuboff llama "capitalismo de vigilancia". Por otro lado, reconoce el potencial emancipador de las tecnologías, especialmente cuando son utilizadas por movimientos sociales, comunidades organizadas y plataformas de código abierto para democratizar la información, ampliar la participación y empoderar a sectores históricamente marginados.

Aprendizajes Clave

- La era digital ha permitido una vigilancia masiva y una personalización del control social sin precedentes, impactando directamente en la privacidad y la autonomía individual.

- El uso de algoritmos y big data por parte de las élites amplifica su capacidad para influir en comportamientos y percepciones.

- Al mismo tiempo, las tecnologías abiertas, el software libre y las redes descentralizadas emergen como alternativas para desafiar este control y fomentar la participación ciudadana.

Preguntas para la Reflexión

1. ¿Qué mecanismos podrían implementarse para proteger la privacidad y la libertad en un entorno de vigilancia digital constante?
2. ¿Cómo pueden las herramientas tecnológicas ser reorientadas para empoderar a las comunidades y promover la transparencia?
3. ¿Cuál es el rol de la ciudadanía en la regulación y el uso ético de la tecnología en la era digital?

Capítulo IX
MERCANTILIZACIÓN DEL SER HUMANO

"En el siglo XXI, el mayor poder no se mide en armas ni en riqueza, sino en el control de los datos."
— *Yuval Noah Harari*

En la era digital, las personas han dejado de ser solo consumidoras para convertirse en el producto. Cada clic, búsqueda o interacción en línea genera datos que son recopilados, analizados y comercializados. Lo que en principio surgió como una herramienta para conectar al mundo ha evolucionado hacia un sistema global de vigilancia, donde la privacidad se reduce cada vez más.

- Las grandes tecnológicas, como Google, Facebook, Amazon y Apple, han construido imperios basados en la extracción de datos.

- Los gobiernos han adoptado estas tecnologías para monitorear y controlar poblaciones con una precisión sin precedentes.

- Los algoritmos no solo predicen el comportamiento humano, sino que lo moldean activamente.

1. EL SURGIMIENTO DE LA ECONOMÍA DE LA VIGILANCIA

La economía de la vigilancia surge con el avance de la digitalización y el desarrollo de plataformas tecnológicas que recopilan, procesan y monetizan datos personales a gran escala. Este modelo ha sido impulsado por empresas como Google, Facebook, Amazon y muchas otras que han encontrado en la información de los usuarios un recurso tan valioso como el petróleo en el siglo XX.

- **Factores clave en su surgimiento:**

  - **Expansión de Internet y redes sociales:** Con el aumento del acceso a Internet y la proliferación de plataformas digitales, los usuarios comenzaron a compartir grandes volúmenes de datos personales, a menudo sin ser conscientes de su verdadero valor.

  - **Avances en la inteligencia artificial y Big Data:** El desarrollo de algoritmos sofisticados permitió procesar estos datos para predecir comportamientos, personalizar contenidos y optimizar publicidad.

  - **Cambio en la monetización digital:** Las empresas tecnológicas encontraron en la publicidad dirigida una fuente de ingresos mucho más rentable que los modelos de pago tradicionales.

  - **Falta de regulación inicial:** Durante muchos años, la recopilación y el uso de datos se realizaron sin controles estrictos, lo que permitió el crecimiento exponencial de este modelo de negocio.

1.1. Modelo de Negocio de la Vigilancia

Este modelo se basa en la extracción y análisis de datos personales con el fin de predecir y modificar comportamientos para generar ingresos, principalmente a través de la publicidad dirigida.

Principales características:

- **Extracción masiva de datos:** Se recopilan datos de múltiples fuentes (búsquedas, redes sociales, interacciones, compras en línea, dispositivos IoT, etc.).

  A través de estos datos, pueden:

  - Perfilar psicológicamente a los usuarios.
  - Personalizar anuncios y manipular emociones.
  - Influir en decisiones políticas, económicas y sociales.

- **Procesamiento y perfilado:** Algoritmos de inteligencia artificial analizan estos datos para construir perfiles detallados de los usuarios.

- **Publicidad hipersegmentada:** Se venden espacios publicitarios personalizados en función de las preferencias y hábitos del usuario.

- **Influencia en el comportamiento:** Más allá de la publicidad, este modelo busca modificar hábitos de consumo, elecciones políticas y hasta decisiones personales.

- **Expansión a otros sectores:** Además de las plataformas digitales, sectores como la salud, el transporte y la educación están adoptando modelos basados en la vigilancia de datos.

Ejemplos de empresas y estrategias:

- **Google y Facebook:** Obtienen ingresos vendiendo publicidad basada en los datos de los usuarios.

- **Amazon:** Usa los datos de compra para optimizar recomendaciones y fijar precios dinámicos.

- **TikTok y otras redes sociales:** Personalizan el contenido con algoritmos que maximizan la retención del usuario.

2. NEUROVENTAS Y PUBLICIDAD PREDICTIVA

El neuromarketing ha llevado la manipulación comercial a niveles inimaginables. Empresas analizan el comportamiento neuronal de los consumidores para diseñar campañas irresistibles.

Ejemplo: Netflix y YouTube utilizan algoritmos para generar una dependencia digital basada en dopamina.

Ejemplo: Amazon y la predicción de compras antes de que los usuarios decidan

- Amazon utiliza inteligencia artificial para anticipar las compras de los clientes antes de que estos las realicen.

- Su sistema de "envío anticipado" (anticipatory shipping) analiza patrones de compra para pre-posicionar productos en centros de distribución cercanos.

2.1. El Rol de los Gobiernos

- **China y el Crédito Social**

China ha implementado un sistema de crédito social donde el comportamiento de los ciudadanos determina su acceso a servicios, empleos y movilidad.

- **Estados Unidos y la NSA**

Las filtraciones de Edward Snowden revelaron que la NSA monitorea masivamente a ciudadanos de todo el mundo a través de programas de espionaje como PRISM.

- **Europa y la Regulación de Datos**

La Unión Europea ha respondido con leyes como el **GDPR**, que intenta limitar el abuso de datos personales. Sin embargo, las grandes tecnológicas encuentran vacíos legales para seguir extrayendo información.

2.2. Hacia un Futuro de Control Total

- **La IA y la Toma de Decisiones Algorítmicas**
    - Los algoritmos ya deciden qué información vemos, qué compramos y con quién interactuamos.
    - Bancos utilizan IA para determinar quién recibe un préstamo y quién no.
    - Empresas filtran candidatos para empleo con IA, creando sesgos invisibles.
- **El Auge de los Microchips y la Biometría**
    - Empresas como Neuralink desarrollan implantes cerebrales que podrían llevar la vigilancia a un nivel biológico.
    - Países como India han implementado sistemas de identificación biométrica masiva como Aadhaar.
- **El Fin de la Privacidad: ¿Un Mundo Sin Anonimato?**
    - La geolocalización y el rastreo facial hacen imposible moverse sin dejar un rastro digital.

- Se normaliza el uso de cámaras de reconocimiento facial en espacios públicos y privados.
- La "lucha contra la desinformación" es usada como pretexto para controlar narrativas.

- **Expansión sobre la Regulación en EE.UU.**

A diferencia de Europa, EE.UU. no cuenta con una regulación unificada sobre privacidad digital. Existen leyes sectoriales, como la Ley de Privacidad del Consumidor de California (CCPA), pero su alcance es limitado.

- Las empresas pueden vender datos sin consentimiento explícito.
- No hay estándares unificados de transparencia.
- Los usuarios tienen pocas herramientas legales para oponerse al uso indebido de su información.

Actualmente, se debate la American Data Privacy Protection Act (ADPPA), pero aún no se ha convertido en ley.

- **Desarrollo en la Descentralización**
  - Blockchain y el control descentralizado: Tecnologías como Brave Browser y el BAT (Basic Attention Token) permiten monetizar la atención sin ceder datos personales.
  - Redes privadas y herramientas de anonimato:

  a. VPNs para ocultar la ubicación.

  b. Navegadores como Tor para navegar sin ser monitoreado.

  c. Protocolos como IPFS para eliminar la dependencia de servidores centralizados.

- **Impacto Psicológico en los Usuarios**
  - **Adicción digital y dopamina:** YouTube, TikTok y Netflix han perfeccionado la ingeniería del comportamiento.
  - **Erosión de la autonomía:** Los anuncios personalizados crean la ilusión de elección.

- **Ansiedad y manipulación emocional:** Los contenidos polarizantes generan reacciones intensas y más interacción.

- **Implicaciones de Control Digital:**
  - **Pérdida de autonomía en la toma de decisiones:** La IA no solo sugiere, sino que empuja activamente al usuario hacia determinadas compras.
  - **Explotación de debilidades psicológicas:** Amazon diseña sus estrategias basándose en sesgos cognitivos y patrones de comportamiento.
  - **Consolidación del monopolio digital:** Las pequeñas empresas no pueden competir con este nivel de personalización en las ventas.

¿Cómo Recuperar el Control?

  - **Uso consciente de la tecnología:** Reducir la dependencia de plataformas que recopilan datos.
  - **Educación digital:** Entender cómo funcionan los algoritmos para evitar ser manipulados.
  - **Regulaciones reales:** Exigir leyes que protejan la privacidad y limiten el poder de las grandes tecnológicas.
  - **Uso de herramientas de privacidad:** VPNs, navegadores privados y sistemas descentralizados.

En el siglo XXI, la dinámica del poder ha experimentado una transformación radical. El control de los datos y la información se ha erigido como la nueva moneda de poder, superando la influencia tradicional de los gobiernos y las armas. La economía de la vigilancia, impulsada por esta realidad, no solo está configurando nuestro presente, sino que también está diseñando el futuro de la humanidad.

Esta nueva economía redefine la relación fundamental entre tecnología y libertad. Cada innovación tecnológica nos seduce con promesas de comodidad y eficiencia, pero a cambio exige la entrega de fragmentos cada vez mayores de nuestra privacidad. Surge entonces una pregunta crucial:

¿Estamos dispuestos a sacrificar nuestra privacidad en el altar de la comodidad?

Si no establecemos límites claros y definidos a esta economía de la vigilancia, corremos el riesgo de deslizarnos hacia un futuro distópico, donde el control totalitario se disfraza de progreso tecnológico. La vigilancia constante y la recopilación masiva de datos pueden erosionar nuestras libertades individuales hasta un punto de no retorno.

Cuando el ser humano es reducido a un objeto de datos, su autonomía emocional, física y cognitiva queda a merced de sistemas diseñados para prever y dirigir su comportamiento. Pero este proceso de cosificación no se limita a la vigilancia o al consumo. También se manifiesta en los rincones más íntimos del cuerpo: en la forma en que enfermamos, en cómo nos curan... o en cómo nos mantienen dependientes. En el siguiente capítulo, nos adentraremos en uno de los pilares más oscuros de esta arquitectura de control: el modelo global de la industria farmacéutica y su dominio sobre la salud.

Síntesis Crítica

La economía de la vigilancia ha generado una transformación radical, convirtiendo a los usuarios en mercancías cuyo valor reside en la explotación de su información, principalmente en beneficio de grandes corporaciones y entidades gubernamentales. Este modelo opera de maneras sutiles pero impactantes, desde el neuromarketing dirigido hasta la influencia en la toma de decisiones a través de algoritmos, moldeando de esta manera la sociedad de formas que a menudo resultan invisibles e incontrolables para el individuo.

Si bien se han implementado esfuerzos regulatorios como el GDPR en un intento por mitigar los efectos de esta economía de la vigilancia, la descentralización de la tecnología y una educación digital robusta se presentan como soluciones fundamentales para contrarrestar este paradigma. No obstante, el verdadero desafío radica en asegurar que estas alternativas sean accesibles a una amplia mayoría y logren una adopción masiva para generar un impacto significativo.

Aprendizajes Clave

- La privacidad digital ha sido reemplazada por la monetización de los datos personales.
- Empresas como Amazon, Google y Facebook han perfeccionado el uso de algoritmos para influir en el comportamiento.
- Gobiernos como China han convertido la vigilancia en una herramienta de control social.
- Existen alternativas como la descentralización y la privacidad digital, pero su adopción es aún limitada.

Preguntas para la Reflexión

1. ¿Hasta qué punto estamos dispuestos a sacrificar nuestra privacidad por conveniencia digital?
2. ¿Es posible regular eficazmente la economía de la vigilancia sin afectar la innovación tecnológica?
3. ¿Cómo podemos fomentar el uso de herramientas descentralizadas para proteger nuestros datos personales?
4. ¿Cuáles son las implicaciones éticas de permitir que la IA tome decisiones que afectan nuestras vidas?

CAPÍTULO X

LA SALUD COMO NEGOCIO
EL IMPERIO OCULTO DE LAS FARMACÉUTICAS

"El mayor triunfo del negocio farmacéutico no fue curar enfermedades, sino convencer al mundo de que necesitaba medicarse para vivir."

— Anónimo

En una época donde se presume el progreso médico como un triunfo civilizatorio, pocas veces se cuestiona quién dicta las prioridades de la salud global. ¿Quién decide qué enfermedades merecen atención? ¿Por qué algunas dolencias reciben billones en investigación, mientras otras son ignoradas? Este capítulo desentraña el rostro oculto de la industria farmacéutica moderna, una estructura de poder que ha convertido el sufrimiento humano en un modelo de negocio. Nos enfrentamos no solo a un problema ético, sino a un paradigma de control que redefine la enfermedad como mercado y la cura como amenaza al capital.

Desde sus inicios, la medicina fue —o al menos aspiraba a ser— una vocación sagrada, guiada por el principio innegociable del bien común. El juramento hipocrático simbolizaba el compromiso ético de aliviar el sufrimiento humano. Sin embargo, esa promesa se ha desvanecido. Lo que alguna vez fue un arte de curar, se ha transformado en una maquinaria de lucro. Hoy, la salud no es un derecho inalienable, sino un producto transable, y el paciente, lejos de ser un ser humano vulnerable, se ha convertido en un cliente cautivo, una fuente inagotable de ingresos.

En este sombrío escenario, las grandes corporaciones farmacéuticas se consolidan como los nuevos arquitectos del destino humano, diseñando estrategias que garantizan no solo ganancias astronómicas, sino también una influencia global sin precedentes, tejiendo una red de poder que pocos se atreven a desafiar.

1. ENFERMEDADES CRÓNICAS: MODELO DE RENTABILIDAD

Detrás de cada pastilla, diagnóstico y campaña de "concientización" se esconde una verdad incómoda: el sistema prioriza tratamientos a largo plazo sobre curas definitivas. No es una casualidad, sino un modelo económico meticulosamente diseñado.

Las enfermedades crónicas —como la diabetes, la hipertensión o el colesterol alto— garantizan ingresos sostenidos. Una vez diagnosticadas, requieren medicación continua, convirtiendo a millones en consumidores de por vida: verdaderas "minas de rentabilidad constante".

La Federación Internacional de Diabetes proyecta que más de 700 millones de personas vivirán con esta condición para 2045. Cada una representa un cliente potencial para un mercado que ya factura miles de millones. La insulina es un caso paradigmático: su costo real de producción ronda los $5 dólares, pero en EE.UU. ha llegado a aumentar un 1.200 % en dos décadas. Cambios mínimos en su fórmula, como en la "Insulina glargine" de Sanofi, permiten extender patentes (monopolio) y mantener precios inflados.

Lo mismo ocurre con las estatinas o los antihipertensivos: fármacos que gestionan síntomas, pero rara vez abordan las causas profundas. Se establece de esta manera una dependencia casi vitalicia.

El razonamiento es brutalmente simple: curar no genera ingresos recurrentes. La inversión se orienta hacia tratamientos, no hacia soluciones definitivas. No porque, no puedan, sino porque un modelo que garantiza ganancias continúas a través de la medicación prolongada es altamente rentable. La investigación y desarrollo (I+D) está sesgada; se inclina desproporcionadamente hacia las (variaciones mínimas de fármacos ya existentes que permiten obtener nuevas patentes y mantener el flujo de caja), en lugar de buscar esas terapias disruptivas que podrían sanar a la humanidad. Un estudio de *Global Health Watch* reveló que, en 2020, solo 6 de los 100 medicamentos más vendidos eran potencialmente curativos. El resto reforzaba la dependencia química.

El caso del cáncer es aún más revelador. Según el *British Medical Journal* (2017), el 42 % de los nuevos medicamentos oncológicos aprobados noprolongaban la vida significativamente, pero sí generaban ingresos millonarios. La rentabilidad se antepone, una vez más, a la vida.

2. PATENTES Y MONOPOLIOS: LA SALUD SECUESTRADA

La industria farmacéutica, lejos de ser un agente puramente filantrópico, opera bajo una lógica de maximización de beneficios que a menudo colisiona con el imperativo ético de la salud pública. Las patentes se han convertido en el arma legal que garantiza monopolios y precios abusivos. Son escudos de privilegio que permiten a una sola compañía fijar precios sin competencia durante años. El resultado es un modelo profundamente desigual, donde la rentabilidad financiera prevalece sobre el derecho a la salud.

El caso de Daraprim, cuyo precio saltó de 13.50 a 750 dólares por píldora de la noche a la mañana bajo la cínica mirada de Martin Shkreli, no es una anécdota; es una declaración de intenciones. Tampoco lo es el Gleevec, un fármaco que, a más de 100,000 dólares al año, transformó una leucemia mortal en una condición manejable, pero inaccesible para la inmensa mayoría. El costo de producción de estas maravillas farmacéuticas es, a menudo, una fracción ínfima de su precio final, evidenciando un margen de ganancia obsceno.

Estrategias como el "evergreening" extienden patentes artificialmente con cambios irrelevantes. Pfizer lo hizo con el Viagra. Además, las farmacéuticas bloquean genéricos más baratos. El caso de Sovaldi de Gilead — un tratamiento para la hepatitis C — vendido a 84.000 dólares a pesar de costar solo 1.390 dólares, dejó a millones sin acceso.

Estas prácticas alcanzan su expresión más violenta en contextos de emergencia sanitaria. La negativa de las farmacéuticas a permitir la producción de antirretrovirales genéricos durante la crisis del VIH/SIDA en África —en las décadas de 1990 y 2000— constituye una de las páginas más oscuras de la historia de la salud global. La implementación del Acuerdo sobre los Aspectos de los Derechos de Propiedad Intelectual relacionados con el Comercio (ADPIC) de la OMC ha reforzado este régimen, blindando los intereses de la industria farmacéutica y limitando la capacidad de los Estados para garantizar el acceso a tratamientos esenciales, incluso en situaciones de catástrofe sanitaria.

Los denominados "medicamentos huérfanos", dirigidos a enfermedades raras, han sido transformados en nichos altamente lucrativos. A través de incentivos fiscales y periodos extendidos de exclusividad, las farmacéuticas logran ganancias desproporcionadas, aplicando una lógica de "pocos pacientes, precios exorbitantes", que refuerza la noción de la salud como mercancía de alto valor y no como bien común.

El modelo de negocio que guía a estas corporaciones no solo se manifiesta en los precios, sino también en patrones sistemáticos de conducta ética cuestionable. Pfizer, por ejemplo, fue multada en 2009 con 2.300 millones de dólares por promoción ilegal de fármacos, práctica que no representa una excepción, sino un comportamiento recurrente asumido como costo operativo. Purdue Pharma, promotora del OxyContin, impulsó la expansión del fármaco pese al conocimiento de su alto potencial adictivo, desempeñando un rol central en la actual crisis de opioides en Estados Unidos. Casos similares implican a Johnson & Johnson, sancionada por minimizar riesgos en productos farmacéuticos y dispositivos médicos, ilustrando que las infracciones éticas están incrustadas en las estrategias de maximización de beneficios.

El poder de estas corporaciones trasciende el ámbito económico. A través de millonarias campañas de cabildeo, la industria farmacéutica ejerce una influencia decisiva sobre el diseño de políticas sanitarias. En Estados Unidos, es el sector con mayor gasto en lobby, superando incluso a la industria armamentista y energética. Esta presión ha resultado en legislaciones como la prohibición de negociar precios dentro del programa Medicare, perpetuando la lógica del sobreprecio y restringiendo la soberanía regulatoria del Estado.

La influencia se extiende también al ámbito mediático y científico. Las campañas publicitarias directas al consumidor, legalizadas en contadas naciones, inducen la demanda médica artificial al redefinir malestares ordinarios como enfermedades tratables, medicalizando la vida cotidiana. Además, los llamados *Key Opinion Leaders* (KOLs), académicos y médicos con reputación consolidada, son financiados por la industria para actuar como validadores de productos en publicaciones científicas, conferencias y ensayos clínicos. Esta cooptación compromete la integridad de la investigación médica y distorsiona las guías clínicas oficiales.

Los convenios entre gobiernos y farmacéuticas, firmados bajo cláusulas de confidencialidad que ocultan los precios y condiciones de compra, consolidan una arquitectura opaca de poder. La narrativa institucional que legitima estos acuerdos suele replicarse sin cuestionamiento en organismos multilaterales y medios de comunicación. Un informe publicado por *The British Medical Journal* en 2021 reveló que una porción significativa de las recomendaciones de la Organización Mundial de la Salud (OMS) provenía de expertos con vínculos financieros con la industria farmacéutica, poniendo en entredicho la neutralidad de las políticas de salud pública.

En conjunto, estos elementos configuran un entramado global donde la salud, lejos de concebirse como derecho humano, se articula como mercado altamente rentable. Desarticular esta lógica exige repensar profundamente el régimen de propiedad intelectual, fortalecer la producción pública de medicamentos, y someter a escrutinio ciudadano los vínculos entre industria, política y ciencia. La salud colectiva no puede seguir subordinada al interés privado sin comprometer gravemente la justicia social y la dignidad humana.

3. PANDEMIAS Y NEGOCIOS: MÁS ALLÁ DEL COVID-19

El estallido del COVID-19 no fue solo una crisis sanitaria global; fue también un laboratorio viviente para el capitalismo farmacéutico, que expuso sus mecanismos de rentabilidad más agresivos bajo la lógica de la urgencia.

Empresas como Pfizer y Moderna no solo desarrollaron vacunas en tiempo récord, sino que obtuvieron beneficios sin precedentes gracias a una inversión pública masiva que absorbió gran parte del riesgo financiero. Iniciativas como la "Operación Warp Speed" del gobierno de Estados Unidos destinaron miles de millones a la investigación, desarrollo y compra anticipada de dosis, trasladando los costos iniciales a los contribuyentes, mientras las corporaciones conservaron el control total sobre la propiedad intelectual y privatizaron las ganancias.

Los contratos de adquisición de vacunas —que debieron ser públicos por su impacto global— se mantuvieron bajo cláusulas de confidencialidad extrema, impuestas por la industria. Solo a través de filtraciones o presiones legales se revelaron cláusulas abusivas que otorgaban a las farmacéuticas control sobre precios, entregas, e incluso exoneración de responsabilidades legales por efectos adversos. En América Latina, por ejemplo, contratos con Pfizer incluían disposiciones que liberaban a la empresa de cualquier acción judicial, incluso en casos de negligencia grave, trasladando todos los riesgos a los Estados y sus ciudadanos.

Esta lógica de poder se acentuó aún más con la deslegitimación de vacunas alternativas o más accesibles. Mientras los productos de ARNm eran promovidos y blindados, otras opciones enfrentaron obstáculos regulatorios o campañas de desprestigio, a pesar de haber demostrado eficacia. Así, la pandemia fue también una oportunidad estratégica para consolidar un modelo de dependencia, miedo y consumo masivo.

La industria farmacéutica se posicionó como un actor indispensable para la llamada "seguridad sanitaria global", convirtiéndose en pieza clave en la gestión de emergencias y ganando un poder sin precedentes en la definición de políticas públicas. Su influencia trascendió el ámbito técnico para incidir directamente en decisiones estratégicas de gobiernos y organismos multilaterales: fijación de precios, selección de tecnologías prioritarias, negociaciones contractuales y redirección de presupuestos estatales. El discurso de la urgencia sanitaria sirvió para blindar su legitimidad, desactivar críticas y consolidar alianzas con sectores políticos y financieros de alto nivel.

Para muchas de estas corporaciones, una crisis sanitaria no representa simplemente un desafío humanitario, sino una oportunidad de negocio incomparable. La lógica del mercado se impone sobre la del cuidado, y el acceso a tratamientos se convierte en una cuestión de privilegio económico. Las patentes, la propiedad intelectual y los acuerdos confidenciales entre Estados y empresas refuerzan un modelo global profundamente desigual, donde el interés corporativo prevalece sobre el bienestar colectivo.

Este fenómeno revela una preocupante mercantilización de la salud y plantea serios interrogantes sobre la soberanía sanitaria de los Estados, así como sobre la verdadera capacidad de los sistemas públicos para actuar con autonomía frente a futuras crisis. Lejos de fortalecer sistemas equitativos y resilientes, el modelo vigente tiende a consolidar un oligopolio que capitaliza la enfermedad y convierte el sufrimiento en una fuente estructural de rentabilidad.

4. EL SOBREDIAGNÓSTICO Y LAS ENFERMEDADES INVENTADAS

Otro mecanismo insidioso de control es la ampliación artificial de los diagnósticos, una estrategia magistral para crear un mercado donde no lo había. Históricamente, condiciones que se consideraban parte de la variabilidad humana o etapas naturales de la vida, han sido redefinidas. De tal manera, trastornos leves del estado de ánimo se redefinen como "depresiones clínicas"que requieren antidepresivos; la niñez inquieta y curiosa es patologizada como "TDAH", exigiendo estimulantes; la menopausia, un proceso natural, es tratada como una "enfermedad" que requiere terapia hormonal. Incluso la preocupación por el colesterol, algo tan inherente a la dieta moderna, se convierte en una amenaza constante que justifica el consumo vitalicio de estatinas. La lógica es clara: se construye la enfermedad para vender la solución.

Esta tendencia ha llevado a la creación de "pre-enfermedades" como la osteopenia, medicalizando la densidad ósea normal en personas mayores para "necesitar" medicación. La preocupación normal y el estrés de la vida se transforman en "trastorno de ansiedad generalizada", empujando a la gente hacia ansiolíticos y antidepresivos. Las campañas de "concientización" sobre enfermedades rara vez son puramente altruistas; a menudo son estrategias de marketing encubiertas financiadas por farmacéuticas para generar demanda para su último lanzamiento. Se redefine lo normal como problemático, y cada "nuevo" síntoma tiene un tratamiento a medida, cerrando el círculo de la dependencia. Autores como Peter Gøtzsche han denunciado que muchos manuales de diagnóstico son escritos o influenciados por consultores pagados por la industria, lo que significa que los límites entre lo sano y lo enfermo están, de hecho, diseñados para ensanchar el mercado y la base de clientes.

Mientras el imperio farmacéutico consolida su dominio, las terapias naturales, complementarias o incluso algunas innovadoras dentro de la medicina académica, son sistemáticamente desacreditadas si no se alinean con el paradigma dominante. Mecanismos sutiles y no tan sutiles de desprestigio estudios sesgados, campañas mediáticas, presión en foros académicos se despliegan para tildarlas de "pseudociencia" o "charlatanería."

Los médicos que se atreven a cuestionar los tratamientos oficiales o proponen alternativas más económicas, menos invasivas y accesibles, son marginados, sancionados o expulsados del sistema. Los colegios médicos y los organismos reguladores, a menudo alineados con el *status quo* y los intereses de la industria, actúan como guardianes férreos del dogma, penalizando a quienes buscan caminos diferentes. Esta captura regulatoria se manifiesta en las "puertas giratorias", donde ex-empleados de la industria farmacéutica ocupan puestos clave en agencias reguladoras, y viceversa, o en la dependencia de estas agencias de tarifas y fondos provenientes de las mismas compañías que deben supervisar.

Casos emblemáticos como el del Dr. Andrew Wakefield, aunque cuestionables por su metodología, fueron usados como excusa para censurar todo el debate sobre vacunas. Otros profesionales han sido retirados de sus puestos solo por proponer el uso de ivermectina o vitamina D en contextos específicos, sin que medie un verdadero debate científico.

La "ciencia basada en la evidencia" se convierte en un arma cuando la financiación de la investigación está monopolizada por intereses corporativos, limitando qué tipo de evidencia se produce y qué se considera "válido." Hay un sesgo en la publicación científica: los resultados de ensayos clínicos negativos o desfavorables para un fármaco a menudo no ven la luz, o los datos se manipulan para presentar un panorama más favorable. Además, el diseño de los ensayos clínicos puede ser intencionalmente sesgado para demostrar la superioridad de un nuevo fármaco, por ejemplo, usando comparadores incorrectos o duraciones insuficientes. Las "me-too drugs" (variaciones mínimas de fármacos ya existentes) permiten el "evergreening", extendiendo artificialmente la vida de las patentes y las ganancias exclusivas, en lugar de invertir en innovaciones disruptivas. La educación médica (tanto en las universidades como la educación continua) también está permeada por la influencia farmacéutica, formando a los profesionales con un sesgo hacia las soluciones farmacológicas. De tal manera que, la ciencia, en este modelo, no es un campo abierto al debate y la curiosidad, sino una herramienta de validación del poder corporativo, donde la disidencia se paga cara y el silencio es el precio de la supervivencia profesional.

En este tablero de ajedrez global, la salud ya no es un derecho inalienable, sino una mercancía preciada. Las grandes farmacéuticas no solo producen medicamentos; también producen narrativa, miedo, dependencia y normas. Han cooptado el lenguaje de la ciencia, la autoridad médica y la política pública. La medicina, esa noble vocación de curar, ha sido tomada por actores que no buscan sanar, sino dominar. Esta lógica no solo genera un costo económico insostenible para los pacientes y los sistemas de salud, sobrecargándolos con tratamientos y pruebas innecesarias, sino que también fomenta la polifarmacia y sus inherentes riesgos de efectos adversos e interacciones, y desvía vastos recursos de la prevención y la salud pública genuina.

Cuestionar el sistema de salud no es conspiración; es un acto de conciencia y resistencia, un imperativo ético. En el mundo que están diseñando los arquitectos de las sombras, el objetivo no es que estemos sanos, sino que sigamos siendo clientes, dependientes de un sistema que se alimenta de nuestra vulnerabilidad. La resistencia comienza por recuperar el criterio, por recordar que la medicina no es una industria, sino una vocación. Debemos exigir transparencia, acceso y pluralidad en las decisiones que afectan nuestra salud. La verdadera salud, la autonomía sobre nuestros cuerpos y mentes, depende de que seamos capaces de ver la maquinaria oculta y de exigir un cambio radical. Porque si renunciamos a cuestionar este sistema, estaremos firmando un contrato perpetuo de obediencia bajo el disfraz de cuidado.

Pero el control sobre la salud no termina en los laboratorios ni en los hospitales. Los mismos intereses corporativos que diseñan medicamentos para tratar las enfermedades también moldean silenciosamente las causas que las provocan. Antes de que un cuerpo enferme, hay un sistema que lo alimenta, y es allí, en la mesa de cada hogar, en los supermercados, en las políticas agrícolas y en la publicidad dirigida a nuestros hijos, donde se despliega otra dimensión del poder: una ingeniería alimentaria que enferma para luego medicar, que seduce para luego someter. Es hora de desmantelar cómo los arquitectos de las sombras han colonizado también nuestro paladar, instalando un modelo de alimentación basado en la dependencia, la desinformación y la obediencia disfrazada de elección. La verdadera autonomía comienza cuando recuperamos el control sobre lo que comemos y, con ello, sobre nuestro destino.

Síntesis crítica

Este capítulo expone con claridad demoledora cómo la industria farmacéutica ha transformado la salud humana en una fuente inagotable de lucro, priorizando tratamientos crónicos y medicamentos de dependencia por encima de curas reales. Se denuncia un sistema global donde las patentes, el marketing de enfermedades y la connivencia entre farmacéuticas, medios y gobiernos consolidan un modelo de dominación médica, en lugar de preservar la vida y aliviar el sufrimiento, esta industria se alimenta de la enfermedad para perpetuar un modelo económico profundamente deshumanizante. Lejos de ser un aliado del bienestar, el complejo farmacéutico se revela como un actor central en la maquinaria de control global descrita a lo largo del libro.

Aprendizajes clave

- Las enfermedades crónicas son el eje de un modelo de negocio que prioriza ingresos constantes sobre curaciones reales.

- El sistema de patentes y la propiedad intelectual limitan el acceso global a medicamentos y refuerzan desigualdades.

- La medicalización de lo cotidiano y el sobrediagnóstico amplían artificialmente el mercado de consumidores.

- Las farmacéuticas ejercen influencia política y mediática que socava la salud pública independiente.

- Alternativas terapéuticas son sistemáticamente marginadas, y los médicos críticos son perseguidos.

- La salud se ha convertido en un instrumento más de los "arquitectos de las sombras" para mantener la obediencia bajo la apariencia de protección.

Preguntas para la reflexión

1. ¿Es posible imaginar un sistema de salud verdaderamente centrado en la prevención y la cura sin el lastre de los intereses corporativos?

2. ¿Cómo podemos, como ciudadanos, desarrollar un criterio propio frente a la narrativa médica oficial?

3. ¿Qué responsabilidad tienen los gobiernos en permitir que la salud se haya transformado en un negocio?

4. ¿Qué otras formas de sanación o cuidado hemos olvidado, ignorado o desacreditado por presión del paradigma dominante?

5. ¿Estamos dispuestos a repensar el rol del médico, el paciente y la enfermedad desde una lógica de autonomía y no de consumo?

CAPÍTULO XI

EL PODER CORPORATIVO EN NUESTRA ALIMENTACIÓN

"No es lo que comes, sino lo que te han hecho creer que debes comer, lo que define tu salud y tu sumisión."
— *Anónimo*

En un mundo donde la industria alimentaria se presenta como la proveedora de sustento, placer y conveniencia, pocos sospechan que tras los empaques brillantes y los sabores adictivos se oculta una maquinaria global de manipulación, dependencia y enfermedad. Si los arquitectos de las sombras han colonizado el cuerpo a través de la medicina, han comenzado su conquista mucho antes, desde el estómago. Porque quien controla la comida, controla la salud, el comportamiento y, en última instancia, el pensamiento. Este capítulo desmantela el andamiaje corporativo que ha convertido la alimentación en otro instrumento de obediencia encubierta.

Las decisiones de consumo, condicionadas por campañas multimillonarias, moldean hábitos disfrazados de libertad. Bajo el barniz de la modernidad, millones son empujados a dietas que fomentan la pasividad, la enfermedad crónica y la dependencia farmacológica. Lo que se sirve en la mesa no es solo comida, es ideología comestible. En la trastienda de los supermercados, se libra una guerra silenciosa por la conciencia colectiva.

1. LA INGENIERÍA DEL DESEO: PUBLICIDAD, ADICCIÓN Y MENTIRA

Los alimentos ultraprocesados están diseñados no solo para alimentar, sino para generar adicción fisiológica y emocional. Formulados con precisión farmacológica, combinan dosis exactas de azúcar, grasa y sal para alcanzar el denominado "punto de dicha" (bliss point): ese equilibrio perfecto que maximiza el placer y anula la saciedad.

Estos productos activan los centros de recompensa del cerebro como lo haría una droga. Millones se invierten en la neurociencia del gusto para perfeccionar esta trampa. El objetivo no es nutrir, sino fidelizar al consumidor a través del deseo.

La publicidad no se limita a informar; adoctrina. Se apropia de emociones, de la infancia, de la cultura popular y de las aspiraciones de vida. Campañas dirigidas a niños utilizan personajes carismáticos y colores brillantes para crear vínculos afectivos tempranos. De esta manera, el cereal azucarado se convierte en un desayuno "saludable", y la bebida gaseosa en un símbolo de éxito, amistad o felicidad. Se construye un vínculo emocional profundo con productos que, sistemáticamente, deterioran la salud a largo plazo; el acto de comer deja de ser una necesidad biológica para transformarse en una pulsión condicionada y programada.

El marketing ya no vende comida: vende identidades, estilos de vida, pertenencia. El supermercado es el nuevo templo donde se ofician rituales de consumo disfrazados de libertad de elección.

Las etiquetas, aunque legales, están diseñadas para confundir, diluyendo el rastro de ingredientes tóxicos bajo nombres técnicos o eufemismos industriales.

El bombardeo constante de estímulos visuales y sensoriales genera una hiperrealidad alimentaria que desconecta al individuo de sus señales naturales de hambre y saciedad.

2. EL LOBBY INVISIBLE Y LEGISLACIÓN CAPTURADA Y POLÍTICAS PERVERSAS

Las grandes corporaciones de alimentos no solo dominan el mercado global; también han infiltrado con maestría los pasillos del poder político. Sus lobbies, verdaderos ejércitos silenciosos y bien financiados, actúan con eficacia quirúrgica en la redacción de normativas, el cabildeo constante a funcionarios públicos, y la manipulación de los marcos regulatorios que deberían proteger la salud de la ciudadanía. En lugar de ser actores regulados, se han convertido en arquitectos de las reglas del juego.

Este poder invisible se manifiesta con claridad en su oposición sistemática a cualquier intento de regular el consumo de productos nocivos para la salud. Se oponen con vehemencia a la implementación de impuestos a bebidas azucaradas, sabotean la adopción de sistemas de etiquetado frontal claros y efectivos, y ejercen presiones desmedidas para evitar restricciones a la publicidad dirigida a niños y niñas. No se trata solo de proteger sus beneficios: se trata de preservar un modelo de producción y consumo profundamente dañino, que genera enfermedades crónicas mientras garantiza ganancias multimillonarias.

Además, estas corporaciones invierten sumas significativas en la producción de "conocimiento" a su medida: financian investigaciones científicas con conflictos de interés, promueven expertos aparentemente independientes que repiten sus discursos y siembran dudas respecto a los consensos científicos más sólidos. La confusión deliberada se convierte así en una estrategia política.

Uno de los ejemplos más contundentes de esta captura del Estado es el sistema de subsidios agrícolas. A nivel global, los gobiernos continúan priorizando el cultivo intensivo de maíz, soya y trigo, ingredientes fundamentales de los alimentos ultraprocesados. En contraste, frutas, verduras, legumbres y alimentos integrales reciben escaso o nulo respaldo estatal. Este desequilibrio en las políticas públicas abarata los ingredientes dañinos y encarece los saludables, empujando a las poblaciones más pobres a dietas que los enferman.

3. LA NORMALIZACIÓN DE LO INSANO

La arquitectura de poder se refleja también en la disponibilidad y accesibilidad de los alimentos. En barrios marginales y zonas rurales, los "desiertos alimentarios" reflejan el fracaso estructural del sistema: ausencia de alimentos frescos y dominio total de productos ultraprocesados como única opción viable. Allí, comer mal no es una elección, es una imposición.

Además, la industria redefine constantemente lo "saludable" con etiquetas engañosas. El "lavado de salud" o "lavado verde" promueve productos procesados con reclamos como "light", "bajo en grasa", "con vitaminas", o "fuente de fibra", ocultando realidades como el exceso de azúcares, la presencia de aditivos artificiales o grasas trans. Esta estrategia confunde incluso al consumidor más informado, que cree estar eligiendo una opción beneficiosa cuando, en realidad, está comprando otro producto más del entramado ultraprocesado.

Las consecuencias de esta alimentación diseñada para la dependencia son devastadoras a nivel global: obesidad infantil y adulta, diabetes tipo 2, enfermedades cardiovasculares, hígado graso no alcohólico, y un aumento en ciertos tipos de cáncer ligados a la dieta. Estas son enfermedades prevenibles que, una vez establecidas, se convierten en increíblemente rentables, al requerir medicación y tratamientos de por vida. La industria alimentaria crea los problemas de salud; la industria farmacéutica ofrece las "soluciones". Es un ciclo vicioso y rentable donde la enfermedad crónica se convierte en un negocio que se retroalimenta.

La conexión es aún más explícita: muchas de las mismas compañías que venden alimentos insanos tienen divisiones farmacéuticas o son parte de conglomerados diversificados en salud. Lo que se ingiere en el supermercado termina generando síntomas que se "tratan" en la farmacia, pero rara vez en la curación. Este engranaje donde una industria genera el daño y la otra lo cronifica, perpetúa un ciclo de dependencia para el individuo y una incesante fuente de ingresos para los "arquitectos de las sombras", demostrando que su dominio abarca desde el inicio de nuestra cadena alimentaria hasta el final de la vida.

4. LA CULTURA COMESTIBLE COMO CONTROL SIMBÓLICO

La alimentación ya no es un acto cultural, familiar o identitario, sino una rutina desprovista de significado, programada desde pantallas y supermercados. La pérdida de las tradiciones culinarias propias y la homogenización del gusto global han aniquilado la soberanía alimentaria.

Mientras tanto, las cocinas locales, la agricultura campesina y la biodiversidad alimentaria son arrasadas por el modelo de producción intensivo, que distribuye comida sin alma ni territorio.

La sumisión no solo se introduce por la boca: se legitima desde los menús escolares, desde las cadenas de comida rápida y desde influencers que promueven sin saber una dieta colonial.

Frente a esta hegemonía, recuperar la cocina es un acto revolucionario. Cocinar desde lo propio, lo local, lo natural y lo comunitario no es nostalgia: es resistencia organizada.

Romper este ciclo implica recuperar el control sobre nuestras elecciones alimentarias. Implica leer etiquetas con espíritu crítico, cuestionar los discursos impuestos, exigir políticas públicas verdaderamente protectoras y reconstruir la cultura alimentaria desde la diversidad y la autonomía.

Porque en un mundo donde cada bocado puede significar obediencia o libertad, comer es también un acto político. No se trata solo de nutrición: se trata de soberanía, dignidad y conciencia.

El primer paso hacia la emancipación no está únicamente en la medicina ni en el congreso: comienza en nuestra mesa, con lo que decidimos poner —o no poner— en nuestros platos.

El paladar ha sido colonizado, y con él, el imaginario de lo que significa comer bien. Se ha reemplazado el aroma del fogón por la inercia del microondas, y los sabores de la tierra por la química del ultraprocesado.

La industria alimentaria no vende productos: vende estilos de vida, emociones prefabricadas, promesas de éxito y pertenencia asociadas a la ingestión.

De esta manera la cultura comestible se transforma en un dispositivo de domesticación masiva: edulcora la sumisión, adereza la obediencia, y sirve en bandeja la desconexión con la tierra.

Lo preocupante es que, cuanto más plástico hay en los empaques, más plástico parece volverse el pensamiento colectivo: liviano, maleable, descartable.

Reivindicar la cocina ancestral, los saberes de las abuelas, el trueque de semillas y el derecho al hambre digna —esa que se resuelve desde la tierra, no desde el mercado— es una forma concreta de desobediencia.

Es urgente una pedagogía del gusto que libere al consumidor de la ignorancia inducida por el marketing. Educar el paladar es también educar la conciencia.

La mesa puede ser un campo de batalla o un espacio de regeneración. Depende de quiénes la habiten, qué historias cuenten los platos y qué intenciones sostengan las manos que cocinan.

Por eso, defender la soberanía alimentaria no es una consigna romántica: es una necesidad histórica frente a la barbarie del sistema agroalimentario global.

Comer local, sembrar, compartir, rechazar lo impuesto, son gestos de autonomía radical. Porque quien controla la comida, controla la vida.

Y en un mundo sometido al algoritmo y al monocultivo, quizás el acto más subversivo sea —simplemente— pelar una yuca, moler o asar un maíz, fermentar una masa.

Ahí, en lo simple, habita la potencia transformadora de una revolución comestible.

Síntesis Crítica

Este capítulo desenmascara el entramado de intereses corporativos que han secuestrado la alimentación global, transformando un derecho vital en un instrumento de dominación. La industria alimentaria, aliada estratégica del complejo farmacéutico, diseña productos adictivos, manipula políticas públicas y distorsiona el discurso nutricional para mantener a las poblaciones dependientes y enfermas. Lo que aparenta ser elección individual es en realidad una imposición sistemática orquestada desde el marketing, los lobbies y la geografía del consumo. La alimentación, lejos de ser un acto libre, se ha convertido en una herramienta de control biopolítico profundamente arraigada en el modelo de dominación de los "arquitectos de las sombras".

Aprendizajes Clave

- La industria alimentaria utiliza fórmulas adictivas y estrategias publicitarias sofisticadas para generar dependencia desde edades tempranas.

- Las políticas agrícolas y subsidios gubernamentales refuerzan la producción de insumos ultraprocesados, desplazando los alimentos frescos y saludables.

- El "lavado de salud" enmascara productos insalubres como opciones saludables, confundiendo al consumidor.

- La disponibilidad desigual de alimentos crea un sistema nutricionalmente segregado, donde los sectores más pobres acceden a dietas diseñadas para la enfermedad.

- Existe una conexión directa entre los hábitos alimentarios promovidos por la industria y el auge global de enfermedades crónicas no transmisibles.

- La alianza entre el sector alimentario y el farmacéutico configura un círculo vicioso de enfermedad y tratamiento que favorece la acumulación de poder económico y simbólico.

- La emancipación alimentaria es un acto de resistencia política y cultural frente al sistema corporativo global.

Preguntas para la Reflexión

1. ¿Qué tan libre es nuestra elección alimentaria cuando está mediada por el marketing, leyes y acceso desigual?

2. ¿De qué manera nuestras enfermedades son el resultado directo de un modelo alimentario impuesto por intereses corporativos?

3. ¿Cómo podemos recuperar una cultura alimentaria basada en la salud, la soberanía y la conciencia crítica?

4. ¿Qué papel debe jugar el Estado en la protección del derecho a una alimentación sana frente al poder de las industrias?

5. ¿Estamos dispuestos a reconocer que lo que comemos puede ser una forma de obedecer o resistir al poder invisible que nos diseña la vida?

CAPÍTULO XII
LA INDUSTRIA CULTURAL Y EL ENTRETENIMIENTO

"El entretenimiento es el calmante que adormece la conciencia, haciendo de la cultura un opiáceo para las masas."
— Inspirado en Adorno y Horkheimer.

En la maquinaria del capitalismo contemporáneo, la industria cultural y el entretenimiento no son meros vehículos de distracción: se han consolidado como potentes instrumentos de control simbólico. A través de medios tradicionales y plataformas digitales, se propagan narrativas cuidadosamente diseñadas que, lejos de reflejar una pluralidad de visiones, refuerzan estructuras de poder existentes, neutralizando el pensamiento crítico y consolidando la apatía social.

Este capítulo expone cómo el entretenimiento funciona como un mecanismo de contención ideológica: mantiene a las poblaciones distraídas, dóciles y emocionalmente anestesiadas, mientras el conflicto real —económico, social, político— es invisibilizado o deformado. En lugar de liberar, la cultura popular producida en masa muchas veces actúa como un sedante colectivo.

La estrategia de distraer para dominar no es nueva. La Roma Antigua ya lo entendía perfectamente con su célebre política de *panem et circenses* —pan y circo—. Los gobernantes ofrecían alimento y espectáculos gratuitos como método de control social. Mientras los ciudadanos celebraban las sangrientas luchas de gladiadores o las carreras de cuadrigas, los asuntos de Estado y las desigualdades estructurales pasaban desapercibidos.

Hoy, la fórmula ha sido refinada. En lugar de coliseos, tenemos plataformas de streaming; en vez de gladiadores, influencers y celebridades. Pero el objetivo es el mismo: desviar la atención, mantener la complacencia y perpetuar la ignorancia estratégica.

1. TEORÍA DE LA INDUSTRIA CULTURAL

(Adorno y Horkheimer – Escuela de Frankfurt)

En su influyente obra *Dialéctica de la Ilustración* (1947), Theodor Adorno y Max Horkheimer formularon una crítica demoledora al papel de la cultura en la sociedad capitalista avanzada. En este trabajo, argumentan que la industria cultural, compuesta por el cine, la radio, la prensa, y más tarde la televisión y los medios digitales, no solo ofrece entretenimiento sino que también sirve como una herramienta para la manipulación ideológica y la perpetuación del status quo.

Adorno y Horkheimer sostienen que el arte y el pensamiento, que alguna vez representaron una amenaza para el poder, han sido absorbidos por el mercado y convertidos en mercancía. Esta comercialización de la cultura conduce a la estandarización y repetición de formas culturales, promoviendo la conformidad y la pasividad entre las masas. En lugar de actuar como un ámbito de desafío y crítica al poder, la cultura se transforma en un medio para reforzar las estructuras de poder existentes y perpetuar las ideologías dominantes.

La industria cultural utiliza el entretenimiento no solo para distraer y entretener, sino también para inculcar valores, normas y expectativas específicas en la sociedad. Esta influencia se ejerce de manera sutil pero constante, moldeando las ideologías y comportamientos de las personas de manera que favorecen la aceptación del orden social existente y desalientan la reflexión crítica o la acción disruptiva.

1.1. Mecanismos de Control Empleados por la Industria Cultural:

• **Estandarización:** La producción en masa de bienes culturales que siguen fórmulas repetitivas y predecibles, promoviendo una cultura homogénea que minimiza la diversidad de pensamiento y expresión.

• **Pseudo-individualización:** A pesar de su estandarización, los productos culturales a menudo se presentan con una ilusión de individualidad y novedad, lo que disuade a las personas de buscar o valorar expresiones culturales auténticamente distintivas y desafiantes.

• **Fomento del consumismo:** La cultura popular frecuentemente promueve valores materialistas y el consumismo como vías hacia la felicidad y el éxito, desviando la atención de las cuestiones políticas o sociales más profundas.

• **Pasividad:** Al centrarse en el entretenimiento que requiere una participación mínima o nula por parte del público, se fomenta una actitud pasiva y acrítica hacia el contenido consumido, reduciendo la probabilidad de una participación activa en la vida social o política.

La Teoría de la Industria Cultural ofrece una crítica incisiva de cómo la cultura y el entretenimiento pueden ser utilizados para mantener el control social y político, subrayando la importancia de desarrollar una conciencia crítica frente a los productos y mensajes culturales. Al comprender estos mecanismos, los individuos pueden comenzar a cuestionar y resistir la influencia homogeneizadora y pasivadora de la industria cultural, buscando y valorando formas de expresión que fomenten el pensamiento crítico, la creatividad y la acción colectiva.

La estandarización cultural se convierte, así, en una forma de anestesia social. Cuanto más parecidos son los productos, menor es la posibilidad de que emerjan discursos verdaderamente disruptivos. El sistema necesita que el arte no incomode, que la música no cuestione, que el cine no politice.

La industria cultural vende ilusiones de libertad, pero encapsuladas en lógicas de mercado que neutralizan cualquier potencia emancipadora. Lo "nuevo" es apenas una variación superficial sobre lo mismo: un ciclo infinito de repetición disfrazado de innovación.

Esta lógica también captura al espectador en la ilusión de elección. Se le ofrecen mil opciones, pero todas dentro del mismo marco ideológico. Elegir entre productos culturales no es sinónimo de libertad cuando el horizonte está previamente delineado por las estructuras del capital.

La crítica de Adorno y Horkheimer sigue vigente en la era digital, donde los algoritmos reemplazan al editor, pero no cambian la lógica: el contenido sigue al servicio del control. La viralidad reemplaza al criterio, la visibilidad suplanta al valor, y la inmediatez borra la memoria.

Frente a este panorama, reapropiarse de la cultura como herramienta crítica exige una militancia estética e intelectual: leer lo que no se promociona, escuchar lo que no suena en la radio, ver lo que incomoda.

Solo una cultura que moleste, cuestione y desconstruya podrá romper la lógica anestésica de la industria cultural. Y esa tarea no es solo del artista: es del espectador que se rehúsa a ser cliente.

2. EL ENTRETENIMIENTO COMO HERRAMIENTA DE DISTRACCIÓN

El entretenimiento, en sus múltiples formas, no solo entretiene: distrae. Y lo hace de manera sistemática. Al saturar el espacio público con contenido superficial, se relega a segundo plano el debate sobre los problemas estructurales. La indignación cívica se diluye entre escándalos de celebridades, lanzamientos de videojuegos o tendencias virales irrelevantes.

Esta distracción no es un simple efecto secundario, sino que a menudo es una estrategia deliberada para mantener a la población desvinculada de los debates políticos, económicos y sociales cruciales. La saturación de entretenimiento limita la capacidad y la voluntad de las personas para cuestionar las estructuras de poder. La búsqueda constante de gratificación inmediata a través del entretenimiento fomenta la apatía política y el desinterés por los asuntos colectivos, lo que debilita la participación ciudadana y la acción colectiva.

• Medíos Tradicionales y su Evolución

El cine, la televisión y la música han sido, históricamente, canales para propagar valores dominantes: conformismo, éxito individual, consumismo. La transición a plataformas digitales ha multiplicado el alcance de estos mensajes, adaptándolos a nichos cada vez más específicos pero sin perder su intención ideológica.

• Plataformas de Streaming y Gaming

Netflix, Amazon Prime, Twitch o videojuegos como *Call of Duty* no solo entretienen: también educan simbólicamente. Las narrativas que promueven, los roles que asignan y los mundos que construyen reproducen esquemas de poder, estereotipos de género y visiones maniqueas del mundo.

• Influencers y la Construcción de Realidad

Los influencers, a menudo presentados como figuras "auténticas", actúan como los nuevos profetas del consumo, configurando normas, modas y opiniones. A través de su estilo de vida aspiracional, refuerzan ideales inalcanzables como cuerpos perfectos, éxito inmediato y la idea de que la felicidad se puede comprar.

Con frecuencia, estos personajes funcionan como canales de propaganda encubierta, especialmente durante campañas electorales o lanzamientos comerciales, promoviendo de manera sutil productos e ideologías.

• Contenido Generado por Usuarios

El contenido creado por usuarios en plataformas como YouTube, TikTok e Instagram contribuye a la diversidad de expresiones culturales, pero también puede ser cooptado para promover narrativas específicas que benefician a las élites, ya sea a través de la promoción de un consumismo desenfrenado o de la propagación de ideologías políticas específicas.

• Vigilancia a través del Entretenimiento

Cada clic, cada búsqueda, cada "me gusta" es registrado. Las plataformas recopilan datos sobre nuestro gusto, hábitos y preferencias y lo utilizan para personalizar la experiencia y moldear nuestras preferencias, reforzando cámaras de eco que aíslan y polarizan, debilitando la deliberación democrática.

Para ilustrar estos conceptos, presentaremos algunos estudios de casos detallados:

- **Análisis de una Serie Popular en Streaming:** La serie de televisión popular en plataformas de streaming puede reflejar y reforzar ideologías específicas, desde perspectivas de género y clase hasta concepciones de justicia y poder.

- **El Impacto de los Videojuegos en la Percepción Social:** Los videojuegos, a través de sus narrativas y mecánicas, pueden influir en la percepción de temas como la violéncia, la cooperación y la competencia, y cómo estos juegos actúan como simulacros de realidades sociales y políticas.

- **Estrategias de Marketing de Influencers**: Durante procesos electorales, muchos influencers son contratados para diseminar mensajes políticos disfrazados de opinión personal. Se instrumentaliza la intimidad digital para manipular la opinión pública.

- **Eventos Deportivos de Gran Escala:** Eventos como la Copa Mundial de Fútbol y los Juegos Olímpicos a menudo generan una cobertura mediática y una atención pública abrumadora, que pueden ser utilizadas por los gobiernos y las corporaciones para desviar la atención de las crisis políticas, económicas o sociales. Por ejemplo, los gobiernos han aprovechado estos eventos para promover una imagen de unidad y progreso nacional, mientras se minimizan o ignoran las protestas sociales, las violaciones de derechos humanos o las crisis económicas internas.

- **Lanzamientos de Productos de Entretenimiento:** El lanzamiento de películas de alto presupuesto, videojuegos o álbumes musicales de artistas populares puede, en ocasiones, eclipsar temas de importancia crítica en los medios de comunicación y en las discusiones públicas. Un ejemplo notable incluye cómo grandes estrenos cinematográficos o eventos de entretenimiento han coincidido (a veces percibido como intencionalmente) con momentos de debate político significativo, desviando la atención y el debate público hacia el consumo de entretenimiento en lugar de hacia la participación en discusiones sustanciales.

Estos casos ilustran cómo el entretenimiento puede ser empleado como una herramienta de distracción masiva, manipulando la agenda pública y limitando la profundidad del discurso cívico. La constante oferta de contenido ligero, efímero y altamente emocionalizado puede saturar los sentidos, ocupar el tiempo y desviar la atención de los ciudadanos de los temas realmente urgentes y trascendentes para la vida colectiva. En este contexto, el entretenimiento deja de ser un espacio de descanso o inspiración para convertirse en una forma de anestesia cultural, donde lo banal se impone sobre lo significativo.

Sin embargo, es crucial reconocer que el entretenimiento, en sí mismo, no es inherentemente negativo. El arte, la música, el cine, la literatura y otras formas expresivas poseen un inmenso potencial transformador. En el transcurrir del tiempo, muchas manifestaciones culturales han sido vehículos de denuncia, resistencia y emancipación, dando voz a los marginados y abriendo nuevas perspectivas de interpretación de la realidad. El problema no reside en el entretenimiento como fenómeno, sino en su instrumentalización al servicio de intereses que buscan perpetuar la pasividad, el conformismo o el aislamiento.

El verdadero desafío radica en cómo se produce, se distribuye y se consume el contenido cultural. Cuando el mercado impone lógicas de rentabilidad extrema, es frecuente que se prioricen productos de bajo contenido crítico, diseñados para entretener sin incomodar. Esta lógica puede generar un ecosistema donde se atrofia la capacidad de análisis, se debilita el pensamiento crítico y se minimiza el interés por el debate público informado. De esta manera, el entretenimiento se convierte en una prisión invisible que nos aísla no solo de la realidad, sino también de los demás.

Por ello, la función del entretenimiento como herramienta de distracción masiva resalta la necesidad urgente de cultivar una relación más consciente, selectiva y crítica con los medios. En lugar de ser meros consumidores pasivos, debemos convertirnos en ciudadanos activos que eligen, cuestionan y crean contenidos con propósito. Fomentar espacios de deliberación, promover narrativas alternativas y revalorizar el arte comprometido son pasos fundamentales para equilibrar el ocio con la conciencia social. Solo así podremos aspirar a una sociedad donde el entretenimiento no eclipse la participación ciudadana, sino que se convierta en un aliado para la transformación social y la construcción colectiva de nuevas realidades.

3. RESISTENCIA Y CRÍTICA DESDE LA CULTURA.

A pesar del poder de la industria cultural para uniformar y mercantilizar la experiencia humana, la cultura no ha sido completamente conquistada. A lo largo de los tiempos han surgido, expresiones críticas que resisten la colonización simbólica impulsada por grandes corporaciones mediáticas. En esas fisuras se han abierto caminos de creación alternativa, donde el arte se convierte en una herramienta de denuncia, disidencia y transformación social.

Las expresiones contraculturales, los movimientos artísticos subversivos y las formas de creación independiente han sido fundamentales para romper con la lógica del consumo pasivo. Estas manifestaciones no solo cuestionan los contenidos, sino también las formas, los lenguajes y las plataformas a través de las cuales se expresan. Introducen una dimensión política en lo estético, activando la imaginación radical y generando nuevos sentidos de comunidad y resistencia.

Desde la contracultura de los años 60, con su oposición al autoritarismo, la guerra y el racismo, hasta los movimientos digitales actuales que circulan en redes y medios alternativos, el arte ha demostrado una constante capacidad de movilización. La cultura no es solo un producto de mercado; también es un proceso colectivo de expresión crítica que invita a repensar nuestras relaciones con el mundo.

Movimientos como el punk, con su crudeza estética y su rechazo a las convenciones, o el arte callejero, que convierte los muros en espacios de disidencia, son ejemplos del potencial disruptivo del arte. El hip-hop nacido en los márgenes urbanos, el muralismo político, el cine comunitario o el videoactivismo son expresiones de una cultura viva que amplifica voces silenciadas y cuestiona las estructuras de poder.

Esta dimensión crítica no se limita al contenido; también implica cómo y dónde se produce el arte. La creación desde los márgenes, el uso de estéticas no convencionales y tecnologías accesibles son, en sí mismos, gestos de resistencia. En este sentido, el arte no solo informa: conmueve, interpela y moviliza. Puede generar empatía, provocar reflexión y contribuir a la construcción de una conciencia social transformadora.

Las obras que abordan temas como la pobreza, la desigualdad, el racismo, el patriarcado o la destrucción ambiental no solo muestran realidades ocultas: invitan a actuar. Este tipo de arte se convierte en un catalizador del cambio, ofreciendo nuevas perspectivas y narrativas que rompen con la normalización de la injusticia.

Frente a una industria que promueve el entretenimiento como evasión, la cultura crítica propone el arte como un acto de presencia consciente en el mundo. Donde los algoritmos buscan reforzar nuestras burbujas, el arte cuestionador irrumpe y nos obliga a ver más allá. Donde el mercado impone la repetición y la superficialidad, las expresiones independientes abren paso a la diversidad, la complejidad y el pensamiento profundo.

Sin embargo, esta resistencia enfrenta múltiples obstáculos. La censura, la falta de apoyo institucional, la precarización de los creadores y la cooptación de expresiones críticas por parte del mercado son amenazas constantes. Muchas obras incómodas son excluidas de los circuitos oficiales, o neutralizadas a través de su comercialización. Por eso, defender la cultura crítica también implica exigir políticas públicas que protejan la libertad creativa, el acceso equitativo a los medios de producción y la autonomía del pensamiento artístico.

Además, es necesario repensar el acceso cultural como un derecho y no como un privilegio. Democratizar los espacios de exhibición, fortalecer redes colaborativas y promover la educación estética desde temprana edad son tareas fundamentales. La cultura no debe quedar subordinada a la lógica del rendimiento, sino reivindicada como herramienta de transformación colectiva.

En definitiva, la resistencia y la crítica desde la cultura muestran que el arte no es mero entretenimiento: es territorio de disputa simbólica. Es donde se construyen subjetividades, se articulan memorias y se proyectan futuros posibles. Al apoyar el arte comprometido y fomentar una mirada crítica frente a lo que consumimos, fortalecemos una cultura más consciente, plural y profundamente transformadora.

4. HACIA UNA INDUSTRIA CULTURAL DEMOCRÁTICA

En respuesta a la homogeneización y el control corporativo de la industria cultural, han surgido iniciativas y modelos de producción y distribución cultural que buscan fomentar la diversidad, la participación activa y el acceso equitativo. Estos modelos alternativos representan vías hacia una industria cultural más responsable y democrática:

• Arte Comunitario

Proyectos de arte comunitario que implican la colaboración entre artistas y miembros de la comunidad en la creación de obras que reflejan sus experiencias, desafíos y aspiraciones. Este enfoque promueve la inclusión y la expresión cultural diversa, a la vez que fortalece el tejido social de las comunidades.

• Medios Independientes

Revistas, podcasts, canales de video, radios comunitarias y plataformas periodísticas no subordinadas al poder corporativo ofrecen narrativas alternativas y voces marginadas, ampliando la pluralidad en el debate público.

• Plataformas Colaborativas

La tecnología digital ha facilitado el surgimiento de plataformas colaborativas para la creación y distribución de contenido cultural, permitiendo a artistas y creadores compartir su trabajo directamente con el público. Estas plataformas potencian la innovación, la creatividad y el intercambio cultural, al margen de las restricciones impuestas por los intermediarios tradicionales.

• Estrategias para el Cambio

Para promover prácticas culturales más democráticas y participativas, tanto los consumidores como los creadores pueden adoptar estrategias que desafíen la lógica comercial y el control corporativo predominantes en la industria cultural:

- Los consumidores pueden fomentar una industria cultural más diversa y equitativa mediante el apoyo a artistas independientes y proyectos culturales comunitarios, además de optar por plataformas que promuevan prácticas justas y sostenibles.

- Fomentar la educación en artes y humanidades que incorpore una dimensión crítica hacia la industria cultural, preparando a futuros creadores y consumidores para entender y cuestionar las dinámicas de poder en la cultura y la sociedad.

- Crear y fortalecer redes de colaboración entre artistas, colectivos culturales, organizaciones sin fines de lucro y comunidades puede potenciar la resistencia contra el modelo dominante, promoviendo iniciativas que reflejan una diversidad de experiencias y perspectivas.

- Abogar por políticas que apoyen la diversidad cultural, la financiación de las artes y la cultura a nivel local y nacional, y la implementación de medidas que protejan a los creadores y sus obras en el entorno digital.

La transición hacia una industria cultural democrática y participativa requiere un esfuerzo colectivo para desafiar las estructuras de poder existentes y promover alternativas que valoren la diversidad, la inclusión y la equidad.

La cultura, que debería ser una herramienta de liberación, ha sido transformada en un dispositivo de control. Theodor Adorno y Max Horkheimer advirtieron que la "industria cultural" convierte el arte en una mercancía más, diseñada no para desafiar al sistema, sino para mantenerlo intacto. El entretenimiento se ha vuelto un mecanismo de distracción masiva, un anestésico que impide la reflexión crítica. Nos han hecho creer que el consumo cultural es una elección libre, cuando en realidad es una selección preconfigurada de narrativas que refuerzan el statu quo. La música, el cine, la literatura, incluso la moda, no solo reflejan la sociedad, sino que la moldean. ¿Es posible un arte que no esté al servicio del mercado? La respuesta está en la creación independiente, en las voces que se resisten a ser domesticadas, en los espacios donde la cultura aún es un acto de rebeldía. Porque el arte auténtico no es aquel que entretiene, sino el que incomoda, el que despierta, el que invita a ver el mundo con otros ojos.

Tras examinar cómo la industria cultural y el entretenimiento se edifican como instrumentos de distracción y pacificación, queda patente que estos mecanismos no solo buscan entretener, sino también normalizar la pasividad y el conformismo. La forma en que se modela la cultura desde la estandarización de contenidos hasta la fabricación de un "opiáceo" emocional refuerza un sistema en el que la crítica y la reflexión quedan relegadas. Este episodio proporciona una exploración detallada de la industria cultural y el entretenimiento, destacando su doble papel como medios de control social y como espacios potenciales para la resistencia y el cambio. Al adentrarnos en la teoría crítica de la Escuela de Frankfurt y examinar casos de estudio contemporáneos, hemos visto cómo la producción masiva de cultura puede servir para adormecer el pensamiento crítico y fomentar una pasividad generalizada entre las masas. Sin embargo, también hemos reconocido el poder de la contracultura, las expresiones artísticas subversivas y los modelos emergentes de producción y distribución cultural que desafían este statu quo.

La discusión ha revelado que, aunque la industria cultural y el entretenimiento pueden funcionar como "opiáceos de las masas", no están destinados irremediablemente a este papel. Existen numerosas oportunidades para la resistencia, la crítica y la promoción del cambio social a través del arte y la cultura. La clave reside en adoptar una postura consciente y crítica hacia nuestro consumo y producción cultural, reconociendo las influencias sutiles que modelan nuestras percepciones y comportamientos. La importancia de fomentar una cultura más inclusiva y reflexiva no puede subestimarse.

Al promover prácticas culturales que valoran la diversidad, la participación activa y el pensamiento crítico, podemos contribuir a desmantelar las estructuras de poder que limitan la expresión creativa y la libertad intelectual. Esto implica no solo el apoyo a artistas y medios independientes que se esfuerzan por presentar narrativas alternativas, sino también la participación activa en comunidades culturales que buscan fomentar el debate, la reflexión y la acción colectiva. Al adoptar y apoyar modelos emergentes de producción y distribución cultural, como también al participar activamente en la creación y el consumo de cultura, podemos contribuir al desarrollo de un entorno cultural que verdaderamente refleje y celebre la riqueza y complejidad de la experiencia humana.

Es evidente que el camino hacia un futuro más democrático y participativo en el ámbito cultural está pavimentado con desafíos, pero también con infinitas posibilidades. Mediante la adopción de estrategias colectivas que desafíen la lógica comercial y el control corporativo de la cultura, y al fomentar espacios para la crítica y la innovación, podemos aspirar a una sociedad donde la cultura y el entretenimiento no solo entretengan, sino que también inspiren, eduquen y empoderen.

Con esta base, el siguiente capítulo, *"La Psicología de la Manipulación"*, profundizará en las raíces psicológicas que hacen posible esta conformidad, analizando cómo la persuasión, la obediencia y los condicionamientos emocionales actúan para mantener el statu quo. Esta sección nos enseña a desentrañar no solo la producción cultural, sino también los procesos internos que facilitan la aceptación de la manipulación.

Síntesis Crítica

En este capítulo, se ha expuesto de relieve el papel de la industria cultural y del entretenimiento en la formación de una realidad que distrae y adormece al público, convirtiéndose en un opiáceo social que refuerza la dominación de las élites. Esta industria, lejos de ser meros pasatiempos, funcionan como sofisticados mecanismos de control y distracción, siguiendo la lógica de la "industria cultural" de Adorno y Horkheimer.

Explora cómo la estandarización, la pseudo-individualización y el fomento del consumismo adormecen la conciencia crítica y desvían la atención de problemas sociales y políticos relevantes. Se examina la evolución de los medios tradicionales a plataformas digitales, el rol de influencers y el potencial de vigilancia a través del entretenimiento. Sin embargo, el capítulo también destaca la resistencia y la crítica que emergen desde la contracultura y el arte subversivo, junto con iniciativas hacia una industria cultural más democrática y participativa, enfatizando la necesidad de un consumo y producción cultural consciente y crítico.

Aprendizajes Clave

- La cultura de masas se utiliza estratégicamente para moldear percepciones y suprimir el pensamiento crítico.

- La estandarización y la repetición de contenidos contribuyen a la conformidad, mientras que el entretenimiento se convierte en una herramienta para desviar la atención de los problemas reales.

- Existen, sin embargo, alternativas emergentes y movimientos culturales que buscan romper con este modelo hegemónico, proponiendo una industria cultural más democrática y participativa.

Preguntas para la reflexión

1. ¿Cómo pueden los consumidores y creadores de contenido contrarrestar la estandarización impuesta por las grandes corporaciones mediáticas?
2. ¿Qué estrategias podrían promover una industria cultural que fomente el pensamiento crítico y la diversidad de voces?
3. ¿De qué manera influye el entretenimiento en la construcción de identidades y valores en la sociedad contemporánea?

CAPÍTULO XIII
LA PSICOLOGÍA DE LA MANIPULACIÓN

" La mente es un terreno de batalla
donde la persuasión se enfrenta a la libertad."
— Inspirado en estudios de Milgram.

En el tejido mismo de la sociedad moderna, se entrelazan hilos invisibles de influencia y persuasión que moldean nuestra percepción, dirigen nuestras decisiones y, en última instancia, dan forma a nuestro comportamiento. A través de mecanismos sutiles y estrategias cuidadosamente diseñadas, los individuos son guiados hacia actitudes y acciones que, muchas veces, no reconocen como inducidas. Este capítulo explora el fascinante y complejo mundo de la manipulación, la obediencia y la persuasión. Analizaremos las técnicas psicológicas que condicionan la obediencia y la conformidad, y cómo estas estrategias impactan en la sociedad.

Nos centraremos en entender los mecanismos psicológicos y las estrategias de persuasión que se utilizan para debilitar la capacidad crítica de las personas. Veremos cómo estos procesos psicológicos refuerzan el dominio de un sistema o ideología, a menudo sin que el individuo sea plenamente consciente de ello.

Desde tiempos inmemoriales, los líderes han buscado comprender y aprovechar los resortes de la mente humana para influir en las masas y alcanzar sus objetivos. No obstante, en la era digital y la sociedad de la información, esta búsqueda de dominio sobre la mente colectiva ha alcanzado nuevas alturas de sofisticación y omnipresencia.

Al desentrañar los entresijos de la psicología y la neurociencia detrás de la manipulación, examinamos cómo se utilizan técnicas que van desde la sutileza persuasiva hasta la coerción flagrante en campos tan diversos como la publicidad, la política y los medios de comunicación.

A través de estudios emblemáticos, se evidencia cómo la obediencia ciega, la presión social y los sesgos cognitivos se convierten en herramientas efectivas para moldear la opinión pública y el comportamiento individual.

Asimismo, se reflexiona sobre las implicaciones éticas y sociales de esta influencia constante: ¿Cuál es el precio de la persuasión? ¿Dónde termina la libertad individual y comienza la manipulación externa?

Estas preguntas invitan a una revisión crítica de nuestra autonomía en un contexto donde la presión social y la autoridad inciden profundamente en nuestras decisiones.

1. FUNDAMENTOS PSICOLÓGICOS DE LA MANIPULACIÓN

• Teorías de la Obediencia y Conformidad

Las teorías de la obediencia y la conformidad son pilares fundamentales en el estudio de la psicología social, proporcionando un profundo entendimiento sobre cómo los individuos interactúan con su entorno social y cómo los grupos influyen en el comportamiento humano.

La comprensión de por qué las personas obedecen a la autoridad y se conforman con las normas del grupo es esencial para desentrañar los fundamentos psicológicos de la manipulación. Varias teorías y experimentos han abordado estas cuestiones, destacando la influencia profunda de las dinámicas sociales y el poder de la autoridad sobre el comportamiento individual. En esta exploración de las teorías de la obediencia y la conformidad, nos adentramos en los mecanismos psicológicos y sociales que subyacen a estos fenómenos, examinando cómo factores como la autoridad, la cohesión grupal, la presión social y la identidad individual influyen en nuestras decisiones y acciones.

Al comprender mejor estas teorías, no solo ganamos perspectivas más profundas sobre el comportamiento humano en contextos sociales, sino que también podemos abordar cuestiones fundamentales sobre la ética, la responsabilidad individual y la dinámica de poder en la sociedad. En última instancia, estas teorías nos desafían a reflexionar sobre nuestra propia capacidad para resistir la influencia de los demás y mantener nuestra autonomía en un mundo socialmente complejo.

2. EXPERIMENTOS EMBLEMÁTICOS EN PSICOLOGÍA SOCIAL

2.1 El Experimento de Obediencia de Milgram

El Experimento de Obediencia de Milgram es un hito en la investigación psicológica que arrojó luz sobre la naturaleza humana y la capacidad de obediencia a la autoridad, incluso cuando esta contradice el propio juicio moral. Llevado a cabo por el psicólogo Stanley Milgram en su intento por entender cómo fue posible el Holocausto, diseñó un experimento en la década de 1960, este experimento consistía en investigar hasta qué punto una persona estaría dispuesta a obedecer órdenes que implicaran infligir dolor a otra persona.

En su configuración básica, el experimento implicaba tres roles: el "maestro" (participante), el "aprendiz" (actor), y el "experimentador" (quien dirigía la sesión). El maestro debía administrar descargas eléctricas al aprendiz cada vez que este respondiera incorrectamente a una pregunta, aumentando gradualmente la intensidad del shock con cada error. Lo crucial era que las descargas eléctricas no eran reales, pero el maestro no lo sabía, lo que planteaba la cuestión ética de hasta qué punto estaría dispuesto a seguir las órdenes del experimentador, aunque implicarán infligir dolor aparentemente real a otra persona.

Los resultados del experimento fueron impactantes. A pesar de que muchos participantes expresan incomodidad y angustia al administrar las descargas, la mayoría obedeció las órdenes del experimentador hasta el final, incluso cuando creían que estaban causando un dolor extremo al aprendiz. Este hallazgo puso de relieve la tendencia humana a obedecer a figuras de autoridad, aun cuando sus acciones contradicen sus propios principios morales.

El Experimento de Obediencia de Milgram generó un intenso debate ético en la comunidad científica, cuestionando la naturaleza de la obediencia y la responsabilidad individual en situaciones donde la autoridad se interpone entre el deber moral y la acción. Su estudio nos enseñó la complejidad de la psique humana y la importancia de la reflexión crítica sobre el poder y la influencia en la sociedad.

Milgram demostró cómo las personas pueden ser llevadas a cometer actos que violan sus principios morales cuando están bajo la influencia de una figura de autoridad. Como Milgram señala, "El conflicto fundamental es entre la propia, conciencia de la persona y la autoridad de una figura superior. Las personas cumplen órdenes de figuras de autoridad aunque esto implique infligir daño a otros, porque se sienten obligadas a obedecer" (Milgram, 1963). Este fenómeno es especialmente relevante en contextos políticos y militares, donde la obediencia ciega puede llevar a abusos y crímenes. Concluyó que la tendencia a obedecer a la autoridad está profundamente arraigada en la psicología humana, a menudo superando la moral personal.

2.2 El Estudio de la Prisión de Stanford

El Estudio de la Prisión de Stanford, llevado a cabo en 1971 por el psicólogo social Philip Zimbardo y su equipo de investigación, es uno de los experimentos más notorios en la historia de la psicología debido a la manera impactante en que reveló la rápida transformación de individuos cuando se les asigna un rol específico en un entorno simulado.

El estudio simulaba una prisión, donde los participantes se dividían en dos grupos: los "guardias" y los "prisioneros". A pesar de que se les dijo que el experimento duraría dos semanas, rápidamente surgieron problemas de comportamiento extremo. Los guardias asumieron un papel autoritario y comenzaron a ejercer un control opresivo sobre los prisioneros, mientras que estos últimos mostraban signos de sumisión y estrés emocional.

Lo más sorprendente fue la rapidez con la que los participantes internalizan sus roles, adoptando comportamientos que se asemejaban a los de una prisión real. Los guardias mostraron comportamientos abusivos y degradantes hacia los prisioneros, mientras que estos últimos se volvieron pasivos y desesperados, algunos desarrollando síntomas de ansiedad y depresión.

El estudio fue interrumpido abruptamente después de solo seis días debido a la escalada de abusos por parte de los guardias y el deterioro emocional de los prisioneros. Reveló cómo las condiciones del entorno pueden influir en el comportamiento humano y cómo los roles asignados pueden llevar a una rápida degradación de la moral y la ética individuales.

Este experimento planteó importantes cuestiones éticas y morales sobre la investigación psicológica, especialmente en términos de protección de los participantes y el poder de la autoridad del investigador sobre ellos. Además, proporcionó valiosas perspectivas sobre la dinámica del poder y la influencia social, así como sobre la importancia de considerar el contexto en la comprensión del comportamiento humano.

Philip Zimbardo, en su obra *"The Lucifer Effect" ("El efecto Lucifer")*, explica cómo el entorno y el contexto en el que se encuentran las personas son factores cruciales que pueden alterar significativamente su comportamiento. Según Zimbardo, "cuando colocas a personas buenas en un lugar malo, no son las personas las que cambian; es el lugar que cambia a las personas" (Zimbardo, 2007). Este concepto es esencial para entender cómo incluso individuos bien intencionados pueden ser llevados a actos extremos bajo ciertas condiciones. En contextos de manipulación, como las campañas políticas o los regímenes autoritarios, los líderes crean ambientes que potencian la obediencia, la conformidad y la persuasión, distorsionando la moralidad de los individuos y fomentando la complicidad en actos que, fuera de ese contexto, no serían aceptables.

En resumen, el Estudio de la Prisión de Stanford demostró que las personas pueden adaptarse rápidamente a roles sociales opresivos y autoritarios dentro de ciertas estructuras. Zimbardo argumentó que las situaciones, más que las disposiciones personales, pueden tener un poderoso efecto en el comportamiento humano, subrayando la importancia de analizar cómo las dinámicas de poder y los entornos sociales influyen en nuestras acciones y decisiones.

2.3. El Experimento de Conformidad de Asch

El Experimento de Conformidad de Asch, realizado por el psicólogo Solomon Asch en la década de 1950, es un estudio clásico que ilustra cómo la influencia del grupo puede afectar el comportamiento individual, llevando a las personas a conformarse con las opiniones de los demás, incluso cuando estas contradicen la evidencia perceptual. Este experimento mostró de manera clara la poderosa tendencia humana a buscar la conformidad social.

Durante el experimento, los participantes fueron colocados en grupos y se les asignó una tarea aparentemente sencilla: comparar la longitud de varias líneas verticales. El desafío consistía en identificar cuál de tres líneas tenía la misma longitud que una línea de referencia. Aunque la tarea era simple y la respuesta era evidente, cuando los cómplices del experimentador (quienes constituían la mayoría del grupo) elegían intencionalmente la respuesta incorrecta, el participante real a menudo se alineaba con la elección incorrecta del grupo, incluso cuando esta era claramente errónea.

Solomon Asch destacó en su estudio cómo el fenómeno de la conformidad social juega un papel crucial en la manipulación psicológica. Asch encontró que "la tendencia a conformarse en nuestras sociedades es tan fuerte que los jóvenes, incluso los altamente educados, están dispuestos a llamar negro al blanco" (Asch, 1951).Este comportamiento demuestra cómo el deseo de aceptación social puede llevar a las personas a adoptar creencias o comportamientos que son claramente incorrectos o contrarios a sus propios juicios.

Los hallazgos de Asch subrayan la fuerte inclinación de las personas a conformarse con la mayoría, mostrando cómo la presión social puede llevar a los individuos a ignorar la evidencia de sus propios sentidos.

En otras palabras, estos resultados demuestran que las personas están dispuestas a ignorar lo que ven con sus propios ojos para alinearse con las respuestas incorrectas del grupo, destacando de esta forma la presión hacia la uniformidad dentro de los grupos.

Estos experimentos emblemáticos en psicología social han proporcionado una comprensión profunda de la obediencia, la conformidad y el comportamiento grupal, revelando hasta qué punto las personas pueden comprometer sus propios juicios y valores bajo la influencia de la autoridad o la presión del grupo. Estos estudios enfatizan la importancia de fomentar el pensamiento crítico y la autonomía individual para resistir la manipulación y promover sociedades más autónomas y reflexivas.

3. PRINCIPIOS DE PERSUASIÓN

La persuasión es una herramienta poderosa en la manipulación psicológica. Robert Cialdini, en su obra sobre la persuasión, argumenta que "la persuasión eficaz rara vez implica coerción abierta o engaño descarado. A menudo es más sutil, recurriendo a principios de reciprocidad, escasez, autoridad, simpatía, consistencia y prueba social" (Cialdini, 2001). Estas técnicas explotan respuestas automáticas en el comportamiento humano, moldeando decisiones de manera inconsciente.

La persuasión juega un papel fundamental en la influencia de las actitudes y comportamientos de las personas. Robert Cialdini identificó los siguientes principios psicológicos fundamentales para comprender cómo se persuade a las personas:

• **Reciprocidad:** Tendemos a devolver favores. Este principio se aprovecha ofreciendo algo "gratis" antes de hacer una solicitud, generando un compromiso moral de responder.

Este principio aprovecha el deseo humano de retribuir favores para generar una respuesta positiva.

• **Consistencia (o Coherencia)**: Una vez que las personas se comprometen con algo, es probable que actúen de manera coherente con ese compromiso, incluso si las circunstancias cambian. Esto se basa en la necesidad de mantener una imagen coherente de uno mismo ante los demás y ante sí mismo.

• **Prueba Social:** Las personas tienden a mirar a los demás para determinar qué es correcto o popular, especialmente en situaciones de incertidumbre. Este principio se basa en la idea de que si muchas personas hacen algo, debe ser correcto.

• **Autoridad**: Existe una inclinación a creer y obedecer a figuras percibidas como expertas o con poder. Su estatus y conocimiento otorgan legitimidad a sus afirmaciones.

• **Simpatía:** Somos más propensos a aceptar ideas o influencias provenientes de personas que nos agradan o con quienes nos identificamos emocionalmente.

• **Escasez:** La percepción de que algo es escaso o limitado puede aumentar su demanda, ya que las personas tienden a valorar más aquello que es difícil de obtener o está en cantidades limitadas.

Estos principios psicológicos revelan cómo la obediencia, la conformidad y la persuasión son utilizadas estratégicamente para influir en las masas. Al comprender estos fundamentos, las personas pueden desarrollar una mayor conciencia de las técnicas de manipulación y estar mejor equipadas para resistirlas, promoviendo de esta manera una sociedad más informada y autónoma.

4. MANIPULACIÓN EN LA SOCIEDAD MODERNA

• Medios de Comunicación y Publicidad

Los medios de comunicación y la publicidad son esferas donde los principios de obediencia, conformidad y persuasión se aplican con potencia y sofisticación para influir en la opinión pública, moldear los hábitos de consumo y definir las identidades sociales. Estas estrategias se basan en una comprensión profunda de la psicología humana para crear mensajes que resonarán con el público objetivo, incentivando comportamientos específicos o cambiando percepciones y actitudes.

• Publicidad y Consumo

La publicidad utiliza técnicas de persuasión como la reciprocidad, la autoridad y la prueba social para fomentar la conformidad con las tendencias de consumo. A través de la creación de asociaciones emocionales con productos o marcas, la publicidad puede influir en las decisiones de compra, promoviendo la idea de que el consumo de ciertos productos es esencial para alcanzar el éxito, la felicidad o la aceptación social.

• Medios de Comunicación y Opinión Pública

Los medios de comunicación juegan un papel crucial en la configuración de la opinión pública, utilizando narrativas y enmarcados específicos para presentar eventos e información de manera que refleje ciertas ideologías o agendas. La repetición de mensajes y la presentación de información desde una perspectiva autoritativa pueden fomentar la conformidad de opiniones y la aceptación acrítica de ciertas posturas o creencias.

• Política y Propaganda

En el ámbito político, las técnicas psicológicas se emplean de manera extensiva para ganar apoyo, difundir ideologías y justificar acciones. La manipulación en política y la propaganda se basan en la explotación de emociones, miedos y deseos para persuadir a las personas a adoptar ciertas posturas o apoyar a ciertos líderes o partidos.

• Propaganda y Persuasión

La propaganda simplifica la información, despierta emociones intensas y señala enemigos comunes. Glorifica líderes, la demonización de opositores, invisibiliza voces disidentes y moviliza a las masas en torno a causas o ideologías. Su poder radica en la capacidad de moldear la percepción de la realidad.

• Tecnología y Manipulación Política

Las redes sociales han amplificado la capacidad de manipulación mediante la personalización de mensajes políticos. El uso intensivo de datos permite segmentar audiencias con precisión y dirigir mensajes adaptados a sus miedos, aspiraciones y vulnerabilidades. Esto refuerza cámaras de eco y socava la deliberación democrática.

La manipulación contemporánea, al combinar publicidad, medios y tecnología, revela cómo las vulnerabilidades humanas pueden ser sistemáticamente explotadas. Ante ello, es indispensable fortalecer la alfabetización mediática y política para preservar la autonomía individual y colectiva.

5. RESISTENCIA Y AUTONOMÍA

En un mundo saturado por información y estímulos constantes, el desarrollo del pensamiento crítico se ha vuelto una herramienta indispensable para resistir las múltiples formas de manipulación mediática, política y cultural. Este tipo de pensamiento no solo nos permite distinguir entre hechos y opiniones, sino también identificar sesgos, falacias argumentativas y estrategias discursivas utilizadas para inducir emociones, controlar narrativas o reforzar ideologías dominantes. La resistencia comienza con la capacidad de cuestionar, de no aceptar lo aparente como verdad absoluta y de confrontar las estructuras que moldean nuestra percepción de la realidad.

Fomentar una ciudadanía crítica requiere de acciones concretas, tanto en el ámbito educativo como en el cultural y político. Una de las estrategias fundamentales es la educación en pensamiento crítico. Esto implica incluir, desde los niveles más básicos del sistema educativo, contenidos y metodologías que enseñen a los estudiantes a evaluar fuentes de información, argumentar con lógica, reconocer diferentes perspectivas y construir opiniones fundamentadas. Esta educación no debe ser meramente teórica, sino estar integrada en el análisis de temas sociales, científicos y éticos que reflejen la complejidad del mundo contemporáneo.

Otra herramienta clave es la formación continua, no solo para estudiantes, sino para la población en general. Los talleres, cursos o campañas sobre alfabetización mediática, análisis del discurso, identificación de noticias falsas y técnicas de persuasión son esenciales para que las personas puedan enfrentarse a los contenidos que consumen diariamente, desde los medios tradicionales hasta las redes sociales. Estas iniciativas deben ser accesibles y fomentadas desde instituciones educativas, medios responsables y organizaciones de la sociedad civil.

Además, es necesario crear y fortalecer espacios de diálogo crítico. Estos pueden manifestarse en foros comunitarios, círculos de lectura, debates abiertos, programas participativos en medios o plataformas digitales que promuevan el intercambio de ideas desde el respeto y la argumentación. Tales espacios no solo estimulan la confrontación constructiva de puntos de vista, sino que también fortalecen el tejido democrático y promueven la autonomía intelectual.

Resistir no es encerrarse en una postura contraria a todo, sino tener la capacidad de discernir, elegir conscientemente y actuar en función de principios éticos y sociales. La autonomía, entendida como la facultad de pensar y decidir por cuenta propia, es un acto de liberación. Solo cuando cultivamos una ciudadanía reflexiva y crítica, podemos aspirar a una sociedad más justa, participativa y menos vulnerable a las manipulaciones que pretenden controlar nuestras conciencias.

6. PROMOCIÓN DE LA AUTONOMÍA PSICOLÓGICA

La autonomía psicológica, la capacidad de pensar y actuar de acuerdo con los propios valores e intereses, incluso frente a presiones externas, es un baluarte contra la manipulación.

Fortalecer esta autonomía implica:

• **Autoconocimiento**

Fomentar la introspección y el autoconocimiento para que los individuos comprendan sus propios valores, creencias y motivaciones.

Esto puede lograrse a través de la reflexión personal, la escritura, la terapia y otras prácticas de autoexploración.

• **Reflexión Ética**

Promover la reflexión ética sobre las decisiones y comportamientos, considerando no solo los beneficios personales sino también el impacto en los demás y en la sociedad. Esto puede fomentarse mediante la educación en ética, discusiones de casos y el compromiso con cuestiones sociales.

• **Comunidades de Apoyo**

Construir y participar en comunidades de apoyo que valoren la autonomía, el aprendizaje continuo y la ayuda mutua. Estas comunidades pueden ofrecer un entorno en el que las personas se sientan empoderadas para expresar sus opiniones, aprender de los demás y recibir apoyo en momentos de duda o incertidumbre.

• Prácticas de Autocuidado

Animar a las personas a adoptar prácticas de autocuidado que fortalezcan su bienestar emocional y mental, incluyendo la meditación, el ejercicio físico y la desconexión periódica de los medios digitales y las redes sociales para reducir la sobrecarga de información y el estrés.

El control social no solo se impone desde fuera, sino que se infiltra en la mente de los individuos, moldeando sus creencias, percepciones y emociones. Edward Bernays, el padre de la propaganda moderna, comprendió que la verdadera dominación no requiere la fuerza, sino la persuasión sutil. Creer que tomamos decisiones autónomas, cuando en realidad nuestras elecciones son producto de años de condicionamiento.

Desde los experimentos de Milgram y Asch hasta los principios de persuasión de Cialdini, la psicología ha demostrado que el ser humano es altamente influenciable y, en muchos casos, preferirá la conformidad antes que la confrontación. ¿Cuántas de nuestras opiniones han sido programadas sin que nos demos cuenta? ¿Hasta qué punto nuestras emociones, deseos y miedos son el resultado de estrategias diseñadas para hacernos actuar de una manera específica? La verdadera liberación no comienza con la rebelión externa, sino con la ruptura de las cadenas invisibles que nos han impuesto desde el interior. Comprender los mecanismos de manipulación es el primer paso hacia la autonomía, pero la pregunta sigue en pie: ¿seremos capaces de enfrentarnos a nuestras propias certezas y desprogramarnos?

Este análisis revela que el control no solo se ejerce a través de estructuras externas, sino que también se interioriza en la mente y el comportamiento de cada individuo. La manipulación psicológica no opera en el vacío: se integra dentro de estrategias de gobernanza y dominación a gran escala, cimentando un sistema en el que el poder se ejerce tanto desde afuera como desde adentro.

Recién inspeccionamos la compleja psicología de la manipulación, analizando cómo se emplean las dinámicas de obediencia, conformidad y persuasión para influir en las masas. A través de un análisis profundo de teorías psicológicas y la revisión de experimentos emblemáticos en psicología social, hemos descubierto que, aunque somos inherentemente susceptibles a estas formas de influencia, también poseemos la capacidad de reconocerlas, cuestionarlas y resistirlas. El examen de casos de estudio ha permitido ilustrar cómo estas tácticas de manipulación han sido aplicadas en contextos específicos y, al mismo tiempo, cómo individuos y colectivos han desarrollado estrategias para contrarrestarlas. Esto resalta la importancia de la conciencia crítica y la acción colectiva en la confrontación de poderes opresivos. Aunque existen fuerzas poderosas que buscan moldear nuestro comportamiento y creencias, tenemos la capacidad de actuar con autonomía y propósito.

En este sentido, la educación en pensamiento crítico se presenta como una herramienta esencial para fortalecer nuestra resiliencia frente a la manipulación. Fomentar habilidades de análisis y evaluación objetiva la información permite a las personas navegar con mayor confianza el complejo paisaje de la sociedad moderna. Además, promover la autonomía psicológica, la capacidad de pensar y actuar en concordancia con nuestros propios valores, incluso bajo influencias externas, es clave para formar individuos y comunidades no solo resistentes a la manipulación, sino también proactivos en la construcción de cambios sociales positivos.

Al fomentar el pensamiento crítico y promover la autonomía psicológica, individuos y comunidades pueden desarrollar una mayor resiliencia frente a la manipulación y la influencia indebida. Estas capacidades no solo empoderan a las personas para navegar de manera más efectiva en una sociedad saturada de información y persuasión, sino que también contribuyen al fortalecimiento de la democracia y al fomento de una sociedad éticamente comprometida con la verdad.

Si la psicología reveló cómo la obediencia y la influencia social pueden torcer la voluntad humana, la neurociencia expone un nivel aún más inquietante de intervención sobre el individuo. Ya no se trata solo de persuadir conductas, sino de incidir directamente en los procesos neuronales que sostienen la percepción, la emoción y la toma de decisiones. El poder contemporáneo aprende a operar en silencio, activando circuitos cerebrales específicos, modulando respuestas afectivas y condicionando elecciones antes de que emerja la reflexión consciente. Esta forma de manipulación, revestida de lenguaje científico y legitimada por la tecnocracia, redefine los límites de la libertad individual. La mente deja de ser únicamente un espacio simbólico de influencia social para convertirse en un territorio biológico susceptible de programación. Comprender este tránsito resulta urgente, pues en él se juega la autonomía del pensamiento y la posibilidad misma de una democracia auténtica.

Síntesis Crítica

Este capítulo pone de manifiesto cómo la mente humana, susceptible a la influencia emocional y a los mecanismos de persuasión, es un campo de batalla en la lucha por el control social. Expone cómo la obediencia (experimento de Milgram), la conformidad (experimento de Asch) y la influencia situacional (estudio de la prisión de Stanford) son explotadas.

Aboga por el desarrollo del pensamiento crítico y la autonomía psicológica como herramientas esenciales de resistencia y liberación individual y colectiva.

Aprendizajes Clave

- Las técnicas de persuasión y el condicionamiento emocional se utilizan para fomentar la obediencia y la conformidad.
- La manipulación psicológica se basa en la explotación de miedos, deseos y la autoimagen, debilitando la capacidad crítica del individuo.
- La comprensión de estos procesos psicológicos abre la puerta a estrategias de resistencia que empoderen la autonomía mental y fomenten la reflexión crítica.

Preguntas para la Reflexión

1. ¿Qué factores psicológicos hacen a las personas más vulnerables a la manipulación?
2. ¿Cómo puede la educación emocional y la alfabetización en persuasión ayudar a fortalecer la resistencia individual?
3. ¿Qué papel juegan la cultura y los medios en la configuración de estas respuestas emocionales y conductuales?

CAPÍTULO XIV
NEUROCIENCIA Y MANIPULACIÓN COGNITIVA

*"La forma suprema de poder no es la fuerza,
sino la manipulación de las mentes."*

— *Noam Chomsky*

El conocimiento sobre el cerebro humano ha avanzado exponencialmente en las últimas décadas, proporcionando herramientas capaces de manipular el pensamiento, las emociones y las decisiones sin que la mayoría de las personas lo perciban. Las élites han comprendido que el verdadero dominio global no se basa únicamente en el control de los recursos materiales, sino en la gestión de la percepción. Gracias a la neurociencia, el Big Data y la inteligencia artificial, este control ha alcanzado niveles nunca antes vistos.

1. LA PSICOLOGÍA CONDUCTUAL Y LA INGENIERÍA DEL CONSENTIMIENTO

Las estrategias de manipulación no son nuevas. Edward Bernays, sobrino de Sigmund Freud y pionero en la propaganda moderna, estableció cómo la psicología podía moldear la opinión pública a gran escala. Sus técnicas, adoptadas por gobiernos y corporaciones, sentaron las bases de lo que hoy llamamos ingeniería del consentimiento. La diferencia actual es que, con los avances tecnológicos, es posible mapear con precisión los procesos mentales, identificar sesgos cognitivos y utilizarlos para influir en las decisiones.

Ejemplos comunes:

- **El efecto anclaje:** Usado en publicidad y política para presentar una idea como punto de referencia dominante, para que las personas acepten ciertos discursos como la única verdad posible.

- **La disonancia cognitiva:** Explotada en redes sociales para inducir cambios sutiles de opinión sin que la persona sea consciente.

- **El refuerzo intermitente:** Implementado en plataformas digitales (como TikTok o Facebook) para generar adicción y mantener la atención constante.

Caso Real: El Experimento de la Falsa Memoria La psicóloga Elizabeth Loftus demostró cómo es posible implantar recuerdos falsos en personas, alterando su percepción de la realidad. Este principio ha sido aprovechado en campañas políticas y de marketing para modificar narrativas y generar consensos sociales artificialmente.

1.1. Inteligencia Artificial y Manipulación Predictiva

El desarrollo de la inteligencia artificial ha llevado a una hiperpersonalización de la persuasión. Algoritmos sofisticados analizan cada interacción digital —clics, búsquedas, tiempos de permanencia en pantalla, para predecir y modificar comportamientos de manera individualizada.

Ejemplos:

- **Cambridge Analytica:** Se demostró cómo los datos de redes sociales pueden segmentar poblaciones y dirigir mensajes específicos para influir en decisiones electorales.

- **Neuromarketing:** Grandes corporaciones emplean técnicas como la resonancia magnética funcional (FMRI) para observar cómo responde el cerebro a distintos estímulos, ajustando campañas publicitarias para hacerlas irresistibles.

- **Sistemas de recomendación:** Plataformas como YouTube, Netflix y Amazon utilizan IA para reforzar sesgos ideológicos o patrones de consumo, atrapando a los usuarios en burbujas de información.

Caso Real: Experimentos de Facebook sobre el Estado de Ánimo

En 2014, Facebook realizó un experimento secreto manipulando los feeds de casi 700.000 usuarios para evaluar cómo los cambios en el contenido afectaban sus emociones. Se demostró que la plataforma podía inducir estados emocionales positivos o negativos sin que los usuarios fueran conscientes.

1.2. Neuropolítica: ¿Quién Controla la Narrativa?

La aplicación de la neurociencia a la política ha dado lugar a la neuropolítica, un campo donde los discursos son diseñados para activar zonas específicas del cerebro asociadas a la emoción y la identidad grupal. En este contexto, los líderes políticos no solo persuaden con argumentos, sino que manipulan la percepción del electorado a nivel neurológico.

Tácticas frecuentes:

- **El uso del miedo en campañas políticas:** Mensajes que activan la amígdala cerebral generan respuestas emocionales intensas que favorecen posturas autoritarias.

- **El framing cognitivo:** Palabras cuidadosamente elegidas pueden redefinir un problema (por ejemplo, "reforma laboral" en lugar de reducción de derechos laborales).

- **El control de narrativas en redes sociales:** Bots y trolls diseñados para generar tendencias y reforzar la polarización social.

Caso Real: La Campaña del Brexit Reino Unido. Estudios demostraron que la campaña a favor del Brexit utilizó técnicas de psicometría avanzada para dirigir mensajes específicos a distintos grupos, activando emociones de miedo e identidad nacionalista. Esta Campaña utilizó un conjunto de estrategias políticas, mediáticas y sociales desplegadas antes del referéndum del 23 de junio de 2016, en el cual el Reino Unido votó por salir de la Unión Europea. Este proceso fue altamente polarizante, emocional y marcado por desinformación, nacionalismo y preocupaciones sobre la soberanía y la inmigración.

1.3. El Futuro del Control Mental

A medida que la neurotecnología avanza, surgen preocupaciones sobre la posibilidad de una intervención directa en la mente humana. Empresas como Neuralink de (Elon Musk) ya trabajan en interfaces cerebro-máquina que, si bien tienen aplicaciones médicas, también podrían utilizarse para influir en el pensamiento de maneras que hoy apenas podemos imaginar.

Posibles amenazas:

- Implantes neuronales con acceso a datos privados y emociones.

- Uso de estimulación cerebral para modificar estados emocionales o inducir conformidad.

- Control cognitivo mediante frecuencias electromagnéticas.

La línea entre la mejora tecnológica y el control mental se vuelve cada vez más difusa, lo que exige una vigilancia ética rigurosa.

1.4. Perspectivas Éticas y Filosóficas

El uso de la neurociencia con fines de manipulación plantea interrogantes profundos sobre la libertad y la dignidad humana.

Algunas cuestiones clave:

- **Autonomía y libre albedrío:** ¿Qué tan libres somos si nuestras emociones y pensamientos pueden ser inducidos por tecnología?

- **Desigualdad cognitiva:** Si solo las élites tienen acceso a herramientas de manipulación neurocientífica, ¿se profundizarán las desigualdades sociales?

- **Transparencia y consentimiento:** ¿Deberían los gobiernos y empresas informar explícitamente sobre estas prácticas?

Caso Real: China y el Crédito Social Este sistema monitorea el comportamiento ciudadano y ajusta sus oportunidades sociales según un índice de "confiabilidad". Aunque se presenta como herramienta de orden, funciona como un sofisticado mecanismo de control psicológico y disciplinamiento social.

La neurociencia ha demostrado que la realidad es maleable. Quienes controlan la información, controlan también la percepción y, con ella, el pensamiento. Las estrategias de manipulación cognitiva, impulsadas por los avances en neurociencia, no solo afectan las decisiones de los individuos, sino que configuran la estructura misma de la sociedad.

En este contexto, la gobernanza moderna se convierte en un sofisticado sistema de regulación que, bajo el pretexto del orden y la estabilidad, emplea mecanismos de persuasión, censura y control de la información para moldear el comportamiento colectivo. La manipulación mental ya no es una cuestión del futuro: es una realidad presente que transforma la política, la economía y la vida cotidiana.

El dominio ya no necesita represión directa. Opera a través del deseo, la emoción y la narrativa. La manipulación del individuo se convierte en manipulación masiva. Frente a ello, la única defensa efectiva es la educación crítica, la soberanía cognitiva y la vigilancia ética. La lucha por la libertad mental es hoy una necesidad urgente.

Síntesis Crítica

El capítulo sobre neurociencia y manipulación cognitiva ha expuesto cómo el conocimiento sobre el cerebro humano se ha convertido en un arma de control. Desde la publicidad hasta las campañas políticas, las estrategias de manipulación juegan con los sesgos cognitivos y las respuestas neurológicas para dirigir el pensamiento y la conducta. Sin embargo, lo verdaderamente inquietante es que estos mecanismos no operan de manera aislada, sino que forman parte de un entramado más amplio en el que las instituciones de poder diseñan y aplican estos conocimientos con fines de dominación. La gobernanza, lejos de ser un ejercicio meramente administrativo, se ha transformado en una maquinaria de control que emplea estas técnicas para consolidar su autoridad sobre las masas.

Aprendizajes Clave

- **El cerebro es altamente influenciable** → Las emociones, los recuerdos y la toma de decisiones pueden ser alterados mediante estímulos externos diseñados estratégicamente.

- **La manipulación cognitiva es sutil pero efectiva** → Las técnicas psicológicas y neurológicas permiten moldear las percepciones sin que las personas sean plenamente conscientes de ello.

- **La neurociencia aplicada al control social** → Gobiernos, corporaciones y medios de comunicación utilizan estos avances para influir en la opinión pública y reforzar estructuras de poder.

- **La conexión entre control mental y gobernanza** → La manipulación no solo busca influir en individuos, sino que se integra en sistemas de gobierno y regulación para ejercer un dominio más amplio sobre la sociedad.

Preguntas de Reflexión

1. ¿Hasta qué punto nuestras decisiones son realmente nuestras y no el resultado de técnicas de manipulación cognitiva?

2. Si la neurociencia permite influir en la mente humana, ¿deberían existir límites éticos en su aplicación dentro de la política y la economía?

3. ¿Cómo podemos identificar y resistir las formas de manipulación que afectan nuestro pensamiento y comportamiento?

4. ¿Qué papel juegan las instituciones gubernamentales en la aplicación de estrategias de manipulación masiva?

5. ¿La gobernanza moderna se basa en la persuasión y el consenso real o en la manipulación sistemática de la percepción pública?

CAPITULO XV
GOBERNANZA Y MANIPULACIÓN

"El control no se ejerce únicamente a través de la fuerza, sino mediante la habilidad de moldear las percepciones y dirigir la voluntad colectiva."
— Inspirado en Orwell.

El presente capítulo examina cómo las estrategias de manipulación se institucionalizan en la gobernanza, consolidando un modelo de poder que perpetúa los intereses de las élites mediante mecanismos como la propaganda, la vigilancia, la censura y la regulación de la información.

Desde tiempos antiguos, los gobiernos han comprendido el valor de influir en las percepciones, creencias y comportamientos de las masas. Líderes políticos, regímenes autoritarios e incluso sistemas democráticos han utilizado diversas técnicas —desde la propaganda hasta la manipulación algorítmica— para sostener su legitimidad y ejercer control sobre la población.

En la era contemporánea, donde el poder se despliega a través de redes complejas de influencia, la manipulación no solo es una herramienta política, sino un instrumento central de gobernanza. Estrategias como el populismo emocional, la ingeniería social y el discurso polarizante erosionan la confianza institucional y profundizan la fragmentación social. Al explorar las estrategias y herramientas empleadas por los gobiernos para influir en las masas, arrojamos luz sobre un aspecto fundamental del poder y la manipulación en la sociedad contemporánea. Comprender estas dinámicas es fundamental para evidenciar las fuerzas que moldean la opinión pública y la acción colectiva. Solo así será posible imaginar formas de resistencia y transformación que promuevan una democracia más genuina.

1. PROPAGANDA GUBERNAMENTAL

La propaganda ha sido una herramienta poderosa utilizada por los líderes políticos a lo largo de la historia para influir en las percepciones y creencias de la población. Desde las civilizaciones antiguas hasta los regímenes contemporáneos, la propaganda ha desempeñado un papel crucial en la consolidación del poder y la legitimación de los gobiernos. Estos han perfeccionado sus métodos para modelar las creencias y el comportamiento social a través de medios visuales, discursivos y tecnológicos.

1.1. Evolución histórica de la propaganda gubernamental

La historia de la propaganda gubernamental se remonta a la antigüedad, donde los líderes utilizaban símbolos y narrativas para legitimar su autoridad y movilizar a las masas. En la Roma antigua, por ejemplo, los emperadores promovían su imagen a través de monumentos y ceremonias públicas, mientras que en la China imperial, los gobernantes utilizaban edictos y escritos oficiales para difundir su mensaje.

Durante la Edad Media y el Renacimiento, la propaganda religiosa ejerció una influencia dominante. La Iglesia Católica, en particular, empleó diversas formas de expresión artística, como la pintura, la escultura y la música, así como sermones persuasivos, para moldear las creencias y dirigir los comportamientos de sus fieles. Posteriormente, la invención de la imprenta marcó un punto de inflexión, facilitando la difusión de la propaganda política. Líderes como Martín Lutero aprovecharon esta nueva tecnología para publicar panfletos reformistas que cuestionaban directamente el poder establecido por la Iglesia Católica.

La Revolución Industrial y el surgimiento de los medios de comunicación de masas marcaron un punto de inflexión en la historia de la propaganda. Los gobiernos comenzaron a utilizar periódicos, carteles y películas para difundir su mensaje y manipular la opinión pública. Durante las dos guerras mundiales, la propaganda se convirtió en una herramienta crucial de movilización y control, con regímenes totalitarios como la

Alemania nazi y la Unión Soviética utilizando medios de comunicación estatales para promover su ideología y demonizar al enemigo.

En la era contemporánea, la propaganda gubernamental ha evolucionado con el advenimiento de la televisión, Internet y las redes sociales. Los gobiernos ahora tienen acceso a una gama más amplia de herramientas y plataformas para influir en las percepciones y comportamientos de la población. Desde la desinformación en línea hasta la manipulación de algoritmos, la propaganda gubernamental continúa siendo una fuerza poderosa en el mundo moderno, desafiando a los ciudadanos y socavando la democracia.

Ejemplos Históricos de Propaganda Gubernamental

Desde hace mucho tiempo, diversos gobiernos han recurrido a la propaganda como una herramienta para influir en la opinión pública. Un ejemplo paradigmático es la propaganda en la Alemania nazi. El régimen nazi implementó una estrategia mediática integral que abarcó carteles impactantes, la producción de películas con carga ideológica y el control de los periódicos. El objetivo central era doble: promover la ideología nazi en la población alemana y, simultáneamente, demonizar a grupos específicos considerados enemigos del Estado, como los judíos y los comunistas.

Otro período crucial en el uso de la propaganda gubernamental fue la Guerra Fría. Durante este enfrentamiento ideológico global, tanto Estados Unidos como la Unión Soviética desplegaron extensas campañas propagandísticas. Su meta era clara: promover sus respectivos sistemas de creencias y ganar apoyo a nivel internacional.

Estas campañas se manifestaron a través de emisiones de radio dirigidas a audiencias extranjeras, programas de televisión diseñados para influir en las percepciones y campañas de prensa estratégicamente elaboradas para moldear la opinión pública mundial.

Con la llegada de Internet y la proliferación de las redes sociales, la propaganda gubernamental ha evolucionado hacia técnicas de manipulación más sofisticadas. En la propaganda en la era digital, los gobiernos han empleado tácticas avanzadas que incluyen la difusión de desinformación en línea y la manipulación de algoritmos de las plataformas digitales. El objetivo de estas acciones es influir en procesos electorales y desestabilizar políticamente a otros países. Un caso concreto es el de Rusia, que ha sido acusada de interferir en las elecciones de varias naciones occidentales mediante campañas de desinformación en línea y la propagación de teorías de conspiración.

El control de la información constituye una herramienta poderosa que los gobiernos utilizan para moldear las percepciones y creencias de su población. Las tácticas empleadas son diversas y abarcan desde la imposición de censura sobre los medios de comunicación hasta la manipulación de su contenido y la propagación deliberada de desinformación. El objetivo final de estas estrategias es influir en la opinión pública de manera que se garantice la permanencia del gobierno en el poder.

Estos ejemplos históricos ilustran cómo la propaganda gubernamental ha sido un instrumento constante para influir en la opinión pública y consolidar el poder a lo largo del tiempo. Su trayectoria evolutiva está intrínsecamente ligada a los avances tecnológicos y los cambios en el panorama político global. Sin embargo, más allá de las transformaciones en sus métodos, subyace una persistente realidad: la presencia de mecanismos de manipulación en la sociedad humana.

Hoy en día, el control informativo adopta formas más sofisticadas y menos evidentes. La censura ya no se manifiesta solo en la prohibición directa, sino en la saturación de contenidos irrelevantes, la creación de narrativas únicas y el silenciamiento de voces disidentes mediante algoritmos opacos. Las redes sociales se han convertido en herramientas estratégicas para moldear el debate público, polarizar a la sociedad y fragmentar el consenso.

2. MÉTODOS PARA CONTROLAR Y MANIPULAR

• **Censura**: La censura es una de las formas más directas de control de la información, en la que el gobierno restringe o prohíbe la difusión de ciertos contenidos considerados perjudiciales o subversivos. Esto puede incluir la prohibición de ciertos libros, películas, sitios web o medios de comunicación que critiquen al gobierno.

• **Manipulación de los medios de comunicación:** Los gobiernos a menudo buscan influir en la cobertura mediática a través de la manipulación de los medios de comunicación estatales o la cooptación de los medios de comunicación privados. Esto puede implicar la emisión de propaganda gubernamental disfrazada de noticias objetivas, el soborno de periodistas o la imposición de regulaciones que limiten la libertad de prensa.

• **Desinformación:** La desinformación es una táctica común utilizada por los gobiernos para confundir y engañar a la población. Esto puede implicar la difusión de noticias falsas, la manipulación de imágenes y videos, o la creación de perfiles falsos en redes sociales para difundir propaganda y desacreditar a los críticos del gobierno.

La censura, la manipulación de los medios de comunicación y la desinformación son herramientas poderosas utilizadas por los gobiernos para controlar la narrativa y suprimir la disidencia. Sin embargo, estas tácticas también socavan los principios fundamentales de la democracia y la libertad de expresión. Al limitar el acceso a la información y distorsionar la verdad, los gobiernos pueden perpetuar su dominio sobre la población y evitar la rendición de cuentas por sus acciones.

Es crucial que los ciudadanos estén alerta ante estas tácticas y busquen fuentes de información confiable y verificada. Además, es importante que la sociedad civil y los defensores de los derechos humanos denuncien y resisten cualquier intento de censura o manipulación por parte de los gobiernos. Solo a través de un compromiso continuo con la transparencia y la libertad de expresión podemos proteger la integridad de nuestra democracia y salvaguardar los derechos fundamentales de todos los ciudadanos.

3. TECNOLOGÍAS DE VIGILANCIA Y CONTROL: INSTRUMENTOS DE GOBERNANZA

Aunque ya abordamos en profundidad el fenómeno de la vigilancia tecnológica, es necesario retomarlo brevemente aquí para comprender cómo estas herramientas se han entrelazado con la lógica de la gobernanza contemporánea. En las últimas décadas, el desarrollo acelerado de tecnologías como la vigilancia en línea, el reconocimiento facial y la inteligencia artificial ha brindado a los Estados una capacidad sin precedentes para monitorear, perfilar y condicionar a sus ciudadanos.

- **Vigilancia en línea**: A través del monitoreo masivo de comunicaciones correos electrónicos, redes sociales, llamadas telefónicas los gobiernos ejercen una supervisión constante que les permite mapear conductas, anticipar movimientos sociales e identificar focos de disidencia.

- **Inteligencia artificial**: Aplicada al análisis de grandes volúmenes de datos, la IA no solo detecta comportamientos considerados "sospechosos", sino que permite construir sistemas predictivos que pueden influir en decisiones políticas, judiciales y policiales.

- **Reconocimiento facial**: Utilizado en espacios públicos, fronteras y centros urbanos, esta tecnología facilita una vigilancia ubicua y silenciosa, con el riesgo latente de ser utilizada para la represión selectiva o la discriminación estructural.

En este contexto, las tecnologías de vigilancia ya no pueden entenderse simplemente como instrumentos de seguridad, sino como engranajes claves de una gobernanza tecnocrática que privilegia la obediencia y la eficiencia por encima de la libertad. Su implementación debe ser observada críticamente, exigiendo marcos éticos y legales que protejan a los ciudadanos de una deriva autoritaria maquillada de modernidad.

4. ESTRATEGIAS PARA INFLUIR EN EL COMPORTAMIENTO Y LAS ACTITUDES DE LA POBLACIÓN:

• **Propaganda política:** La propaganda política es una técnica utilizada por los gobiernos para promover su agenda y demonizar a los oponentes políticos. Esto puede incluir la difusión de información sesgada o engañosa a través de medios de comunicación controlados por el estado o campañas publicitarias financiadas por el gobierno.

• **Manipulación electoral:** Los gobiernos a menudo intentan manipular los procesos electorales para garantizar resultados favorables. Esto puede incluir prácticas como el fraude electoral, la intimidación de votantes, la supresión de votantes y el uso de tácticas de desinformación para influir en el resultado de las elecciones.

• **Uso de encuestas de opinión:** Las encuestas de opinión son una herramienta comúnmente utilizada por los gobiernos para medir la opinión pública y ajustar sus estrategias de comunicación en consecuencia. Sin embargo, también pueden ser utilizadas de manera sesgada o manipulada para crear la ilusión de un apoyo generalizado a ciertas políticas o líderes políticos.

Estas son solo algunas estrategia de cómo los gobiernos utilizan políticas de manipulación social para influir en la percepción pública y garantizar su permanencia en el poder. Es importante que los ciudadanos estén alerta ante estas tácticas y busquen fuentes de informaciones independientes y verificadas para formar sus propias opiniones sobre los asuntos políticos y sociales.

El poder moderno ya no necesita imponer su autoridad a través de la violencia abierta; en su lugar, ha perfeccionado el arte de la persuasión y la ingeniería del consentimiento. Walter Lippmann advertía que las masas no pueden gobernarse a sí mismas, por lo que las élites deben "moldear" la opinión pública para mantener el orden. Pero, ¿quién decide qué es el orden? ¿Y quién se beneficia de esta supuesta estabilidad? Los gobiernos han entendido que la propaganda más efectiva no es la que impone ideas de manera explícita, sino aquella que las introduce como sentido común.

A través del control mediático, la regulación económica y el discurso político, la manipulación se ha sofisticado hasta el punto de volverse invisible. No se trata solo de propaganda estatal, sino de una red de intereses entre corporaciones, grupos de poder y organismos internacionales que diseñan la realidad a su conveniencia. En este panorama, la resistencia no puede limitarse a denunciar las estrategias de manipulación; debe ser capaz de generar una nueva narrativa, una nueva forma de organización que rompa con la lógica de la gobernanza basada en la obediencia pasiva. ¿Estamos preparados para reclamar el derecho a pensar, decidir y gobernarnos fuera de los márgenes que nos han impuesto?

Es cierto que los gobiernos a menudo emplean la propaganda, la vigilancia y diversas estrategias de manipulación para influir en la sociedad, moldeando actitudes y comportamientos para mantener su poder. Sin embargo, a pesar de la aparente solidez de estos mecanismos de control, la historia ha demostrado que ningún sistema es completamente hermético. Siempre existen fisuras que permiten la emergencia de desafíos y oposiciones, algunas espontáneas y otras organizadas, que buscan contrarrestar su influencia.

Históricamente, toda estructura de poder ha generado respuestas de resistencia. En este sentido, comprender las tácticas de manipulación es el primer paso para desarrollar estrategias de contrarresto. La capacidad de la población para reconocer y desafiar estas formas de control es esencial para la construcción de sociedades más equitativas y participativas.

Si el capítulo anterior desveló las complejas arquitecturas de la gobernanza y su instrumentalización para la manipulación, el siguiente paso lógico de esta exploración nos adentra en un terreno aún más íntimo y fundamental: la biopolítica. El enfoque se desplaza hacia un tipo de poder que se inscribe directamente en los cuerpos y en la gestión de la población, revelando una dimensión más profunda e inquietante del control.

Síntesis Crítica

El análisis de la gobernanza y la manipulación revela un entramado de estrategias que los gobiernos y las élites utilizan para consolidar su poder. A través de la propaganda, el control de la información, la vigilancia masiva y la ingeniería social, se moldean percepciones y comportamientos colectivos con el propósito de mantener el statu quo. Sin embargo, estos mecanismos no solo operan en el ámbito político, sino que también se extienden a la economía, la educación y la cultura, reforzando un modelo de dominación que, si bien efectivo, no está exento de desafíos y contradicciones.

Aprendizajes Clave

- **El poder de la propaganda**: Los gobiernos y actores influyentes utilizan narrativas persuasivas para moldear la percepción pública, justificando sus acciones y reduciendo la disidencia.

- **Técnicas de manipulación social**: Desde la censura hasta la desinformación, las estrategias de control buscan limitar el pensamiento crítico y fomentar la obediencia.

- **Vigilancia y control tecnológico**: El uso de herramientas digitales y algoritmos de monitoreo ha aumentado. la capacidad de los estados y corporaciones para supervisar y condicionar el comportamiento de la población.

- **Impacto en la autonomía ciudadana**: La combinación de estas estrategias debilita la participación democrática real y restringe la capacidad de acción colectiva.

Preguntas para la Reflexión

1. ¿De qué manera la propaganda gubernamental influye en nuestra percepción de la realidad y en nuestras decisiones cotidianas?

2. ¿Cómo podemos identificar y contrarrestar las técnicas de manipulación en nuestro entorno?

3. ¿Hasta qué punto la tecnología, en su rol de vigilancia, representa una amenaza a la libertad individual y colectiva?

4. ¿Existen ejemplos históricos o actuales en los que la ciudadanía haya logrado revertir los efectos de la manipulación y el control social?

5. ¿Qué estrategias individuales y colectivas podemos implementar para fortalecer la resistencia frente a estas formas de dominio?

CAPÍTULO XVI
BIOPOLÍTICA Y CONTROL DE LA POBLACIÓN

"El poder no actúa oprimiendo la vida, sino organizándola, vigilándola y regulándola."

— *Michel Foucault*

En tiempos de crisis sanitarias, guerras y desastres naturales, los Estados y las élites globales toman decisiones que afectan directamente la vida y la muerte de las poblaciones. Este capítulo profundiza en cómo la biopolítica —un concepto introducido en el Capítulo II: *Teorías del poder*— se manifiesta como una herramienta de gobernanza en estos contextos.

La biopolítica, según Foucault, es una tecnología de poder propia de la modernidad, centrada en la gestión de la vida mediante mecanismos como la salud pública y la regulación demográfica. En el siglo XXI, su relevancia crítica se hace evidente en fenómenos como las pandemias, la biotecnología y los sistemas de control digital, exigiendo un análisis ampliado.

Los Estados, las corporaciones y las crisis transforman este marco teórico en instrumentos concretos de vigilancia, exclusión y resistencia. Lo que en Foucault era una categoría analítica, hoy se materializa en pasaportes sanitarios, edición genética y algoritmos predictivos. Esta transformación requiere una reflexión ética y política urgente.

El control sobre la salud, la reproducción y el bienestar se convierte en una herramienta que puede beneficiar a la sociedad, pero también ser utilizada para el sometimiento.

1. ORÍGENES Y FUNDAMENTOS DE LA BIOPOLÍTICA

El concepto de biopolítica fue desarrollado por el filósofo Michel Foucault para describir cómo los gobiernos ejercen poder sobre la vida de las personas, regulando la salud, la natalidad y la mortalidad. Este enfoque ha sido clave en el desarrollo de políticas de control poblacional y de gestión de crisis sanitarias.

Ejemplos históricos:

- **La Revolución Industrial y el control sanitario**: Creación de sistemas de salud para mejorar la productividad laboral.

- **Eugenesia en el siglo XX**: Programas de esterilización forzada en EE.UU. y Europa, justificaron esterilizaciones forzadas y selección de poblaciones.

- **Políticas de control demográfico en China**: La política del hijo único y sus consecuencias.

1.1. Pandemias y Control Social

La pandemia de COVID-19 evidenció cómo los gobiernos pueden ejercer un control sin precedentes sobre la población. Medidas como confinamientos, pasaportes sanitarios y vigilancia digital crearon un nuevo paradigma en la relación entre salud pública y libertad individual.

Casos clave:

- **Restricciones de movilidad y confinamientos**: Impacto en la economía y la libertad personal. Se presentaron como medidas de protección, pero también sirvieron para evaluar la disposición de la población a aceptar restricciones de movilidad y control de información.

- **Pasaportes sanitarios**: Uso de certificados de vacunación para acceder a espacios públicos. Durante la pandemia de COVID-19 la exigencia de certificados de vacunación redefinió las libertades individuales y el acceso a servicios esenciales.

- **Manipulación del discurso científico**: Cómo la información fue utilizada para justificar medidas extremas.

1.2. Gobernanza de la Salud y la Redefinición de la Libertad

La gestión de pandemias y crisis sanitarias implica decisiones políticas que afectan derechos individuales.

- **Órganos supranacionales y control sanitario:** La OMS y el Foro Económico Mundial han promovido estrategias globales que limitan la soberanía nacional en temas de salud.

- **Dilema entre seguridad y libertad:** Las medidas de confinamiento y la digitalización del monitoreo abrieron el debate sobre cuánta libertad debe sacrificarse por seguridad sanitaria.

- **El impacto en los derechos humanos:** La imposición de normativas restrictivas llevó a protestas en varios países, con ciudadanos cuestionando el rol de los Estados en la administración de la salud.

1.3. Biotecnología: ¿Progreso o Herramienta de Control?

La revolución biotecnológica ofrece posibilidades de mejora en la salud, pero también plantea riesgos de manipulación y control poblacional.

Avances y desafíos:

- **Edición genética (CRISPR):** ¿Una solución para enfermedades o una forma de selección eugenética? Puede prevenir enfermedades, pero también usarse para la selección de rasgos humanos.

- **Implantes biomédicos:** Prometen mejoras cognitivas, aunque podrían permitir el monitoreo mental. Empresas como Neuralink trabajan en interfaces cerebro-máquina con potencial para la vigilancia del pensamiento.

- **Uso de datos biométricos:** Identificación facial, huellas digitales y reconocimiento de emociones aplicados al control social.

1.4. Aspectos Legales y Regulatorios

Las regulaciones internacionales intentan equilibrar el avance tecnológico con la protección de los derechos humanos, pero a menudo se ven superadas por los intereses corporativos y gubernamentales.

Principales marcos regulatorios

- **El Reglamento General de Protección de Datos (GDPR) en Europa**: Aporta protecciones clave, pero tiene limitaciones frente al poder de las big tech. ¿Suficiente para proteger la privacidad?

- **Leyes de privacidad en EE.UU.**: Falta de regulación sólida frente a las grandes tecnologías. Esta ausencia de una ley federal sólida deja a los ciudadanos vulnerables.

- **Bioética y derechos humanos**: Se requiere un marco legal internacional actualizado para regular biotecnología y salud digital.

1.5. Futuro del Control Biopolítico

A medida que la tecnología avanza, el control sobre la población se vuelve más sofisticado. Se vislumbran nuevas formas de regulación de la vida humana a través de la inteligencia artificial y el uso de datos biométricos.

Tendencias emergentes

- **Monedas digitales controladas por el estado**: Relación entre identidad biológica y acceso financiero.

- **Nanotecnología en la salud**: Dispositivos implantables podrían mejorar la calidad de vida, pero también convertir a los humanos en objetos de monitoreo constante.

- **Control de natalidad tecnológico**: Programas gubernamentales de planificación familiar a través de la tecnología.

El avance de la biopolítica plantea un dilema fundamental: ¿Cómo equilibrar la protección de la salud pública con la garantía de las libertades individuales? La educación, el activismo y el desarrollo de tecnologías descentralizadas pueden ofrecer alternativas a un futuro dominado por el control total de la vida humana.

2. DEBATE FILOSÓFICO Y ÉTICO: BIOPOLÍTICA Y LA LIBERTAD INDIVIDUAL

El avance del control biopolítico genera una serie de dilemas éticos sobre la relación entre el Estado, la tecnología y la autonomía individual. Desde una perspectiva filosófica, la cuestión central es: ¿hasta qué punto es legítimo que los gobiernos regulen la vida humana en nombre del bienestar colectivo.

2.1. La Biopolítica como Herramienta de Poder

Michel Foucault explicó que la biopolítica no solo se aplica en crisis sanitarias, sino que se convierte en un mecanismo permanente de control, estructurando la sociedad a través de políticas de salud, reproducción y vigilancia. Esto plantea preguntas sobre quién decide qué vidas son prioritarias y bajo qué criterios.

Ejemplos éticos:

- **Triaje médico:** Durante la pandemia de COVID-19, algunos países priorizaron en hospitales, a ciertos pacientes según su edad o comorbilidades.

- **Justificaciones filosóficas:** ¿Es moralmente aceptable asignar recursos médicos en función de la utilidad social de una persona?

Desde el utilitarismo (Bentham, Mill), estas medidas pueden justificarse si benefician a la mayoría, pero desde el deontologismo kantiano, todas las vidas tienen igual valor y no deben ser instrumentalizadas.

2.2. Tecnología, Vigilancia y Autonomía

El uso de tecnologías biométricas y el rastreo digital han transformado la biopolítica en una forma de vigilancia masiva. Durante la pandemia, aplicaciones de rastreo, identificación facial y pasaportes sanitarios redefinieron la relación entre el individuo y el Estado.

- **Thomas Hobbes vs. y John Locke:** Hobbes, prioriza la seguridad y la estabilidad, justificando el uso de la tecnología de vigilancia como una herramienta necesaria para mantener el orden, incluso si eso significa sacrificar la autonomía y la privacidad. Locke priorizaría la libertad y los derechos individuales, viendo la vigilancia masiva como una amenaza tiránica que el pueblo tiene el derecho de resistir, y la tecnología como una fuerza que debe empoderar a los ciudadanos, no al Estado.

- **Ejemplo:** El sistema de crédito social en China, que monitorea el comportamiento ciudadano y restringe libertades en función del cumplimiento de normas impuestas por el Estado.

¿Estamos ante una nueva forma de biopolítica digital, donde la identidad biológica y el acceso a derechos dependen de un puntaje de comportamiento?

2.3. Biotecnología y el Futuro de la Libertad Individual

Los avances en ingeniería genética, nanotecnología e interfaces cerebro-máquina ofrecen posibilidades extraordinarias para mejorar la vida humana, pero también abren la puerta a una nueva eugenesia biopolítica.

Desde una perspectiva ética, Jürgen Habermas advierte que la manipulación genética y la bioingeniería pueden generar una nueva forma de totalitarismo biológico, donde el ser humano deja de ser autónomo y pasa a estar programado por el poder estatal o corporativo.

El avance del control biopolítico plantea un dilema fundamental: ¿cómo equilibrar la protección de la salud pública con la garantía de las libertades individuales?

- Si la biopolítica es utilizada para el bienestar colectivo, puede ser una herramienta de progreso.

- Si es utilizada como un mecanismo de dominio, puede derivar en un futuro de vigilancia absoluta y manipulación biológica.

La educación, el activismo y el desarrollo de tecnologías descentralizadas como el blockchain pueden ofrecer alternativas a un mundo donde la biopolítica esté dominada por el control total de la vida humana.

La biopolítica ha evolucionado desde regulaciones sanitarias hasta sofisticadas formas de control basadas en la biotecnología y la vigilancia digital, revelándonos las sutiles y a menudo invisibles formas en que el poder se ejerce sobre la vida y la población. Sin embargo, la panoplia de herramientas a disposición de quienes buscan la influencia global no se limita a la gestión de los cuerpos y las poblaciones. En el siguiente capítulo, dirigiremos nuestra atención hacia una manifestación del poder mucho más tangible y, a menudo, determinante en el escenario mundial: la fuerza militar, un instrumento históricamente crucial en la configuración y el mantenimiento del orden global.

Síntesis Crítica

El desarrollo de la biopolítica ha permitido avances significativos en la salud pública y la seguridad social, pero también ha generado dilemas éticos sobre el derecho a la autonomía individual. A lo largo de este capítulo, se explora cómo las crisis han sido utilizadas como justificación para expandir el control estatal, cómo la biotecnología plantea interrogantes sobre la manipulación genética y cómo la vigilancia masiva redefine el concepto de libertad. En un mundo donde los datos biométricos y la inteligencia artificial juegan un papel central, el reto es evitar que la biopolítica se convierta en una herramienta de dominación en lugar de un mecanismo de bienestar colectivo.

Aprendizajes Clave

- La biopolítica es el ejercicio del poder sobre la vida y la salud de las personas, utilizada tanto para el bienestar como para el control social.

- Las pandemias y crisis han servido como catalizadores para expandir medidas de control, desde cuarentenas hasta vigilancia biométrica.

- La biotecnología ofrece avances para la salud, pero también plantea riesgos de manipulación genética y monitoreo constante.

- La relación entre biopolítica y libertad individual genera dilemas filosóficos que deben ser debatidos a nivel global.
- Las regulaciones actuales son insuficientes para proteger los derechos humanos ante el rápido avance de la tecnología de control.

Preguntas para la Reflexión

1. ¿Hasta qué punto es legítimo que un gobierno limite las libertades individuales en nombre de la salud pública?

2. ¿Cuáles son los riesgos de depender de tecnologías biométricas y vigilancia digital para gestionar la sociedad?

3. ¿Cómo podemos garantizar que la biotecnología se use para el bienestar sin derivar en formas de control poblacional?

4. ¿Es posible alcanzar un equilibrio entre seguridad y libertad en un mundo cada vez más digitalizado?

5. ¿Qué acciones puede tomar la sociedad civil para resistir abusos de poder basados en la biopolítica?

Capítulo XVII
LA FUERZA MILITAR HERRAMIENTA DE PODER GLOBAL

"El poder político proviene del cañón de un fusil."
— *Mao Zedong*

Desde el surgimiento de las primeras civilizaciones organizadas, la guerra ha sido una extensión natural de la política, un medio para consolidar territorios, sofocar rebeliones y proyectar hegemonía. Ningún poder político duradero ha evitado recurrir, en algún momento, a la violencia organizada para garantizar su supervivencia. En consecuencia, la historia de la humanidad es, en gran medida, la historia de sus conflictos bélicos.

La guerra ha sido una herramienta fundamental para la dominación global. Desde los imperios antiguos hasta las superpotencias modernas, el uso de la fuerza militar ha definido el curso de la humanidad, moldeando territorios, economías y estructuras de poder. Ejemplos históricos ilustran este patrón: los ejércitos de Alejandro Magno expandieron su influencia cultural y política, mientras que la maquinaria militar del Imperio Romano consolidó un modelo de control sin precedentes. Más tarde, las Cruzadas medievales y las guerras napoleónicas demostraron cómo el conflicto armado reconfiguraba fronteras y sistemas sociales. En la era moderna, este paradigma evolucionó hacia una "paz armada", donde el equilibrio geopolítico se basó en la amenaza constante. La diplomacia, lejos de ser un mecanismo autónomo, se convirtió en una extensión de la estrategia militar: las negociaciones dependían del poderío bélico, y la disuasión nuclear definió las relaciones internacionales durante el siglo XX.

1. LA GUERRA COMO EXTENSIÓN DEL PODER EN LA ERA MODERNA

En el siglo XX, la guerra adoptó nuevas dimensiones. Las potencias industriales comprendieron que el conflicto no solo era un medio de dominación territorial, sino también una fuente de acumulación de riqueza. La Segunda Guerra Mundial, la Guerra Fría y las innumerables intervenciones militares disfrazadas de "misiones humanitarias" en los siglos XX y XXI han demostrado que la guerra no es solo un acto de violencia, sino un negocio multimillonario controlado por una élite que se beneficia de la destrucción y la reconstrucción.

Hoy, la relación entre poder político, económico y militar es más evidente que nunca. Los países con mayor influencia global son aquellos que dominan la industria armamentista, mantienen bases militares en puntos estratégicos y controlan el flujo de conflictos alrededor del mundo. La guerra ya no es solo una confrontación entre naciones; es una herramienta sofisticada de control global utilizada por estados, corporaciones y élites transnacionales para rediseñar el mapa del poder.

Uno de los conceptos clave en la historia de la guerra es la "paz armada", un término que se popularizó en el periodo previo a la Primera Guerra Mundial. Este concepto describe un estado en el que las naciones mantienen grandes ejércitos y arsenales no necesariamente para la guerra inmediata, sino como una forma de disuasión y dominio. La diplomacia basada en la amenaza se ha convertido en una estrategia común, donde el poder militar sirve como respaldo para negociaciones políticas y económicas.

La relación entre el poder político, económico y militar es innegable. Las grandes potencias han desarrollado complejos militares-industriales que vinculan intrínsecamente la producción armamentista con el crecimiento económico y la estabilidad política. En muchas ocasiones, la guerra no ha sido solo una cuestión de seguridad nacional, sino también un negocio lucrativo que beneficia a corporaciones y gobiernos.

Sin embargo, en la modernidad tardía, la fuerza militar ha experimentado una transformación significativa. Ha trascendido su rol tradicional para convertirse en un mecanismo fundamental en la estructuración del orden global. La guerra ya no se limita a confrontaciones entre Estados; se ha consolidado como un dispositivo de control geopolítico, un instrumento de dominación económica y un mecanismo de disciplinamiento social.

En este sentido, la supremacía militar se articula de manera compleja con otros sistemas de control. Desde la continua expansión del complejo militar-industrial hasta la imposición de modelos de seguridad que, en nombre de la estabilidad global, a menudo justifican la restricción de derechos y libertades fundamentales.

La violencia organizada ha reconfigurado la estructura geopolítica del mundo. Ha llegado a definir las reglas mismas de la política y la economía global. En el siglo XXI, la militarización ya no es solo un medio para imponer el orden, sino un fin en sí mismo que legitima nuevas formas de intervención y vigilancia.

La pregunta fundamental ya no es únicamente quién ejerce la fuerza, sino cómo y por qué se justifica su uso sistemático. Esta lógica de la violencia regulada sostiene un orden global basado en la asimetría del poder, donde la fuerza no solo domina, sino que construye las narrativas que legitiman su permanencia.

En este contexto, la guerra se configura como un fenómeno multidimensional que trasciende el campo de batalla. Su impacto se extiende a múltiples ámbitos de la sociedad y de la política internacional, desde el complejo militar-industrial que perpetúa los conflictos, hasta las operaciones encubiertas y las guerras híbridas que redefinen las formas de confrontación. La militarización del ciberespacio y la expansión de las empresas militares privadas han transformado la guerra en un servicio globalizado, frío y calculador. En última instancia, la guerra en la era moderna no es solo una estrategia de dominación, sino una industria global. Quienes la controlan son los verdaderos arquitectos del poder mundial, operando desde las sombras para moldear el futuro del planeta según sus propios intereses.

2. EL COMPLEJO MILITAR-INDUSTRIAL: UN NEGOCIO DE GUERRA

2.1. Origen y Consolidación del Complejo Militar-Industrial

El término "complejo militar-industrial" fue popularizado por el presidente de EE.UU., Dwight D. Eisenhower, en su discurso de despedida en 1961, donde advirtió sobre la influencia creciente de la industria armamentista en la política y la economía de Estados Unidos. Sin embargo, sus raíces se remontan a la Revolución Industrial, cuando los avances tecnológicos comenzaron a ser aplicados a la guerra en una escala sin precedentes.

Durante la Segunda Guerra Mundial, la producción armamentista alcanzó niveles masivos, consolidando la alianza entre gobiernos, fabricantes de armas y grupos de poder económico. La Guerra Fría llevó esta relación a su máxima expresión, con la carrera armamentista entre EE.UU. y la URSS alimentando una industria bélica permanente. Hoy, el complejo militar-industrial sigue ejerciendo una enorme influencia en la toma de decisiones políticas y en la estrategia de seguridad global.

2.2. Producción Armamentista y su Impacto en la Economía Global

El sector armamentista es uno de los más rentables del mundo. En 2023, el gasto militar global alcanzó un récord de 2.24 billones de dólares, con EE.UU., China y Rusia a la cabeza[6]. Este gasto no solo impulsa la innovación en tecnología militar, sino que también genera millones de empleos y mantiene en funcionamiento una vasta red de empresas, desde fabricantes de armas hasta contratistas privados.

Sin embargo, esta dependencia de la economía de guerra plantea serios dilemas éticos y estratégicos. En muchos casos, los conflictos armados han servido como un medio para justificar inversiones multimillonarias en defensa, con políticas exteriores diseñadas para beneficiar a las empresas de armamento.

En paralelo, el gasto militar en países en desarrollo, el gasto militar suele implicar recortes significativos en áreas clave como salud, educación e infraestructura.

---

6. Instituto Internacional de Estudios para la Paz de Estocolmo (SIPRI), https://www.sipri.org.

2.3. Tráfico de Armas y su Papel en la Desestabilización de Regiones Estratégicas

El comercio ilegal de armas es una de las principales causas de la prolongación de conflictos en regiones como Medio Oriente, África y América Latina. Aunque los gobiernos son los principales exportadores de armas, gran parte de estas terminan en el mercado negro, alimentando a grupos terroristas, guerrillas y redes criminales. El tráfico de armas es facilitado por redes de corrupción y la falta de regulación en ciertos países. Empresas privadas y agencias de inteligencia han sido señaladas en múltiples ocasiones por su participación en operaciones encubiertas de suministro de armamento a grupos paramilitares, ya sea para desestabilizar gobiernos o para mantener conflictos activos con fines estratégicos.

Aspectos Clave:

- **Prolongación de Conflictos:** El flujo constante de armas ilegales alimenta a grupos armados, milicias y organizaciones criminales, permitiéndoles mantener conflictos activos durante períodos prolongados. Esto impide la resolución pacífica de disputas y genera ciclos de violencia que afectan a la población civil.
- **Facilitación del Tráfico:** Redes de corrupción, la falta de regulación en ciertos países y la participación de empresas privadas y agencias de inteligencia facilitan el tráfico de armas. Estas redes permiten que las armas lleguen a manos de actores no estatales, desestabilizando regiones enteras.

Presentamos algunos estudios de caso que ilustran el impacto del complejo militar-industrial en la política global, la economía y los conflictos internacionales:

Caso 1. La Guerra de Irak (2003): Una Intervención con Beneficiarios Económicos.

La guerra de Irak ejemplifica como existen beneficiarios económicos, que se enriquecen con los conflictos bélicos. Empresas privadas obtuvieron contratos multimillonarios para la reconstrucción de Irak y la provisión de servicios de defensa, y contratistas de defensa se beneficiaron enormemente de la venta de armas y sistemas de defensa. Esta invasión fue justificada por EE.UU. bajo el argumento de que el régimen de Saddam Hussein poseía armas de destrucción masiva. Sin embargo, nunca se encontraron tales armas.

El Papel del Complejo Militar-Industrial:

- **Halliburton**, empresa vinculada al entonces vicepresidente Dick Cheney, recibió contratos millonarios para reconstrucción.

- **Blackwater**, empresa de seguridad privada, asumió funciones militares.

- Contratistas defensa como **Lockheed Martin**, **Raytheon** y **Boeing** obtuvieron ganancias mediante la venta de armas y sistemas defensivos.

- **El Pentágono** aumentó su presupuesto, lo que fortaleció el poder de la industria armamentista en la política estadounidense.

Consecuencias:

- Gasto exuberante estimado en miles de millones de dólares.

- Irak quedó sumido en el caos, lo que facilitó la expansión de grupos como ISIS.

- Fortalecimiento del complejo militar-industrial en la política estadounidense.

Este caso deja en evidencia que las guerras modernas no se explican únicamente desde la geopolítica, sino desde intereses económicos profundamente arraigados.

Caso 2. La Guerra en Yemen- Un Conflicto Impulsado por el Comercio de Armas

Desde 2015, Yemen ha sido escenario de una devastadora guerra civil que expone con crudeza la conexión entre el comercio de armas, la geopolítica regional y la crisis humanitaria. El conflicto enfrenta a los hutíes —respaldados por Irán— contra el gobierno reconocido internacionalmente, apoyado por una coalición liderada por Arabia Saudita. Lejos de limitarse a un enfrentamiento interno, esta guerra representa una lucha de poder regional con intereses internacionales profundamente arraigados.

El suministro de armamento por parte de potencias extranjeras a ambos bandos ha sido determinante en la escalada del conflicto. La escasa regulación en la venta de armas ha permitido que tecnología militar occidental termine en manos de grupos extremistas, exacerbando la violencia y contribuyendo a uno de los peores desastres humanitarios del siglo XXI.

El Papel del Complejo Militar-Industrial:

- Arabia Saudita se ha convertido en uno de los principales compradores de armamento a países como EE.UU., Reino Unido y Francia.

- Empresas como **Lockheed Martin, Boeing** y **BAE Systems** han firmado contratos multimillonarios para proveer aviones de combate, misiles de precisión y sistemas tecnológicos de última generación.

Pese a las denuncias de crímenes de guerra y la sistemática violación de los derechos humanos, estas ventas han continuado, protegidas por intereses geopolíticos y enormes beneficios económicos.

Consecuencias:

- Se estima que más de **377,000** personas han muerto en el conflicto, muchas por hambre y enfermedades causadas por el colapso de la infraestructura.[7]

- Yemen se convirtió en el escenario de una guerra "proxy" entre Irán y Arabia Saudita, con armamento suministrado por potencias extranjeras.

- Armas vendidas a gobiernos "aliados" han sido desviadas o reutilizadas por grupos terroristas como Al-Qaeda en la Península Arábiga.

Este caso demuestra cómo los intereses del complejo militar-industrial pueden anteponerse abiertamente a las consideraciones éticas, humanitarias y de legalidad internacional.

---

7. Programa de las Naciones Unidas para el Desarrollo (PNUD). (2021). *Assessing the impact of war in Yemen: Pathways for recovery*. https://www.undp.org/publications/assessing-impact-war-yemen

Caso 3. Los Diamantes de Sangre

En países como Sierra Leona, Liberia y la República Democrática del Congo, la venta ilegal de diamantes — conocidos como "diamantes de sangre"— ha sido una fuente principal de financiamiento para los conflictos armados. Este caso ilustra claramente cómo el comercio ilícito de recursos naturales alimenta el tráfico de armas. Milicias y grupos rebeldes utilizan los ingresos obtenidos de la venta de estos diamantes para adquirir armamento en el mercado negro, lo que prolonga los conflictos y genera graves violaciones de derechos humanos.

El Papel del Complejo Militar-Industrial:

- Milicias y grupos rebeldes han comprado armas en el mercado negro con dinero obtenido de la venta de recursos naturales.

- Empresas de armas de Europa del Este, China y EE.UU. han sido acusadas de suministrar armas a estos grupos a cambio de minerales valiosos.

- La falta de regulación en el comercio de armas ha permitido que rifles de asalto, lanzacohetes y municiones lleguen a zonas de conflicto sin control.

Consecuencias:

- Conflictos prolongados por décadas debido al fácil acceso a armamento.

- Millones de muertos y desplazados.

- Intervenciones militares extranjeras justificadas como "misiones de paz", pero con intereses económicos en juego.

Implicaciones:

- El tráfico de armas desestabiliza regiones enteras, generando violencia, desplazamientos masivos y crisis humanitarias.

- Fortalece a grupos armados y organizaciones criminales, socavando la seguridad y el Estado de derecho.

- Contribuye a la corrupción y la impunidad, dificultando el desarrollo económico y social.

Es esencial abordar el tráfico de armas de manera integral, fortaleciendo la regulación, combatiendo la corrupción.

3. OPERACIONES ENCUBIERTAS Y GOLPES DE ESTADO

Los arquitectos del poder utilizan estrategias de intervención encubierta para reconfigurar el panorama político y económico a su favor. Entre estas estrategias destacan las intervenciones militares disfrazadas de "misiones humanitarias", los golpes de Estado dirigidos desde el exterior y la manipulación de conflictos internos mediante agencias de inteligencia.

3.1. Intervenciones Militares Disfrazadas de "Misiones Humanitarias"

El discurso humanitario se ha convertido en una herramienta de justificación para la intervención militar. Desde finales del siglo XX, narrativas como los "derechos humanos", la "democracia" y la "lucha contra el terrorismo" han servido para legitimar invasiones y ocupaciones estratégicas, pero en realidad, buscan respaldar objetivos geopolíticos y económicos.

Estrategias utilizadas:

- **Demonización del enemigo**: Se presentan gobiernos o líderes como "dictadores", "opresores" o "amenazas a la seguridad mundial".

- **Manipulación mediática**: Se amplifican crisis humanitarias mediante imágenes de civiles en peligro, testimonios selectivos e informes de ONGs alineadas con agendas occidentales.

- **Creación de alianzas internacionales**: Se utilizan organismos como la ONU, la OTAN o coaliciones regionales para legitimar la acción militar.

- **Uso de mercenarios y milicias locales**: Se brinda apoyo clandestino a grupos armados que desestabiliza previamente una región para facilitar una intervención posterior.

Ejemplo: La intervención de la OTAN en Libia (2011)

La OTAN lideró un ataque contra Muamar Gadafi bajo la narrativa de proteger a la población civil de un presunto genocidio. Sin embargo, el objetivo real era derrocar a un líder que había promovido una política económica independiente de Occidente y controlaba vastas reservas de petróleo.

Consecuencias:

- **Colapso del Estado libio**: Libia pasó de ser un país estable a un territorio caótico dominado por milicias.

- **Expansión del terrorismo**: Grupos extremistas como ISIS aprovecharon el vacío de poder.

- **Crisis migratoria**: La destrucción de Libia convirtió al país en un punto de tráfico de migrantes y esclavitud moderna.

La excusa humanitaria ocultó una operación geopolítica diseñada para debilitar la soberanía de un Estado rico en recursos y facilitar el acceso de corporaciones extranjeras a su petróleo.

Implicaciones:

- Este tipo de intervenciones socava la soberanía de los Estados y viola el derecho internacional.
- A menudo, generan más inestabilidad y sufrimiento humano del que pretenden resolver.
- La manipulación de la opinión pública y la desinformación dificultan la comprensión de las verdaderas motivaciones detrás de estas intervenciones.

Es importante analizar críticamente el discurso humanitario utilizado para justificar intervenciones militares, y examinar los intereses geopolíticos y económicos que puedan estar en juego.

3.2. Golpes de Estado Promovidos por Intereses Militares y Económicos

Los golpes de Estado han sido uno de los métodos más eficaces para instaurar gobiernos alineados con los intereses de las grandes potencias. A través de financiamiento, entrenamiento y respaldo político, se han derrocado regímenes legítimos en favor de dictaduras militares o gobiernos neoliberales.

Mecanismos utilizados:

- **Desestabilización económica:** Se imponen sanciones, se sabotea el sistema financiero y se establecen bloqueos comerciales para generar crisis internas. Estas medidas buscan crear descontento popular y debilitar al gobierno objetivo.

- **Manipulación de movimientos políticos:** Se financian partidos de oposición y se respaldan movilizaciones de protesta para

- desestabilizar el orden establecido. Esta estrategia busca crear una apariencia de apoyo popular al golpe de Estado.

- **Intervención de medios de comunicación:** Se utiliza la propaganda para desacreditar al gobierno y generar un clima de tensión social. Los medios de comunicación, a menudo influenciados por las potencias extranjeras, desempeñan un papel crucial en la manipulación de la opinión pública.

- **Presión de organismos internacionales:** Organizaciones como la OEA, el FMI y el Banco Mundial ejercen presión sobre los gobiernos para que adopten políticas favorables a los intereses de las potencias globales. Estos organismos también pueden desempeñar un papel en la legitimación del golpe de Estado.

Ejemplo: Golpe de Estado en Chile (1973)

Con el apoyo de la CIA y el gobierno de EE.UU., se derrocó al presidente Salvador Allende, quien había implementado políticas de nacionalización del cobre y reformas socialistas.

Estrategias utilizadas:

- Financiamiento a la oposición y a sectores militares descontentos.

- Creación de una crisis económica artificial mediante sabotajes y restricciones comerciales.

- Campañas mediáticas que presentaban a Allende como un peligro para la democracia.

Consecuencias:

- **Dictadura de Pinochet:** Implantación de un régimen represivo con miles de desaparecidos y exiliados.

- **Aplicación del neoliberalismo**: Se implementó el modelo de los "Chicago Boys", privatizando recursos estratégicos y desmantelando el Estado de bienestar.

- **Consolidación de la influencia estadounidense**: Chile se convirtió en un aliado clave de EE.UU. en la región.

Implicaciones:

- Los golpes de Estado socavan la democracia y la estabilidad de las naciones.

- A menudo, generan violaciones de derechos humanos y sufrimiento humano.

- Las consecuencias económicas de los golpes de Estado pueden ser devastadoras para los países afectados.

Es crucial analizar críticamente los golpes de Estado y sus implicaciones, y comprender cómo las potencias globales utilizan estas estrategias para promover sus intereses.

3.3. Manipulación de Conflictos Internos Mediante Agencias de Inteligencia

Las agencias de inteligencia desempeñan un papel clave en la creación y exacerbación de conflictos internos para justificar intervenciones externas. A través de estrategias de desinformación, sobornos y operaciones clandestinas, logran debilitar gobiernos e instalar regímenes más favorables a sus intereses.

Estrategias utilizadas:

- **Infiltración en grupos opositores**: Financian y arman a movimientos "rebeldes" para fomentar la guerra civil y desestabilizar el país objetivo. Esta estrategia permite crear un escenario de conflicto interno que justifica la intervención externa.

- **Operaciones de bandera falsa**: Se organizan ataques o eventos para culpar al gobierno objetivo y generar apoyo público para una intervención. Estas operaciones buscan manipular la opinión pública y crear un pretexto para la acción militar.

- **Manipulación de elecciones**: Las agencias de inteligencia sabotean sistemas electorales o apoyan a candidatos prooccidentales para asegurar resultados favorables a sus intereses. Esta estrategia permite instalar gobiernos títeres que se alinean con las potencias globales.

- **Desinformación mediática**: Se utilizan noticias falsas y propaganda para generar descontento popular y deslegitimar al gobierno objetivo. Los medios de comunicación desempeñan un papel crucial en la difusión de esta desinformación.

Ejemplo: Operación Ajax (Irán, 1953)

Ejecutada por la CIA y el MI6 británico, esta operación derrocó al primer ministro Mohammad Mosaddeq, quien había nacionalizado el petróleo iraní, afectando los intereses de empresas británicas como BP.

Estrategias utilizadas:

- Creación de protestas artificiales financiadas por la CIA.

- Corrupción y soborno a líderes militares y políticos.

- Campaña mediática que presentó a Mosaddeq como comunista y enemigo de la democracia.

Consecuencias:

- Instalación de la dictadura del Sha Reza Pahlavi, aliada de EE.UU. y Reino Unido.

- Reversión de la nacionalización del petróleo y entrega del control a corporaciones extranjeras.

- Generación de resentimiento popular, lo que años después derivó en la Revolución Islámica de 1979.

Implicaciones:

- La manipulación de conflictos internos socava la soberanía de los Estados y genera inestabilidad política.

- Las agencias de inteligencia pueden utilizar estas estrategias para promover intereses económicos y geopolíticos, a menudo en detrimento de la población local.
- La desinformación mediática, crea una polarización en la sociedad, y crea caos.

Este caso demuestra cómo las agencias de inteligencia no solo manipulan conflictos, sino que moldean el destino de naciones enteras para servir a intereses económicos y geopolíticos. Es fundamental analizar críticamente el papel de las agencias de inteligencia en los conflictos internos, y comprender cómo sus acciones pueden tener consecuencias devastadoras para las naciones afectadas.

4. CONTROL DE RECURSOS ESTRATÉGICOS MEDIANTE LA FUERZA MILITAR

Desde la antigüedad, la guerra ha estado ligada al control de recursos. En el siglo XXI, esta lógica ha sido sofisticada y globalizada: las potencias militares ya no buscan únicamente expansión territorial, sino asegurar el acceso a bienes esenciales como petróleo, minerales raros y agua dulce. La intervención armada y el despliegue logístico se convierten en herramientas de dominación económica.

4.1 Intervenciones en Países con Recursos Naturales Clave

El acceso a recursos estratégicos se ha convertido en un objetivo central de los conflictos contemporáneos. Lejos de ser motivados exclusivamente por ideología o preocupaciones humanitarias, muchos de estos conflictos ocultan intereses económicos sustanciales. En consecuencia, países con abundantes reservas de dichos recursos se convierten en objetivos de intervenciones militares, tanto directas como indirectamente, diseñadas para asegurar el acceso y dominio de estos bienes esenciales.

• La Conexión entre Conflictos y Recursos

A. El petróleo: motor de guerra global

El petróleo continúa siendo el recurso geopolíticamente más codiciado. Su control garantiza no solo la energía de las grandes potencias, sino la estabilidad de sus economías y la hegemonía sobre el Mercado global.

Ejemplos clave:

- **Guerra de Irak (2003):** Aunque oficialmente se justificó por la supuesta existencia de armas de destrucción masiva y la lucha contra el terrorismo, múltiples analistas sostienen que el verdadero objetivo era el control de los vastos yacimientos petroleros iraquí

- **Intervención en Libia (2011):** La caída de Muamar Gadafi fue promovida por intereses occidentales que buscaban acceso a las enormes reservas de crudo del país y evitar la desdolarización del comercio petrolero que Gadafi proponía.

• Minerales estratégicos y su importancia geopolítica

La tecnología moderna depende de recursos como el coltán, el litio y las tierras raras, fundamentales para la fabricación de chips, baterías, misiles y dispositivos electrónicos. Esta nueva "fiebre del oro" ha convertido ciertas regiones en objetivos de desestabilización.

Ejemplos:

- **República Democrática del Congo:** Las luchas por el control del coltán, esencial para la industria tecnológica, han generado uno de los conflictos más prolongados y sangrientos en África.

- **Bolivia y el Litio:** Si bien no ha habido una intervención militar directa, las presiones internacionales tras la destitución de Evo Morales en 2019 han sido interpretadas como parte de una lucha por la explotación del llamado "oro blanco."

B. El agua, el recurso del futuro

El agua dulce es un recurso cada vez más escaso y su control es una prioridad estratégica para muchas naciones. Se prevé que en el futuro, las guerras por el agua sean tan comunes como las que hoy se libran por el petróleo.

Casos clave:

- **El río Nilo y la Gran Presa del Renacimiento Etíope:** Egipto y Etiopía han estado al borde del conflicto debido a la construcción de esta gigantesca represa, que podría afectar el suministro de agua para millones de personas.

- **Oriente Medio:** Israel y sus vecinos han sostenido disputas por los recursos hídricos del río Jordán, con estrategias militares y diplomáticas para garantizar el acceso al agua.

4.2. Creación de Bases Militares en Puntos Estratégicos del Mundo Estrategias para el Control de Recursos

El control militar no siempre se materializa en guerras abiertas. Una táctica igualmente efectiva es el establecimiento de bases militares permanentes en regiones clave, que permiten la vigilancia, el control logístico y la intimidación preventiva de cualquier intento de autonomía. **Ejemplos:**

- **Bases de EE.UU. en Medio Oriente:** Aseguran la influencia estadounidense en la región petrolera más importante del mundo.

- **Presencia militar china en África:** A través de la base en Yibuti, China fortalece su acceso a recursos africanos y protege su inversión en el continente.

- **Ocupación de islas en el Mar de China Meridional:** China ha militarizado islas artificiales para asegurar su dominio sobre rutas comerciales y potenciales reservas de hidrocarburos.

4.3. El Poder de la Logística Militar en la Geopolítica

Tener una presencia militar global no solo implica tener soldados y bases, sino también garantizar la movilidad de tropas, equipos y recursos de manera eficiente. La logística militar es un factor clave en la capacidad de una potencia para proyectar su poder e intervenir en conflictos a miles de kilómetros de su territorio.

Puntos clave:

- **Control de rutas estratégicas:** Estrechos como Ormuz, Malaca y el Canal de Panamá son arterias vitales del comercio mundial.

- **Despliegue rápido:** Aviones, portaaviones y bases móviles permiten a los países actuar de forma inmediata ante amenazas o intereses emergentes.

- **Alianzas militares:** Organizaciones como la **OTAN** legitiman intervenciones en nombre de la "seguridad colectiva", mientras consolidan el acceso a regiones estratégicas.

Implicaciones:

- La lucha por el control de los recursos naturales es un factor importante en los conflictos contemporáneos.
- Las intervenciones militares pueden tener consecuencias devastadoras para los países afectados, incluyendo la inestabilidad política, la violencia y el daño ambiental.
- La Logística militar es un factor muy importante en la geopolítica actual.

El uso de la fuerza militar para asegurar el acceso a recursos estratégicos es una práctica común en la política internacional. Los conflictos contemporáneos demuestran que la lucha por el control de petróleo, minerales y agua no solo está vigente, sino que se ha intensificado con nuevas tácticas, como el uso de guerras híbridas y presiones económicas encubiertas.

Las potencias globales continuarán empleando la maquinaria militar como una herramienta de poder, asegurando su supremacía sobre los recursos esenciales. Mientras tanto, los países con grandes riquezas naturales seguirán siendo blanco de intervenciones disfrazadas de misiones de estabilización y protección. La geopolítica del siglo XXI seguirá marcada por esta lucha encubierta, donde la guerra por los recursos no se libra solo con armas, sino con estrategias de dominación a múltiples niveles.

En este escenario, el saqueo adquiere ropaje legal a través de tratados internacionales redactados por las mismas potencias que impulsan el conflicto. Las multinacionales actúan como brazos económicos de los ejércitos, consolidando la expoliación bajo el disfraz de inversión extranjera. Y los discursos humanitarios, lejos de proteger a las víctimas, funcionan como máscaras que legitiman la rapiña sistemática de naciones enteras.

5. LA GUERRA HÍBRIDA Y LA MILITARIZACIÓN DEL CIBERESPACIO

En la actualidad, la guerra ha abandonado los campos de batalla tradicionales. El siglo XXI ha inaugurado una nueva era de confrontación, en la que la desinformación, los sabotajes económicos y los ataques cibernéticos se combinan con las operaciones convencionales. Esta nueva doctrina, conocida como guerra híbrida, redefine las formas de dominación global.

El concepto de guerra híbrida fue popularizado tras la anexión de Crimea por parte de Rusia en 2014, donde el uso de "hombres verdes" (tropas sin insignias), propaganda masiva y ciberataques demostraron que la victoria ya no se medía solo en terrenos conquistados, sino en el control de la narrativa y la información.

Estados Unidos, China y la OTAN han adoptado estrategias similares, con operaciones encubiertas en conflictos como Siria, Ucrania y Venezuela. Las guerras híbridas son un reflejo del poder en la sombra, donde las superpotencias manipulan los eventos globales sin declararse abiertamente beligerantes

5.1. Uso de Desinformación y Ciberataques como Armas de Guerra

El control de la información se ha convertido en un objetivo militar estratégico. Gobiernos, corporaciones y grupos clandestinos libran una guerra invisible en la que las armas son los algoritmos, las redes sociales y los datos para con ellos moldear la opinión pública, desestabilizar regímenes y justificar intervenciones militares.

Casos emblemáticos:

- **Elecciones en EE.UU. (2016):** La injerencia extranjera, mediante el uso de bots y propaganda en redes sociales, demostró que las democracias pueden ser manipuladas sin disparar una sola bala.

- **Primavera Árabe (2011):** Las plataformas digitales jugaron un papel crucial en la organización de protestas, pero también se usaron para infiltrar y desviar movimientos populares.

- **Ciberataque a Ucrania (2017):** El virus NotPetya, presuntamente lanzado por hackers rusos, paralizó infraestructuras críticas y generó pérdidas multimillonarias, demostrando el poder destructivo de un ataque sin bombas ni soldados.

Los ciberataques también afectan el sector financiero. Los ataques a bancos, bolsas de valores y sistemas de salud o redes eléctricas pueden generar caos económico y justificar medidas de "seguridad" que benefician a las élites políticas y financieras.

5.2. El Papel de la Inteligencia Artificial y los Drones en la Militarización Moderna

La tecnología ha transformado el arte de la guerra. La inteligencia artificial (IA) y los drones han reducido la necesidad de tropas en el terreno, permitiendo ataques quirúrgicos y eliminaciones selectivas sin consecuencias inmediatas para los agresores.

Aplicaciones actuales:

- **Sistemas de defensa autónomos:** Capaces de detectar y neutralizar amenazas sin intervención humana directa.
- **Algoritmos predictivos:** Utilizados por servicios de inteligencia para anticipar movimientos insurgentes.
- **Armas autónomas:** Como los drones suicidas, que pueden rastrear y eliminar objetivos de manera independiente.

Ejemplo destacado:

- **EE.UU. en Oriente Medio:** Los drones han sido utilizados en miles de ataques, reduciendo el costo humano para el país agresor, pero aumentando la percepción de impunidad y generando resentimiento en las poblaciones afectadas.
- **Turquía y Azerbaiyán en Nagorno-Karabaj (2020):** El uso masivo de drones por Azerbaiyán alteró el equilibrio militar, evidenciando que el dominio tecnológico puede superar la superioridad numérica.

La guerra híbrida y la militarización digital han redefinido el poder. Hoy, el control de narrativas, el espionaje electrónico y la supremacía tecnológica permiten dominar sin ocupar, destruir sin declarar guerra, y controlar sin levantar sospechas.

6. EMPRESAS MILITARES PRIVADAS: LA PRIVATIZACIÓN DE LA GUERRA

En todos los tiempos, la guerra ha sido un negocio. Sin embargo, en las últimas décadas, ha emergido un fenómeno que ha cambiado el rostro de los conflictos globales: la privatización de la guerra. Las empresas militares privadas (EMP) se han convertido en actores fundamentales en la geopolítica, desempeñando un papel que antes correspondía exclusivamente a los ejércitos nacionales. Su crecimiento, su influencia en los conflictos internacionales y su relación con gobiernos y corporaciones las han convertido en una herramienta clave en la expansión del poder global.

6.1. Crecimiento de Ejércitos Privados y su Papel en Conflictos Internacionales

El siglo XXI ha visto un crecimiento exponencial de las EMP, compañías que ofrecen servicios militares, logísticos y de seguridad en escenarios de conflicto. Estas empresas, muchas veces contratadas por gobiernos, han intervenido en guerras, operaciones de inteligencia y protección de infraestructuras estratégicas.

Los ejércitos privados han cambiado la forma en que se libran las guerras. Mientras que en el pasado los conflictos se libraban entre estados con ejércitos convencionales, hoy en día las EMP permiten que naciones, corporaciones y grupos privados externalicen la guerra sin asumir responsabilidades directas. En muchos casos, su presencia garantiza la denegación plausible, permitiendo a los gobiernos ejecutar operaciones sin que haya un costo político inmediato.

Casos emblemáticos:

- **Irak y Afganistán:** Durante las guerras lideradas por EE.UU., empresas como Blackwater (hoy Academi) desempeñaron un papel crucial en la protección de diplomáticos, entrenamiento de fuerzas locales y combate en zonas de alto riesgo. El escándalo de Nisour Square en 2007, donde empleados de Blackwater mataron a 17 civiles iraquíes, expuso el peligro de permitir que estas compañías operen con impunidad.

- **África y la influencia de Executive Outcomes:** En los años 90, esta EMP sudafricana fue contratada por el gobierno de Angola para luchar contra la UNITA y por el de Sierra Leona para enfrentar al RUF. Su éxito en el campo de batalla puso de manifiesto que los ejércitos privados pueden ser más eficientes que las fuerzas armadas nacionales.

- **Wagner Group en Ucrania y Medio Oriente:** La empresa militar rusa ha operado en Siria, Libia y más recientemente en la invasión de Ucrania, actuando como un brazo no oficial del Kremlin. Sus mercenarios han sido acusados de crímenes de guerra y de servir como una herramienta de influencia geopolítica rusa en regiones estratégicas.

6.2. La "Tercerización" de la Guerra por parte de Gobiernos y Corporaciones

Una de las implicaciones más inquietantes del auge de las EMP es la tercerización de funciones militares por parte de gobiernos y empresas. Los estados recurren a estas compañías para ejecutar operaciones encubiertas, proteger intereses estratégicos o apoyar a regímenes aliados, evitando la exposición pública y el escrutinio político.

Por su parte, las corporaciones multinacionales utilizan a las EMP para proteger sus inversiones en zonas de alto riesgo, desde minas en África hasta oleoductos en Medio Oriente. Esta dinámica comercializa el conflicto y lo transforma en una herramienta al servicio del capital.

Implicaciones críticas:

- **Rendición de cuentas limitada:** Las EMP no siempre están sujetas a las mismas regulaciones que los ejércitos nacionales, lo que facilita la impunidad en casos de violaciones a los derechos humanos.

- **Prolongación de conflictos:** Las guerras pueden prolongarse indefinidamente cuando existen intereses económicos que favorecen su continuación.

- **Inestabilidad de Estados frágiles:** En países en crisis, las EMP pueden actuar como fuerzas paramilitares, inclinando la balanza del poder en favor del mejor postor.

6.3. Casos de Blackwater, Wagner Group y otras Empresas de Seguridad

Las EMP más influyentes han dejado una huella imborrable en la política internacional:

- **Blackwater (Academi):** Fundada por Erik Prince, esta empresa se convirtió en un símbolo de la privatización de la guerra tras su papel en Irak. Sus contratistas participaron en operaciones de alto perfil, pero también en masacres que dañaron la imagen de EE.UU. en Medio Oriente.

- **Wagner Group:** Considerada el brazo clandestino del Kremlin, esta empresa ha participado en conflictos en Siria, Ucrania y África, operando como un mecanismo de influencia geopolítica para Rusia.

- **DynCorp International:** Ha trabajado en la capacitación de fuerzas militares y policiales en América Latina, Asia y Medio Oriente, participando en la lucha contra el narcotráfico y el terrorismo.

Las empresas militares privadas han redefinido la guerra en el siglo XXI. Su crecimiento ha permitido que los conflictos sean externalizados, reduciendo la rendición de cuentas y prolongando las hostilidades en regiones estratégicas. Mientras las EMP sigan siendo una herramienta eficaz para estados y corporaciones, la privatización de la guerra continuará evolucionando, moldeando el equilibrio global del poder.

Este fenómeno plantea preguntas fundamentales sobre el futuro de los conflictos armados: ¿se convertirá la guerra en un negocio aún más lucrativo y descontrolado? ¿Podrá la comunidad internacional regular eficazmente a estos actores? Lo cierto es que, en el tablero de la geopolítica, los ejércitos privados han dejado de ser una anomalía para convertirse en piezas clave en la arquitectura del poder global.

7. LA MILITARIZACIÓN DEL SIGLO XXI Y SUS CONSECUENCIAS

La transformación de los conflictos en el siglo XXI ha sido radical. Las potencias ya no dependen exclusivamente de ejércitos regulares: recurren a operaciones encubiertas, ciberataques, inteligencia artificial y empresas militares privadas para asegurar sus intereses.

El futuro militar se dirige hacia dos tendencias principales: un mundo multipolar o una hegemonía militarizada. En un mundo multipolar, diversas potencias compiten por la supremacía, lo que genera una tensa estabilidad basada en la disuasión mutua. Por otro lado, una hegemonía militarizada implica que una única potencia o alianza ejerce un control absoluto, usando la superioridad tecnológica y militar para reprimir cualquier oposición. Este panorama reafirma el viejo axioma de Maquiavelo en su obra *"El Príncipe"*: "El único arte que debe conocer un príncipe es el arte de la guerra", una máxima que sigue siendo relevante en un contexto donde la guerra se ha transformado en una herramienta fundamental del poder.

El desarrollo de armas hipersónicas, la proliferación de bases militares en puntos estratégicos y la militarización del ciberespacio sugieren que el poder global está siendo moldeado por un complejo sistema donde la guerra ya no es solo un medio de conquista territorial, sino una herramienta para consolidar estructuras de control político y económico.

Si el actual paradigma sigue su curso, el mundo podría entrar en una espiral de conflicto perpetuo donde la guerra se normaliza como un elemento cotidiano de la diplomacia. Las tensiones geopolíticas, el auge de empresas militares privadas y el avance de la inteligencia artificial en el campo bélico abren la puerta a escenarios distópicos en los que las decisiones sobre el uso de la fuerza dejan de estar en manos de líderes políticos y recaen en corporaciones y sistemas automatizados.

La creciente autonomía de los sistemas de defensa, como los drones letales y la ciberdefensa basada en inteligencia artificial, podría desembocar en conflictos en los que la intervención humana sea mínima, aumentando el riesgo de errores catastróficos y el descontrol en la escalada de hostilidades.

La guerra es la continuación de la política por otros medios, pero en la modernidad, la política misma se ha convertido en un campo de batalla. Carl Schmitt afirmaba que la soberanía se define por la capacidad de decidir sobre el estado de excepción, y en el siglo XXI, este estado de excepción se ha vuelto permanente. El militarismo ya no es una respuesta a conflictos, sino un mecanismo estructural de control geopolítico.

Desde las intervenciones militares hasta la guerra híbrida y el ciberespionaje, el uso de la fuerza ya no requiere de tanques ni ejércitos visibles; basta con desestabilizar economías, manipular elecciones y controlar la narrativa global. Las potencias no buscan conquistar territorios, sino mantener su hegemonía sobre los recursos y las poblaciones. La pregunta no es si la guerra es inevitable, sino quién define los términos de la "paz". ¿Es posible una seguridad global que no dependa de la violencia? ¿O la humanidad está condenada a un ciclo eterno de conflictos diseñados para sostener los intereses de unos pocos?

La militarización del siglo XXI es un reflejo de los intereses de las potencias globales y de los grupos de poder que buscan perpetuar su influencia. Mientras los ejércitos privados, la inteligencia artificial y la guerra híbrida redefinen el conflicto, el verdadero campo de batalla se traslada al control de la información, la narrativa y la resistencia de la sociedad civil.

En este escenario de dominación militar y control geopolítico, la guerra no solo se libra en los campos de batalla, sino también en los marcos normativos que regulan las sociedades. La supremacía del poder no se sostiene únicamente a través de la fuerza bruta, sino mediante la institucionalización de mecanismos legales que legitiman la represión, restringen las libertades y consolidan estructuras de dominio. La legislación coercitiva emerge así como un pilar fundamental en la arquitectura del control global, operando como un sofisticado Instrumento que, bajo el velo del orden y la seguridad, delimita los márgenes de la acción política, social y económica. Si bien la guerra es la manifestación más cruda del ejercicio del poder, las leyes que la sustentan y perpetúan constituyen el verdadero andamiaje de su permanencia.

En este sentido, comprender cómo el derecho se convierte en un dispositivo de coerción es esencial para descifrar las dinámicas de sujeción en el siglo XXI. No obstante, la vigilancia masiva y las leyes coercitivas buscan limitar la capacidad de acción de los ciudadanos, criminalizando la protesta y persiguiendo a quienes denuncian los abusos del poder militar. En este contexto, el gran desafío del siglo XXI no es solo la contención de los conflictos armados, sino la protección de las libertades fundamentales frente a un sistema que utiliza la guerra como excusa para reforzar su control. A pesar del poder abrumador de las fuerzas militares y de inteligencia, la historia ha demostrado que la resistencia civil sigue siendo una de las herramientas más efectivas contra la militarización y la guerra. Movimientos pacifistas, la denuncia pública de operaciones encubiertas y la exigencia de transparencia han obligado a gobiernos a replantear sus estrategias bélicas.

El acceso a la información y la tecnología también han empoderado a la sociedad civil, permitiendo documentar crímenes de guerra, exponer intereses ocultos detrás de conflictos armados y movilizar a la opinión pública contra la intervención militar injustificada. Las filtraciones de documentos clasificados, como las revelaciones de Edward Snowden y WikiLeaks, han demostrado cómo la resistencia digital puede desafiar a las estructuras de poder. Si el mundo se encamina hacia una hegemonía militarizada o hacia un sistema multipolar donde el equilibrio de fuerzas garantice estabilidad, dependerá de cómo la humanidad responda a los desafíos que plantea la guerra moderna. La clave no solo radica en comprender las estrategias de los arquitectos de las sombras, sino en desarrollar mecanismos de resistencia y contrapeso que impidan que el siglo XXI quede marcado por la supremacía del poder militar sobre la voluntad de los pueblos.

Síntesis Crítica

La guerra, en el contexto actual, ha dejado de ser una excepción para convertirse en un pilar estructural del sistema de poder. Los estados hegemónicos la emplean no solo como mecanismo de defensa, sino como herramienta para sostener un orden mundial que perpetúa su supremacía y beneficia sus intereses políticos y económicos.

Aprendizajes Clave

- **El militarismo como dispositivo de control**: Más allá de la guerra tradicional, la presencia militar global responde a estrategias de dominación económica, geopolítica y cultural.

- **La guerra como motor económico**: La existencia del complejo militar-industrial ha convertido los conflictos armados en una necesidad estructural para la estabilidad del capitalismo global.

- **El uso de la guerra como pretexto jurídico y político**: Los estados de excepción y la legislación coercitiva suelen justificarse mediante la narrativa de la seguridad y la lucha contra amenazas externas.

- **Militarización de la sociedad**: La normalización de la presencia militar en la vida cotidiana ha generado una aceptación social del uso de la fuerza como medio legítimo de resolución de conflictos.

Preguntas para la Reflexión

1. ¿Es posible un sistema internacional en el que la política no dependa del uso de la fuerza militar?

2. ¿Hasta qué punto la economía global necesita la guerra para sostenerse?

3. ¿Cómo pueden los movimientos sociales y políticos desafiar la hegemonía del militarismo en la gobernanza global?

4. ¿Qué implicaciones tiene la normalización de la violencia estructural para el futuro de la democracia y los derechos humanos?

Capítulo XVIII
LEGISLACIÓN COERCITIVA
EL CONTROL LEGAL DEL PODER

"Las leyes son como las telarañas: los insectos pequeños quedan atrapados en ellas, pero los grandes las rompen y escapan."

—Anacarsis

Desde épocas remotas, la humanidad ha construido sistemas legales con la finalidad de garantizar la justicia, el orden y la convivencia social. Sin embargo, tras la fachada de la equidad jurídica, la ley ha sido históricamente un mecanismo de control diseñado para mantener el statu quo y perpetuar los intereses de los sectores dominantes. Este capítulo desentraña el mito de la justicia universal, explora la relación intrínseca entre legislación y poder, y expone la forma en que la coercitividad legal se articula con otros mecanismos de dominación.

Las leyes han sido presentadas a lo largo de la historia como el cimiento de una sociedad justa, donde todos los ciudadanos son iguales ante el derecho. No obstante, un análisis crítico revela que esta igualdad es, en muchas ocasiones, un ideal inalcanzable. En las sociedades esclavistas, las normativas protegían a los amos y penalizaban la resistencia de los esclavos; en las monarquías absolutas, la ley se utilizaba para reforzar la autoridad del rey y castigar a quienes osaban desafiarla. Incluso en las modernas democracias, la creación y aplicación de las leyes favorecen a quienes ostentan el poder político y económico.

El ejercicio del poder ha requerido, a lo largo de la historia, de una estructura normativa que lo legitime, lo administre y, en muchos casos, lo perpetúe. La legislación coercitiva se configura como el andamiaje jurídico mediante el cual las élites consolidan su dominio, restringiendo las libertades individuales y colectivas bajo la apariencia de estabilidad y orden. Si bien el derecho es presentado como un instrumento neutral de regulación social, su aplicación en los regímenes contemporáneos evidencia un uso sistemático de normas dirigidas a contener la disidencia, proteger intereses económicos y reforzar la jerarquía política establecida.

Desde el estado de excepción hasta las legislaciones antiterroristas, los estados han implementado marcos legales que les otorgan la facultad de vigilar, castigar y someter a sectores críticos de la sociedad. La criminalización de la protesta, el aumento de penas para delitos políticos y la expansiva interpretación de amenazas a la seguridad nacional han construido un aparato legal que, lejos de garantizar justicia, actúa como una herramienta de represión.

Ejemplos contemporáneos de esta asimetría abundan. En muchos países, los grandes corporativos pueden eludir impuestos mediante complejos marcos legales diseñados para su beneficio, mientras que los ciudadanos comunes enfrentan duras sanciones por incumplimientos fiscales menores. Asimismo, las penas por delitos financieros cometidos por la élite suelen ser mínimas en comparación con las sanciones impuestas a delitos menores perpetrados por personas de estratos socioeconómicos bajos. La narrativa de una justicia ciega e imparcial es una ficción que disimula la existencia de un sistema legal estratificado y funcional al poder.

Este capítulo examina los dispositivos legales que refuerzan la estructura del poder, analizando cómo la norma jurídica ha sido instrumentalizada para consolidar hegemonías, limitar derechos fundamentales y garantizar la continuidad del statu quo. Asimismo, se discutirán los mecanismos de resistencia legal y las estrategias que los movimientos sociales han utilizado para desafiar la legislación coercitiva y ampliar los marcos democráticos.

1. LEGISLACIÓN Y PODER: UNA SIMBIOSIS HISTÓRICA

El derecho no es una entidad abstracta, universal ni imparcial. Es una construcción social históricamente determinada, moldeada por las correlaciones de fuerza en un momento dado. La producción jurídica y aplicación de las leyes ha sido —y sigue siendo— una prerrogativa de las clases dominantes, quienes configuran las leyes en función de sus intereses económicos, políticos y militares. Diseñan marcos normativos que consolidan su influencia y restringen el margen de acción de sus opositores. Desde la criminalización de movimientos sociales hasta la regulación de mercados laborales y financieros, la legislación es utilizada como una herramienta para modelar la estructura de poder en beneficio de unos pocos.

Un caso paradigmático es la promulgación de leyes de emergencia y seguridad nacional, que otorgan facultades extraordinarias a los gobiernos para limitar derechos y libertades individuales bajo el pretexto de garantizar la estabilidad del Estado. Estas leyes han sido usadas para sofocar protestas, censurar críticas y justificar la expansión de aparatos de vigilancia masiva. El poder legislativo, que en teoría representa la voluntad popular, se ha convertido en muchos casos en un instrumento de dominación, en el que las minorías poderosas imponen normas que aseguran su supremacía.

La legislación coercitiva no opera de manera autónoma; está intrínsecamente ligada a otros mecanismos de control, como el poder militar, la dominación económica y la manipulación mediática. Los Estados han desarrollado complejas redes de interdependencia entre estas esferas, asegurando que la ley no solo respalde sus intereses, sino que también sea complementada por otros aparatos de control:

• **Poder militar:** Las leyes son frecuentemente diseñadas para justificar el uso de la fuerza y la represión contra sectores considerados una amenaza para el orden establecido. La declaración de estados de excepción, la militarización de la seguridad pública y la criminalización de la disidencia política son estrategias recurrentes en regímenes autoritarios y democracias formales.

• **Control económico:** La legislación regula los mercados estableciendo políticas fiscales y la creación de tratados que perpetúa la concentración de la riqueza en manos de una minoría. Instituciones financieras globales, como el FMI y el Banco Mundial, han promovido reformas legales que limitan la soberanía económica de los países en desarrollo y los someten a las dinámicas del capital transnacional.

• **Manipulación mediática:** Los medios de comunicación, en muchos casos controlados por conglomerados empresariales, desempeñan un papel crucial en la legitimación de la legislación coercitiva. Narrativas construidas en torno a la seguridad, el progreso y la estabilidad justifican la promulgación de leyes que restringen derechos fundamentales. Al mismo tiempo, se desacredita a quienes cuestionan estos marcos legales, etiquetándolos como radicales, delincuentes o enemigos del orden.

En suma, la legislación coercitiva es una pieza clave dentro del entramado de dominación global. Su función va más allá de la regulación de la convivencia social, es, en definitiva, un instrumento diseñado para moldear la estructura de poder y garantizar la perpetuación de las élites dominantes. Comprender esta realidad es esencial para desafiar los paradigmas impuestos y buscar alternativas que promuevan un orden verdaderamente justo y equitativo.

La legalidad, en este contexto, se convierte en una fachada de legitimidad para prácticas profundamente injustas. Leyes diseñadas bajo la apariencia de neutralidad jurídica terminan siendo herramientas para criminalizar la disidencia, proteger intereses corporativos y excluir a sectores vulnerables de la participación política. De esta manera, el aparato legal no solo ordena, sino que domestica, reprime y selecciona quién merece derechos y quién no.

En muchas ocasiones, lo legal no es lo justo, y lo justo es precisamente lo que el sistema legal vigente trata de impedir. La crítica a este orden no debe ser vista como un ataque al concepto de ley en sí, sino como un llamado a reconfigurarlo desde las bases, con participación real y con una mirada puesta en la dignidad humana y la equidad estructural.

2. HISTORIA Y EVOLUCIÓN DE LA LEGISLACIÓN COERCITIVA

2.1. Imperios Antiguos y el Uso de la Ley como Instrumento de Control

Desde el comienzo de las civilizaciones, las leyes han sido empleadas como herramientas para consolidar el poder de una élite sobre las masas. En lugar de servir únicamente como mecanismos de justicia, han sido diseñadas para establecer jerarquías y perpetuar estructuras de dominación.

- **Imperio Romano:** Considerado la base de muchos sistemas jurídicos modernos, su función original no fue garantizar justicia, sino facilitar la administración y control de territorios conquistados. Los derechos eran exclusivos para los ciudadanos romanos; los pueblos subyugados eran regidos por leyes que aseguraban su subordinación.

- **Las leyes como instrumento de supremacía:** Los ciudadanos romanos gozaban de derechos y privilegios que no se extendían a los pueblos subyugados. Las poblaciones conquistadas, por el contrario, quedaban sujetas a legislaciones que garantizaban su sumisión. La esclavitud, la apropiación de tierras y la violencia institucionalizada eran prácticas plenamente legales en el marco romano y servían para enriquecer a la élite imperial.

- **El "derecho a civilizar":** Roma justificaba su dominación con la idea de que sus leyes llevaban orden y progreso a sociedades bárbaras, una narrativa utilizada posteriormente por los imperios coloniales.

- **Monarquías absolutistas:** Con el declive del Imperio Romano, el derecho se reconfigura para sustentar el poder absoluto de reyes y nobles. Se impone la doctrina del derecho divino y se criminaliza cualquier forma de insurrección.

- **Legislación feudal:** El campesinado era obligado a trabajar tierras ajenas bajo marcos legales que excluían el derecho a la propiedad. Los privilegios de la nobleza eran perpetuados por herencia y ley, consolidando una estructura jurídica profundamente desigual.

- **Castigos legales para la disidencia:** Las leyes de los monarcas castigaban cualquier intento de resistencia con penas extremas, consolidando la represión de los sectores populares.

2.2. Colonialismo y racismo legal

Durante la expansión europea, la ley fue exportada como mecanismo de control y justificación del saqueo:

- **Códigos coloniales:** Impuestos por las potencias europeas, legitimaban la esclavización, el despojo y la subordinación de los pueblos originarios. Las leyes coloniales establecían jerarquías raciales y políticas que negaban derechos a los nativos.

- **Monopolio comercial legalizado:** Las colonias eran obligadas por ley a comerciar exclusivamente con sus metrópolis, obstaculizando su desarrollo económico autónomo.

- **Racismo jurídico:** En lugares como Sudáfrica o la India, se establecieron sistemas legales de segregación racial. Estas leyes institucionalizaron desigualdades que persistieron durante siglos, incluso después de la independencia formal.

2.3. Revoluciones Modernas y el Mito del Estado de Derecho

Con las revoluciones liberales de los siglos XVIII y XIX emergió el concepto de Estado de derecho, donde se entendían que las leyes se aplicarían por igual a gobernantes y gobernados. Sin embargo, la realidad mostró que las nuevas constituciones no fueron más que un mecanismo para redefinir el poder en beneficio de nuevas élites.

- **Constituciones excluyentes:** Aunque proclamaban igualdad, las primeras constituciones restringían derechos a propietarios, hombres blancos y miembros de clases acomodadas, dejando a la mayoría fuera del ejercicio real de ciudadanía.

- **Judicialización del privilegio:** El poder judicial fue estructurado para proteger los intereses de las élites, muchas veces bajo el discurso de neutralidad e imparcialidad.

- **Instrumentalización de los derechos humanos:** En varios casos, las constituciones sirvieron para legitimar regímenes represivos que, bajo el discurso de la democracia, reprimían a sus opositores mediante leyes arbitrarias.
- **Democracias aparentes:** Cómo se han refinado los mecanismos de legislación coercitiva bajo regímenes que se autodenominan democráticos.

En la actualidad, la legislación coercitiva no desapareció con la supuesta democratización de los sistemas políticos. Por el contrario, se ha refinado y adaptado a los nuevos tiempos bajo la fachada de regímenes democráticos.

- **Sistemas electorales restrictivos:** Se diseñan sistemas jurídicos que favorecen a los partidos tradicionales y excluyen a movimientos alternativos, consolidando un bipartidismo de conveniencia.
- **Normas de seguridad nacional:** Bajo el pretexto del terrorismo o la delincuencia organizada, se aprueban leyes que restringen libertades civiles y facilitan la criminalización de la protesta social.
- **Legalización del Estado policial:** Hoy, prácticas como la vigilancia masiva, el control de la información o la represión digital se realizan con respaldo jurídico, sin dejar de promoverse como parte de un Estado democrático.

La historia demuestra que la legislación nunca ha sido un mero mecanismo de justicia, sino una herramienta de dominación utilizada por las élites para consolidar su poder. Desde el Imperio Romano hasta las actuales democracias aparentes, las leyes han servido para proteger privilegios, sofocar la disidencia y garantizar la continuidad de las estructuras de control.

Este patrón sugiere que el problema no radica en la existencia de leyes en sí, sino en quién las diseña, con qué propósito y a favor de quién operan. La pregunta clave es: ¿Es posible un sistema legal verdaderamente justo, o toda legislación es, por naturaleza, una forma de opresión estructural?

3. LEGISLACIÓN COERCITIVA EN LA ACTUALIDAD

En el mundo moderno, la legislación coercitiva no solo se ha mantenido, sino que ha evolucionado con una sofisticación sin precedentes. Bajo el discurso de la seguridad, el orden y el interés común, los gobiernos han refinado sus métodos para restringir derechos sin que la población lo perciba como una violación de libertades.

Las leyes ya no solo imponen sanciones evidentes, sino que se han convertido en un instrumento sutil de vigilancia, control digital, censura y represión social. Esta sección analiza los principales mecanismos actuales de legislación coercitiva y su impacto en la sociedad global.

3.1. Leyes de Emergencia y Estados de Excepción

Los estados de excepción y las leyes de emergencia han sido utilizados históricamente para justificar la suspensión de derechos fundamentales frente a situaciones de crisis. Terrorismo, pandemias o colapsos económicos se convierten en pretextos legítimos para ampliar el poder del Estado, reducir el escrutinio ciudadano y reprimir la disidencia.

- **Instrumentalización de la crisis**

Las crisis operan como catalizadores del autoritarismo legal. Los patrones más comunes incluyen:

- **Ampliación del poder ejecutivo:** Se otorgan facultades especiales a presidentes y primeros ministros que les permiten tomar decisiones sin control parlamentario.
- **Militarización de la sociedad:** Se implementan toques de queda, despliegues militares y operativos policiales con prerrogativas ampliadas.
- **Normalización de la excepción:** Una vez establecidas, estas leyes rara vez desaparecen por completo y sientan precedentes para futuras regulaciones más restrictivas.

Caso 1: Ley Patriota en EE. UU.

Tras los atentados del 11-S, la Ley Patriota (Patriot Act) redefinió los límites de la legalidad democrática:

- Amplió las facultades de vigilancia de la Agencia de Seguridad Nacional (NSA), permitiéndole acceder a registros telefónicos,

Bancarios e incluso comunicaciones privadas sin orden judicial.

- Legalizó la detención indefinida de sospechosos sin cargos formales ni derecho a juicio, bajo el pretexto de combatir el terrorismo.

- Sirvió de modelo para leyes similares en diversos países, justificando la vigilancia masiva bajo el argumento de la seguridad nacional.

Caso 2: Pandemia de COVID-19

La pandemia global marcó un punto de inflexión en el uso de la legislación de emergencia con fines de control:

- **Restricción de movilidad:** Confinamientos, limitaciones de viaje y toques de queda se impusieron con fuerza legal.

- **Vigilancia digital:** Aplicaciones de rastreo y códigos QR y sistema de geolocalización para monitorear la movilidad de los ciudadanos.

- **Expansión del control estatal:** En muchos países, se legalizó la recopilación de datos personales sin consentimiento.

- **Censura bajo justificación sanitaria:** Se eliminaron opiniones críticas sobre la pandemia en redes sociales bajo el pretexto de combatir la "desinformación".

3.2. Vigilancia Masiva y Control Digital

La era digital ha transformado la vigilancia en una práctica cotidiana y silenciosa. Amparados en legislaciones de seguridad, muchos Estados han convertido el espionaje sobre sus ciudadanos en una política legalmente respaldada.

Legalización del espionaje estatal

Las nuevas formas de vigilancia no solo son posibles tecnológicamente, sino también legítimas desde el punto de vista jurídico en numerosos países:

- Se permite el monitoreo de llamadas, correos electrónicos y mensajes sin requerir autorización judicial previa.

- Se accede legalmente a cuentas en redes sociales, plataformas de mensajería y datos almacenados en la nube.

- Se implementan algoritmos de inteligencia artificial para predecir "comportamientos sospechosos" y prevenir supuestos delitos.

Caso 3: Programa PRISM y la NSA

El programa PRISM, expuesto por Edward Snowden en 2013, reveló cómo agencias de inteligencia —en colaboración con corporaciones tecnológicas como Google, Facebook y Apple— recolectaban información personal de usuarios a escala global:

- Los ciudadanos ignoraban que eran objeto de vigilancia sistemática.
- Las agencias accedían a datos sensibles sin supervisión judicial.
- Se institucionalizó un modelo de control total bajo la narrativa de "lucha contra el terrorismo".

Hoy, ese sistema se ha expandido: reconocimiento facial, drones de monitoreo, análisis predictivo y vigilancia algorítmica forman parte de una infraestructura legalmente amparada de vigilancia constante.

3.3. Censura y Restricción de la Libertad de Expresión

Uno de los mecanismos más peligrosos del aparato legal actual es la censura legalizada, justificada en el combate contra la "desinformación". Esta estrategia ha sido utilizada para silenciar voces críticas, controlar el discurso público y criminalizar la disidencia.

Censura bajo el pretexto de combatir fake news

Numerosos gobiernos han aprobado leyes que:

- Permiten eliminar contenido digital que cuestione políticas estatales.
- Delegan en plataformas privadas la facultad de decidir qué información es válida.
- Persiguen judicialmente a periodistas, activistas y medios independientes.

Ejemplo: Legislaciones europeas sobre "fake news" y su impacto en la censura política. En Europa, leyes contra la desinformación han permitido:

- Bloqueo de páginas web y redes sociales de medios alternativos.
- Multas y sanciones a periodistas independientes.

- Eliminación de contenido crítico sobre políticas gubernamentales en plataformas digitales como YouTube, Facebook y Twitter.

El riesgo principal es la consolidación de una censura "progresista", justificada como defensa del bien común, pero utilizada para homogeneizar el discurso y excluir visiones disidentes.

• Criminalización de la protesta y represión social

Otro mecanismo clave del entramado jurídico, es la aprobación de leyes que restringen el derecho a la protesta y justifican el uso de la fuerza contra manifestantes. Las protestas han sido históricamente una herramienta de resistencia, por lo que muchos gobiernos han legislado para limitarlas o prohibirlas directamente.

Casos emblemáticos: Francia, EE. UU. y Hong Kong

- **Francia:** La Ley de Seguridad Global prohíbe grabar a policías durante manifestaciones y autoriza el uso de drones para vigilancia masiva.

- **Estados Unidos:** Varios estados han aprobado leyes que aumentan las penas contra manifestantes, permitiendo incluso que conductores que atropellen a manifestantes sean eximidos de culpa.

- **Hong Kong:** La Ley de Seguridad Nacional criminaliza cualquier acto de protesta como "subversión", con penas de cadena perpetua.

El ordenamiento jurídico restrictivo en la actualidad se ha vuelto más sofisticada y difícil de detectar. Bajo la apariencia de seguridad, orden y protección, los gobiernos han desarrollado leyes que restringen la libertad de manera sutil pero efectiva.

El uso de estados de excepción, la vigilancia digital, la censura encubierta y la represión legalizada de la protesta no representan accidentes o excesos aislados, sino una estrategia estructural de control social. La gran pregunta es: ¿cómo resistir estas formas de dominación sin quedar atrapados en el marco legal impuesto por quienes detentan el poder?

4. EL PAPEL DE LAS CORPORACIONES Y EL COMPLEJO MILITAR-INDUSTRIAL

En el siglo XXI, el poder ya no reside exclusivamente en los gobiernos, sino en la alianza entre corporaciones transnacionales y el complejo militar-industrial. Aunque mencionados en capítulos anteriores, aquí se enfatiza cómo estos actores operan bajo el manto de la "legalidad", utilizando decisiones legislativas que deberían proteger a los ciudadanos para servir, en cambio, a los intereses de las élites económicas y militares. Consolidando de esta manera un sistema donde la acumulación de riqueza y el control social tienen prioridad sobre los derechos y el bienestar de la población.

Esta sección analiza cómo el lobby corporativo y la maquinaria bélica han moldeado la legislación a su favor, utilizando estrategias de influencia política, manipulación de crisis y expansión del control estatal bajo la excusa de la seguridad.

4.1. Corporaciones y Su Influencia en la Legislación

Las corporaciones multinacionales han perfeccionado su capacidad para influir en la creación de leyes, garantizando un entorno normativo que protege sus intereses mientras restringe la competencia y los derechos laborales.

El lobby corporativo, es una de las herramientas más eficaces para dictar la agenda legislativa en los parlamentos del mundo. Algunas de sus estrategias incluyen:

- Los ciudadanos ignoraban que eran objeto de vigilancia sistemática.

- Financiación de campañas políticas, asegurando que los legisladores trabajen en favor de sus intereses.

- Redacción de leyes directamente por grupos de presión empresariales, que luego son presentadas por legisladores como iniciativas propias.

- Presión sobre organismos internacionales (como la OMC, FMI y Banco Mundial) para establecer regulaciones que favorezcan a los monopolios.

- Puertas giratorias: Directivos de corporaciones ocupan cargos en el gobierno y luego regresan a sus empresas con información privilegiada.

Ejemplo representativos: Leyes de propiedad intelectual y su impacto en la industria tecnológica y farmacéutica. Las leyes de propiedad intelectual han evolucionado para proteger los intereses de las grandes corporaciones en detrimento de la sociedad.

- **Industria tecnológica:** Empresas como Apple, Microsoft y Google han impulsado legislaciones como la Ley de Protección de la Propiedad Intelectual (PIPA) y la Ley SOPA, que intentaban censurar el acceso a información y criminalizar la distribución de contenido en Internet. Patentes de software permiten a estas empresas bloquear innovaciones de startups y pequeños desarrolladores, consolidando su monopolio.
- **Industria farmacéutica:** Las farmacéuticas utilizan patentes para mantener precios elevados y restringir el acceso a medicamentos esenciales.

Casos como el de Martin Shkreli y el aumento del precio de Daraprim en un 5000%[8] muestran cómo la legislación protege los monopolios, priorizando las ganancias sobre la salud pública.

La ley TRIPS de la OMC impide la producción de medicamentos genéricos en países en desarrollo, asegurando que solo las grandes farmacéuticas puedan venderlos.

Estos casos demuestran cómo la legislación puede estar diseñada no para proteger a las mayorías, sino para maximizar las ganancias de unos pocos, incluso a costa de la salud pública o la libertad digital.

4.2. El Complejo Militar-Industrial y la Legislación

El complejo militar-industrial ha sido históricamente una de las fuerzas más poderosas en la política mundial.

---

8. CBS News, "CEO: 5000-percent drug price hike 'not excessive at all'," publicado el 22 de septiembre de 2015, https://www.cbsnews.com/news/turing-pharmaceuticals-ceo-martin-shkreli-defends-5000-percent-price-hike-on-daraprim-drug/.

A través del miedo y la guerra, justifica la expansión de leyes restrictivas y la erosión de libertades civiles. Uso de conflictos armados para justificar la implementación de leyes restrictivas

Las guerras modernas no solo se libran en el campo de batalla, sino también en los parlamentos. Cada conflicto internacional ha servido para introducir leyes que refuerzan el control estatal, limitan la privacidad y aumentan el presupuesto militar.

Las estrategias incluyen:

- Ampliación de leyes de vigilancia y seguridad nacional.
- Militarización de la policía y represión de protestas con equipamiento militar.
- Justificación de la censura y persecución de disidentes políticos bajo el pretexto de la lucha contra el terrorismo.
- Creación de crisis artificiales para aumentar el gasto militar y el poder del Estado.

4.2.1. Expansión del presupuesto militar:

- Desde 2001, el presupuesto del Pentágono ha aumentado exponencialmente, beneficiando a contratistas como Lockheed Martin, Raytheon y Boeing.
- En 2023, EE.UU. aprobó un presupuesto militar de $842,000 millones de dólares, más que los 10 países siguientes combinados.

Impacto global de estas leyes:

- **Criminalización de la disidencia:** Manifestaciones y movimientos opositores han sido etiquetados como amenazas a la seguridad nacional.
- **Militarización de la policía:** Se ha transferido equipo militar a fuerzas policiales locales, lo que ha resultado en una represión más violenta de protestas.
- **Expansión del espionaje global:** Programas como PRISM de la NSA han justificado la vigilancia masiva bajo el argumento de la lucha contra el terrorismo.

5. LA DIALÉCTICA DEL DERECHO: ENTRE LA HERRAMIENTA DE PODER Y EL POTENCIAL DE LIBERACIÓN

El derecho, concebido tradicionalmente como un pilar de la justicia y el orden social, revela una naturaleza ambivalente al ser examinado a través de una lente crítica. La concepción de Montesquieu sobre la separación de poderes, destinada a garantizar la equidad, se ve desafiada por la realidad empírica, donde la legislación se convierte en un instrumento para consolidar el dominio de las élites. Esta transformación del derecho en una herramienta de poder se manifiesta en diversas formas, desde la promulgación de leyes que protegen intereses corporativos hasta la utilización de decretos de emergencia para reprimir la disidencia.

La coerción legal no se limita a la violencia física, sino que se extiende a la creación de marcos normativos que limitan las libertades y criminalizan la protesta. La apariencia de legalidad, lejos de ser un garante de justicia, oculta a menudo la verdadera naturaleza de las leyes, que sirven para mantener el statu quo y proteger los privilegios de las élites.

El poder legislativo, en lugar de responder exclusivamente a los intereses ciudadanos, se ve cada vez más influenciado por corporaciones. La cultura de la legalidad, lejos del ideal de justicia que pregona, puede transformarse en un instrumento de opresión, donde las normativas se conciben para salvaguardar privilegios en lugar de derechos fundamentales. Esta realidad se manifiesta cuando ciertos actores buscan proteger sus propios intereses mediante la legislación, redactando leyes que favorecen sus monopolios y justifican una expansión desmedida del poder estatal. En este contexto, adquiere una profunda relevancia la aguda observación de Walter Benjamin: "todo documento de cultura es también un documento de barbarie".

La justicia, por lo tanto, trasciende la mera literalidad del texto legal; reside de manera crucial en su interpretación y aplicación. Se vuelve imperativo cuestionar quiénes elaboran las leyes y en nombre de qué intereses se redactan, con el fin de exponer las desigualdades y los abusos de poder que puedan subyacer. La lucha por la justicia demanda, en consecuencia, una interpretación crítica del derecho, capaz de revelar su doble potencial: tanto para la opresión como para la liberación. Solo a través de una conciencia crítica sostenida y la acción colectiva podremos transformar el derecho en una auténtica herramienta de emancipación, en contraposición a un mero instrumento de dominación.

El análisis que hemos desarrollado presenta desafíos significativos tanto para la teoría como para la práctica del derecho. Esto implica la necesidad de revisar a fondo los mecanismos mediante los cuales se crean y se aplican las leyes. Además, se vuelve crucial fomentar una mayor participación ciudadana en el proceso legislativo, asegurando que las voces de la sociedad sean escuchadas y consideradas. Asimismo, exige una reflexión profunda sobre el rol fundamental de los jueces y demás actores del sistema legal, quienes deben trascender su papel de simples ejecutores de la ley para convertirse en verdaderos guardianes de la justicia.

En última instancia, la aspiración a un derecho emancipador conlleva una transformación radical de las estructuras de poder existentes y una defensa inquebrantable de los derechos humanos y la justicia social. Esta lucha constante es el camino hacia un sistema legal que verdaderamente sirva a la liberación y al bienestar de todos.

Síntesis Crítica

El derecho, lejos de ser una herramienta imparcial de organización social, ha sido manipulado históricamente como un mecanismo de control político y económico. La legislación coercitiva ha permitido la consolidación de estructuras de poder que restringen la acción ciudadana y aseguran la pervivencia de regímenes autoritarios disfrazados de democracias. En el siglo XXI, la sofisticación de estas normas ha hecho más difusa la línea entre protección y represión, dejando en manos de los gobiernos una capacidad discrecional de vigilancia y castigo que amenaza los cimientos de la libertad.

Aprendizajes Clave

- **El derecho como instrumento de poder:** Las leyes no son neutrales; están diseñadas para preservar privilegios y controlar demandas sociales.

- **El estado de excepción como estrategia de dominación:** La creación de crisis o la perpetuación del miedo justifican la aplicación de medidas coercitivas que restringen derechos fundamentales.

- **Resistencia legal:** A lo largo de la historia, movimientos sociales y jurídicos han desafiado estas estructuras a través de la movilización y la reinterpretación de la ley.

- **El dilema de la seguridad vs. libertad:** La expansión del aparato legislativo en términos de seguridad nacional ha sido utilizada como pretexto para reducir las garantías individuales.

- **Hacia una legislación democratizadora:** La lucha por un marco legal más equitativo requiere de una ciudadanía informada y activa en los procesos de formulación y reforma legislativa.

Preguntas para la Reflexión

1. ¿En qué medida las leyes actuales protegen realmente los derechos ciudadanos o, por el contrario, los limitan?

2. ¿Cómo pueden los movimientos sociales y ciudadanos desafiar la legislación coercitiva sin incurrir en criminalización?

3. ¿Cuáles son los riesgos de normalizar la vigilancia masiva y la criminalización de la disidencia?

4. ¿Cómo se puede construir un marco legal que equilibre seguridad y libertad sin caer en excesos autoritarios?

5. ¿Qué papel juega la tecnología en la aplicación y el desafío a las leyes coercitivas en la actualidad?

6. ¿Es posible recuperar el control democrático sobre la legislación?

7. ¿Cómo resistir la normalización del espionaje, la censura y el militarismo en nuestras sociedades?

CAPÍTULO XIX
RESISTENCIA Y CAMBIO SOCIAL

"La verdadera revolución se forja en el coraje de cada individuo que desafía el orden establecido."
— Inspirado en ideas revolucionarias.

Históricamente, la resistencia y el cambio social han sido motores fundamentales en la lucha contra la opresión. Este capítulo analiza las múltiples estrategias que emergen desde la base social, destacando la importancia de la acción colectiva en la transformación de estructuras de poder profundamente arraigadas.

Desde Mahatma Gandhi en la India hasta Martin Luther King Jr. en Estados Unidos, los movimientos de desobediencia civil han demostrado que la resistencia pacífica puede desafiar leyes injustas y sistemas opresivos. Asimismo, las revoluciones populares, como la Francesa o la Rusa, y los procesos de descolonización, han ilustrado cómo la lucha organizada puede desencadenar profundas transformaciones sociales.

En el siglo XX, el movimiento por los derechos civiles en Estados Unidos y la lucha contra el apartheid en Sudáfrica marcaron hitos en la resistencia contra la discriminación racial y en la conquista de derechos fundamentales. En tiempos recientes, movimientos como Black Lives Matter, Me Too o las protestas globales por el clima, evidencian que la resistencia continúa reinventándose frente a nuevas formas de desigualdad y autoritarismo.

La resistencia y el cambio social son procesos interconectados que han dado forma a la historia de la humanidad. Este capítulo explora cómo estas formas de resistencia surgen, se articulan y logran incidir en el orden social, así como los desafíos que enfrentan en un contexto global marcado por la vigilancia, la desinformación y la fragmentación.

1. ESTRATEGIAS DE RESISTENCIA Y CAMBIO SOCIAL

Desde siempre, diversas tácticas han sido empleadas para confrontar el statu quo. Estas estrategias, aunque distintas en forma, comparten el objetivo de visibilizar la injusticia y construir alternativas más equitativas:

• **Desobediencia Civil**

Estrategias que implica la negativa consciente y pacífica a acatar leyes consideradas injustas. Es una herramienta moralmente poderosa que pone en evidencia la ilegitimidad del poder opresor.

• **Activismo Tradicional**

Incluye protestas, marchas, huelgas y manifestaciones públicas que buscan llamar la atención sobre ciertas cuestiones, presionar a los responsables de tomar decisiones y mostrar el poder del número y la solidaridad.

• **Resistencia Digital**

El uso de plataformas digitales para la organización, movilización y difusión de información. Las campañas en redes sociales, el hacktivismo y el uso de tecnologías de encriptación son ejemplos de cómo la resistencia puede adaptarse al entorno digital.

• **Creación de Alternativas**

La construcción de sistemas y comunidades alternativas representa una forma potente de resistencia ante el orden dominante. Cooperativas, medios independientes y redes de economía solidaria operan al margen de las estructuras tradicionales, proponiendo modelos más justos y equitativos. Iniciativas como el movimiento zapatista en México o las ecoaldeas europeas revelan su viabilidad. Estos proyectos no solo confrontan la lógica extractivista del sistema global, sino que redefinen autonomía, sostenibilidad y participación. Son espacios donde se ensayan formas de vida centradas en la cooperación y el cuidado mutuo. Frente a la homogeneización cultural impuesta, surgen como territorios de creatividad social. La resistencia aquí no es solo oposición, sino construcción activa de alternativas que cuestionan las jerarquías existentes y revalorizan lo común.

2. CASOS DE ESTUDIO DE MOVIMIENTOS SOCIALES EXITOSOS

• Movimiento por los Derechos Civiles en EE. UU.

Este movimiento es un ejemplo emblemático de cómo la resistencia no violenta, la desobediencia civil y los esfuerzos legales pueden converger para crear un cambio social significativo. Liderado por figuras como Martin Luther King Jr. y Rosa Parks, el movimiento desafió las leyes Jim Crow a través de:

- **Protestas No Violentas**: Marchas pacíficas, como la Marcha sobre Washington de 1963.
- **Desobediencia Civil**: Boicots de autobuses y sentadas en mostradores segregados.
- **Litigios Legales**: Casos históricos como Brown vs. Board of Education.

• Primavera Árabe

La Primavera Árabe, iniciada a finales de 2010, representa una oleada revolucionaria sin precedentes en el mundo árabe. Comenzando en Túnez con la inmolación de Mohamed Bouazizi como protesta por el abuso policial, las movilizaciones se extendieron rápidamente a Egipto, Libia, Siria, Yemen y otros países, donde miles de personas exigieron libertad, justicia y el fin de regímenes autoritarios.

Un elemento distintivo de este movimiento fue el papel de las redes sociales y la tecnología digital. Plataformas como Facebook, Twitter y YouTube se convirtieron en herramientas esenciales para convocar protestas, documentar abusos y difundir información sin censura. Aunque los resultados fueron diversos y en algunos casos derivaron en conflictos armados, la Primavera Árabe demostró el potencial de la conectividad digital como catalizadora del cambio social.

Estos ejemplos muestran que, cuando la organización, la estrategia y la convicción confluyen, los movimientos sociales pueden lograr cambios duraderos.

3- DESAFÍOS DE LOS MOVIMIENTOS DE RESISTENCIA

Los movimientos de resistencia enfrentan numerosos desafíos en su lucha por el cambio social. Uno de los mayores obstáculos es la represión por parte de las autoridades, que puede incluir vigilancia, hostigamiento, detención arbitraria, violencia e incluso tortura y asesinato de activistas. Además, los movimientos deben lidiar con la fragmentación interna debido a desacuerdos sobre estrategias, objetivos y liderazgo, lo que puede reducir su cohesión y efectividad.

En la era digital, la desinformación es otra herramienta poderosa utilizada contra los movimientos de resistencia. La difusión de falsedades puede socavar la credibilidad del movimiento, sembrar discordia interna y confundir al público sobre sus objetivos y métodos. Para contrarrestar estos desafíos, los movimientos deben mantener el ímpetu y adaptarse a los cambios tácticos. Esto incluye formar alianzas con otros grupos y organizaciones, invertir en la formación continua de sus miembros, y fomentar una cultura de cuidado y apoyo mutuo dentro del movimiento.

La adaptabilidad es clave. Los movimientos exitosos emplean una variedad de tácticas, desde el activismo digital hasta la acción directa, para mantenerse relevantes y efectivos.

Fomentar la inclusión y la equidad dentro del movimiento es esencial para su cohesión y éxito a largo plazo, como también la claridad en los objetivos, la transparencia en las acciones y una comunicación efectiva.

La historia de los movimientos sociales ofrece valiosas lecciones para futuros esfuerzos de cambio social. La fortaleza de un movimiento reside en su capacidad para unir a personas de diversos orígenes alrededor de una causa común, manteniendo al mismo tiempo un respeto por la diversidad de tácticas y experiencias. La colaboración con otros grupos y movimientos, incluso a nivel internacional, puede amplificar el impacto y compartir recursos valiosos.

Es fundamental fortalecer las bases de apoyo y acción a través de la educación en ciudadanía, la alfabetización mediática y digital, y la promoción de espacios para el diálogo y la participación. La solidaridad global puede potenciar los movimientos de resistencia, permitiendo un intercambio de estrategias y un enfoque coordinado para abordar problemas globales como el cambio climático, la desigualdad y los derechos humanos.

El poder jamás se cede voluntariamente; siempre debe ser arrebatado. Michel Foucault nos recordaba que "donde hay poder, hay resistencia", pero la resistencia no es suficiente si no está acompañada de organización y conciencia estratégica. La historia está llena de rebeliones que fracasaron porque fueron incapaces de articular una alternativa viable al sistema que combatían. La verdadera revolución no es solo la que destruye el viejo orden, sino la que construye uno nuevo. Sin embargo, este nuevo orden no puede ser una simple inversión de la jerarquía existente; debe ser una ruptura radical con las estructuras de dominación. La lucha no se trata solo de reemplazar gobernantes, sino de transformar las relaciones de poder en su conjunto. ¿Estamos preparados para un cambio real o solo buscamos una nueva versión del mismo sistema con rostros distintos?

La resistencia es tanto un acto de desafío como un imperativo ético. A lo largo de la historia, las personas comunes han logrado transformaciones extraordinarias frente a adversidades aparentemente insuperables. Movimientos como las luchas por los derechos civiles y las movilizaciones globales por la justicia climática demuestran que la resistencia colectiva no solo es un motor de progreso, sino la única esperanza.

Las estrategias de resistencia y cambio social, evidencia que, a pesar de los mecanismos de control ejercidos por las élites, surgen formas de lucha que desafían el statu quo. Las acciones colectivas y los movimientos sociales no solo reflejan la insatisfacción ante un sistema desigual, sino que también plantean caminos reales para la transformación de la sociedad.

Partiendo de esta comprensión, nos preparamos para, el siguiente capítulo, *"La Ciudadanía Activa como Motor de Resistencia y Transformación"*, se explora el papel del compromiso ciudadano y la participación activa como catalizadores de cambios estructurales. Esta transición nos invita a pasar del análisis de la resistencia a la exploración de cómo cada individuo, desde la acción colectiva, puede convertirse en un verdadero agente de cambio.

Síntesis Crítica

La resistencia y el cambio social no son fenómenos aislados ni espontáneos. Son el resultado de procesos organizados, sostenidos y estratégicos que confrontan sistemas de dominación con propuestas de transformación. La historia demuestra que la acción colectiva, cuando es consciente y articulada, tiene el poder de desestabilizar estructuras opresivas y generar alternativas viables.

No obstante, el riesgo de reproducir viejas lógicas de poder siempre está latente. Por eso, el verdadero potencial de la resistencia reside en su capacidad para mantenerse crítica, plural y profundamente transformadora.

Aprendizajes Clave

- Las formas de resistencia varían desde la protesta directa hasta la construcción de alternativas autónomas en el tejido social.
- La acción colectiva organizada puede desafiar y debilitar las estructuras y sistemas de poder más opresivos.
- La articulación de redes de apoyo, demandas claras y formación continua es esencial para sostener el cambio.
- La ética, la inclusión y la conciencia crítica deben guiar todo proceso de transformación social.

Preguntas para la Reflexión

1. ¿Qué ejemplos actuales evidencian la eficacia de las estrategias de resistencia frente a la manipulación global?
2. ¿Qué papel debe jugar el individuo en el marco de una resistencia organizada?
3. ¿Cómo podemos utilizar las herramientas digitales de manera ética y efectiva para promover el cambio social?
4. ¿Cómo aseguramos que las estrategias de resistencia no reproduzcan las mismas estructuras de poder que buscamos derrocar?

CAPÍTULO XX
LA CIUDADANÍA ACTIVA COMO MOTOR DE RESISTENCIA Y TRANSFORMACIÓN

"La ciudadanía activa es la chispa que enciende la llama del cambio, transformando la crítica en acción."
– Inspirado en movimientos sociales.

La participación ciudadana es una necesidad urgente para enfrentar la manipulación sistémica y recuperar el sentido profundo de la democracia. Este capítulo profundiza en el rol de la ciudadanía consciente y organizada como la principal fuerza catalizadora del cambio social.

En un mundo donde las élites han capturado las estructuras de poder y manipulan la democracia para perpetuar sus privilegios, la ciudadanía activa deja de ser una opción y se convierte en una necesidad. Los mecanismos de participación tradicionales, como las elecciones, los partidos políticos y las instituciones, han sido secuestrados por intereses privados, reduciendo la representación popular a una fachada vacía.

Frente a este escenario, la resistencia ciudadana se presenta como la única alternativa viable. La organización colectiva permite construir poder desde abajo; la comunicación alternativa desafía los relatos hegemónicos; y la educación crítica desmonta las narrativas impuestas por el poder. Solo a través de una ciudadanía informada y movilizada es posible desarticular los engranajes de la dominación. Estas herramientas no solo quiebran el cerco de control, sino que también abren caminos hacia una transformación auténtica, donde la democracia recupere su sentido original: el gobierno del pueblo.

1. RECUPERANDO LA DEMOCRACIA

Las democracias han sido reducidas a rituales electorales vacíos, donde los ciudadanos eligen entre opciones diseñadas para proteger los intereses de los grandes grupos económicos. El poder político ha sido diseñado para mantener a las masas en una falsa sensación de decisión, mientras que las verdaderas resoluciones se toman a puerta cerrada en las juntas de accionistas de grandes conglomerados financieros.

Revertir este proceso implica construir una democracia radicalmente participativa, que devuelva el poder a la ciudadanía mediante:

• **Presupuestos participativos**

Un contrapeso al clientelismo, permitiendo a las comunidades decidir el destino de los recursos públicos, evitando la corrupción y la desviación de fondos hacia intereses privados.

• **Consejos ciudadanos autónomos**

No simples espacios decorativos, sino instancias reales de fiscalización y deliberación, donde se exija transparencia y rendición de cuentas.

• **Iniciativas populares vinculantes**

Eliminando las trabas burocráticas y las barreras políticas que impiden la promulgación de leyes desde la base ciudadana.

• **Referéndums revocatorios**

Mecanismos para destituir a representantes que traicionen el mandato popular, evitando la consolidación de redes clientelares.

Una democracia sin control ciudadano permanente se convierte en una fachada técnica al servicio del capital. Solo mediante la vigilancia activa de la ciudadanía puede evitarse la captura del Estado por intereses privados. La democracia no puede limitarse a un acto periódico de votación, sino que debe vivirse cotidianamente en cada decisión pública. Es en la calle, en las asambleas comunitarias, en los espacios de deliberación colectiva donde se forja una verdadera soberanía popular. Sin mecanismos de participación directa, la democracia degenera en simulacro. Recuperarla exige voluntad política, movilización social y una ciudadanía empoderada y consciente de su rol histórico.

2. EL PODER DE LAS ORGANIZACIONES

La historia demuestra que los avances en derechos y justicia social han sido posibles gracias a la organización colectiva. Los movimientos sociales han sido criminalizados precisamente porque desafían estructuras opresivas y proponen alternativas.

Ejemplos clave incluyen:

• Movimientos anticoloniales

Desde la independencia de las naciones africanas y latinoamericanas hasta las actuales luchas contra el neocolonialismo financiero impuesto por el FMI y el Banco Mundial.

• Luchas obreras

Desde la revolución industrial hasta los sindicatos modernos, las luchas laborales han conseguido derechos que hoy están siendo erosionados por la precarización y la automatización.

• Movimientos feministas y decoloniales

Enfrentando no solo desigualdades estructurales, sino también la mercantilización de sus luchas por parte del sistema capitalista.

• Resistencias medioambientales

Las resistencias han desenmascarado los vínculos entre gobiernos y conglomerados extractivistas responsables del saqueo planetario. Sin organización efectiva, la protesta se diluye en gestos simbólicos absorbidos por el sistema.

No basta con oponerse: se requieren estrategias políticas y económicas que disputen las lógicas del capital y del desarrollo hegemónico. La resistencia se fortalece cuando se entrelaza con comunidades locales y saberes ancestrales, convirtiéndose en fuerza transformadora.

Estas luchas denuncian la destrucción ecológica y la marginación de pueblos históricamente despojados. La ecología política exige justicia ambiental ligada a la justicia social.

Redes de autogestión, agroecología y soberanía alimentaria son respuestas urgentes frente al colapso global.

3. MEDIOS ALTERNATIVOS Y GUERRA INFORMATIVA

El aparato mediático es un brazo del poder económico, diseñado para moldear la opinión pública y neutralizar el pensamiento crítico.

Quienes controlan la información tienen el poder de definir qué es real y qué no lo es. Frente a este cerco informativo, la ciudadanía activa debe fortalecer:

• Medios comunitarios independientes

Radios, televisiones y periódicos gestionados por la comunidad, capaces de generar contrainformación desde la base.

• Periodismo de investigación autónomo

Que revele los lazos de corrupción entre el poder político y el económico, evitando la censura de los grandes medios.

• Redes digitales descentralizadas

Que protejan la información de la censura de las corporaciones tecnológicas, que filtran y suprimen el contenido que desafía el orden establecido.

• Hacktivismo y ciberresistencia

Ya mencionado en otro capítulo, pero que como herramientas para exponer la vigilancia masiva y los mecanismos de control digital es indispensable para contrarrestar esta hegemonía.

La lucha por el discurso no es una disputa meramente simbólica, sino una confrontación directa por la definición misma de la realidad social. Quien controla los marcos narrativos determina qué hechos adquieren relevancia, cuáles se invisibilizan y cómo deben ser interpretados. La información, lejos de ser neutral, opera como un dispositivo de poder que ordena el mundo, jerarquiza verdades y legitima decisiones políticas, económicas y culturales. Al monopolizar los canales de difusión, se condiciona la percepción colectiva y se reduce el margen del pensamiento crítico. De esta manera, el control informativo no solo orienta opiniones, sino que moldea identidades y conductas. En este escenario, dominar el discurso equivale a gobernar la experiencia social.

4. EDUCACIÓN CRÍTICA: DESACTIVANDO EL ADOCTRINAMIENTO SISTÉMICO

La escuela tradicional, diseñada para reproducir el statu quo, ha generado sujetos pasivos, adaptados a la obediencia y desprovistos de herramientas para el pensamiento crítico. La transformación educativa es vital para el surgimiento de una ciudadanía autónoma y comprometida.

Propuestas clave:

- **Pedagogías de la liberación**: Inspiradas en pensadores como Paulo Freire, promueven el diálogo, la problematización y la conciencia crítica como base del aprendizaje.

- **Educación en desobediencia civil**: Enseñando a desafiar leyes injustas y estructuras opresivas, recuperando el derecho a la insurrección frente a la tiranía.

- **Formación en autogestión**: Para que las comunidades creen espacios autónomos de conocimiento y acción, rompiendo con la dependencia institucional.

Sin una educación que libere, las nuevas generaciones serán cómplices involuntarios del sistema que las oprime. En lugar de preparar para el mercado, la educación debe preparar para la emancipación, reconociendo a los estudiantes como sujetos políticos.

Una educación crítica debe cuestionar las narrativas oficiales, visibilizar historias silenciadas y fomentar la empatía como herramienta de transformación. Es necesario recuperar la escuela como espacio de disputa cultural, donde se formen personas capaces de imaginar otros mundos posibles.

La tarea no es solo enseñar contenidos, sino despertar conciencias. Solo así podrá emerger una ciudadanía activa, creativa y dispuesta a transformar el orden injusto que naturalizamos cada día. Allí donde el agua, la tierra y el aire son defendidos como bienes comunes, la vida se convierte en trinchera. Y la esperanza, en herramienta de combate. La resistencia, entonces, se hace cuerpo, territorio y horizonte.

5. CONSTRUYENDO COMUNIDADES RESILIENTES

La resistencia no se sostiene solo desde la protesta, sino desde la construcción de alternativas viables. Las comunidades deben desarrollar su autonomía frente a un sistema que las precariza.

Algunas estrategias:

- **Economías solidarias**: Empresas cooperativas y sistemas de intercambio fuera de la banca tradicional, que desafíen el modelo neoliberal.

- **Soberanía alimentaria**: Producción agroecológica fuera del control de agroindustrias depredadoras, asegurando el acceso a alimentos sanos y sustentables.

- **Redes de apoyo mutuo**: Sistemas comunitarios para la salud, vivienda y seguridad, fortaleciendo lazos de solidaridad en tiempos de crisis.

La transformación profunda se construye desde abajo, desde la cotidianidad organizada.

La historia ha demostrado que los cambios más profundos no han surgido desde las cúpulas del poder, sino desde la organización colectiva de los pueblos. John Dewey sostenía que la democracia no es solo un sistema de gobierno, sino una forma de vida que debe ejercerse activamente. Sin embargo, la ciudadanía ha sido reducida a un rol pasivo, donde la participación se limita al acto de votar cada cierto tiempo, sin incidencia real en las decisiones que afectan la vida cotidiana. Mientras la política siga siendo un espectáculo diseñado para entretener más que para empoderar, la transformación será imposible. Recuperar la democracia implica desmantelar las estructuras que han convertido al ciudadano en un espectador y devolverle su capacidad de agencia. La pregunta clave es: ¿cómo se construye una ciudadanía que no solo demande?

El objetivo no es simplemente sobrevivir, sino construir alternativas reales al sistema impuesto. No existe neutralidad en tiempos de crisis, o se es agente de cambio, o se es cómplice de la perpetuación del dominio. La ciudadanía activa no es un ideal abstracto, sino la única herramienta que queda ante un sistema que ha convertido a la población en un recurso explotable. Es hora de asumir un papel activo en la historia o resignarse a ser solo otra pieza en el engranaje de la manipulación global.

La ciudadanía activa es el principal motor de la transformación social. Esto demuestra que el cambio no es únicamente responsabilidad de los grandes movimientos, sino que también se alimenta de la participación diaria de cada individuo. El compromiso cívico y la acción colectiva son fundamentales para desmantelar estructuras opresivas y construir una sociedad más equitativa.

A lo largo de este libro, se han explorado los mecanismos a través de los cuales la participación ciudadana se convierte en una herramienta indispensable para la justicia social. Es imperativo sintetizar estas ideas para convocar a cada lector a ser parte activa en la construcción de un futuro más justo y democrático.

Síntesis Crítica

Este capítulo enfatiza en que la ciudadanía activa no es una opción, sino una necesidad política urgente. La participación real, crítica y organizada es la única vía para confrontar democracias vaciadas, medios manipulados, educación domesticadora y economías deshumanizantes. El cambio no vendrá desde arriba: nacerá del compromiso consciente de quienes se nieguen a ser espectadores de su propia historia.

Aprendizajes Clave:

- La ciudadanía activa es un proceso que implica acción sostenida, organización y conciencia crítica.
- La transformación democrática exige romper con la pasividad y crear mecanismos reales de participación desde la base.
- La integración de diversas voces y experiencias es fundamental para crear un sistema verdaderamente democrático y equitativo.

Preguntas para la Reflexión

1. ¿Qué experiencias de participación ciudadana en tu entorno han demostrado capacidad transformadora?

2. ¿Qué elementos impiden que la ciudadanía se involucre de manera activa y crítica en los asuntos públicos?

3. ¿Cómo podemos construir espacios autónomos de acción colectiva frente a la cooptación institucional?

CAPÍTULO XXI
CONCLUSIÓN

" El final de un camino es, en esencia, el comienzo de otro, donde cada acción sembrada se convierte en el germen de un futuro transformador."

— Inspirado en la filosofía taoísta.

A lo largo de esta obra, hemos desvelado los engranajes ocultos que sostienen la arquitectura del poder. Hemos comprendido que el poder no se manifiesta únicamente en sus expresiones visibles— la fuerza militar, el aparato burocrático o la legislación coercitiva— sino que opera de manera insidiosa, infiltrándose en la cultura, el lenguaje, la educación y la psicología colectiva de los pueblos. Este andamiaje invisible somete a las mayorías mientras privilegia a unos pocos.

PRINCIPALES HALLAZGOS

Uno de los hallazgos más contundentes de nuestra investigación ha sido la confirmación de que el poder no es una esencia inmutable, sino una construcción social que se sostiene sobre la base del consentimiento y la obediencia. Las élites que han diseñado la arquitectura de la dominación no poseen una fuerza intrínseca que las haga superiores al resto de la humanidad; su autoridad se erige sobre la pasividad, la resignación y la falta de conciencia crítica de las masas. La historia está plagada de ejemplos en los que las estructuras hegemónicas han colapsado cuando los oprimidos han decidido desafiar su autoridad y reclamar su derecho a la autodeterminación.

Recién analizamos con rigor las estrategias que las élites han desplegado para perpetuar su dominio: la manipulación de la información, la fabricación del consenso, la imposición del miedo y la sutil normalización de la desigualdad. Estos mecanismos no son casuales ni fortuitos; por el contrario, responden a una planificación deliberada cuyo propósito es la consolidación y mantenimiento del statu quo.

Vivimos atrapados en una disonancia permanente entre la realidad material que experimentamos y la narrativa impuesta por las élites que controlan el destino de las naciones. Se nos ha inculcado la idea de que el sistema en el que vivimos es el único posible, que el orden socioeconómico actual es una consecuencia natural de la evolución humana, y que cualquier intento de subvertirlo es utópico, peligroso o irracional. Sin embargo, como bien advertía Jean-Jacques Rousseau, no es la naturaleza la que nos somete, sino la estructura política y económica que ha sido diseñada para mantenernos encadenados.

En este sentido, es imperativo comprender que la servidumbre no es un estado irreversible, sino una condición impuesta a través de la educación dogmática, el miedo institucionalizado y la normalización de la desigualdad. La pasividad social no es una característica inherente a la condición humana, sino el resultado de una ingeniería ideológica diseñada para perpetuar la sumisión. A esto podemos llamarlo "mediocridad pasiva", un fenómeno que induce a la aceptación acrítica del orden establecido, fomentando la conformidad y anulando la capacidad de cuestionamiento. Las estructuras educativas y culturales han sido moldeadas para adormecer la voluntad, promoviendo la resignación en lugar de la resistencia.

Hemos sido adoctrinados para aceptar la injusticia como un fenómeno natural, para ver en la miseria una consecuencia del destino y no de un diseño político deliberado. Las instituciones que deberían garantizar la libertad y la equidad han sido instrumentalizadas para perpetuar la supremacía de una minoría, y la democracia misma ha sido reducida a un ritual vacío en el que las decisiones fundamentales siguen siendo tomadas por aquellos que ostentan el control del capital y los recursos.

Otro de los grandes artificios del poder ha sido la construcción de la escasez como argumento legitimador de la desigualdad. Nos han inculcado la idea de que los recursos del planeta son insuficientes para garantizar el bienestar de todos, y que la desigualdad es una consecuencia natural del progreso. Sin embargo, esta narrativa oculta una realidad mucho más compleja: la desigualdad no es un fenómeno inevitable, sino el resultado de un diseño político y económico dominante que ha consolidado un régimen de acumulación extrema.

En este sistema, una ínfima porción de la humanidad concentra la mayor parte de los bienes, mientras que millones de personas carecen de lo indispensable para vivir con dignidad. La riqueza, lejos de ser un recurso limitado, es acumulada de manera desproporcionada, generando brechas insalvables que despojan a las sociedades de su verdadero potencial. La riqueza global es vasta y suficiente para satisfacer las necesidades básicas de todos, pero su concentración extrema impide un acceso equitativo.

Este desequilibrio no solo perpetúa la pobreza y la exclusión, sino que también limita el desarrollo colectivo. La distribución injusta de los recursos no es un problema de escasez, sino de prioridades y de poder. Por ello, es fundamental cuestionar las estructuras que sostienen esta dinámica y trabajar hacia un modelo que garantice una distribución más equitativa de la riqueza, permitiendo que todas las personas puedan vivir con dignidad y plenitud.

El desarrollo tecnológico, en lugar de ser un vehículo para la emancipación humana, ha sido convertido en un instrumento de vigilancia, control y alienación. Sin embargo, no todo está perdido. Así como la tecnología ha sido utilizada como un mecanismo de dominación, también encierra el potencial para revertir la relación de poder. La descentralización del conocimiento, el acceso a información alternativa y la capacidad de interconexión global han generado las condiciones para una resistencia sin precedentes.

Finalmente, el mayor hallazgo de esta obra es que la esperanza no es una ilusoria quimera, sino un arma de transformación. Nos han querido convencer de que no hay alternativa, de que el mundo está condenado a la desigualdad, al control y al sometimiento. Pero la historia de la humanidad es la historia de sus rupturas, de sus insurgencias, de su capacidad para reconstruirse desde las cenizas de la opresión. La pregunta no es si el cambio es posible, sino cuándo decidiremos asumirlo como un mandato ineludible.

La rebelión no es un acto de desesperación, sino un deber histórico. No es el resultado de una utopía ingenua, sino la única respuesta racional ante un sistema que ha demostrado ser insostenible e incompatible con la dignidad humana. Cada generación tiene una responsabilidad ineludible con su tiempo. La nuestra no es la excepción. Nos encontramos en un punto de inflexión donde la sumisión ya no es una opción viable. La lucha por la justicia, la equidad y la dignidad humana no se concede; se conquista. El poder no se mendiga; se disputa. La emancipación no es una utopía; es una necesidad impostergable.

Que este libro no sea solo un testimonio de las estructuras de dominación, sino un manifiesto de resistencia. Que cada palabra no solo ilumine las lógicas de opresión, sino que también despierte la conciencia crítica y el compromiso transformador. La historia no es un destino prefijado ni una construcción monolítica: es el terreno donde la voluntad, la lucha y la razón modelan el porvenir. La alienación del individuo no es una condición inevitable, sino el resultado de un sistema que ha sido diseñado para neutralizar su capacidad de autodeterminación. La emancipación no consiste simplemente en abolir la opresión visible, sino en erradicar las estructuras ideológicas que la sustentan.

Es en este punto donde el papel de la educación adquiere una relevancia central. La verdadera educación no es aquella que doméstica, sino la que libera. No es aquella que impone dogmas, sino la que cultiva el pensamiento crítico y la autonomía intelectual. Si la sociedad ha sido moldeada para la sumisión, entonces el mayor acto de resistencia es la construcción de una pedagogía que devuelva al individuo su capacidad de cuestionar, de imaginar y de transformar.

AGRADECIMIENTOS

"La libertad no se mendiga, se conquista."

– Nelson Mandela

En nombre de la verdad, la justicia y el compromiso con un mundo más digno, deseo expresar mi más profundo agradecimiento a todos los autores, activistas y personajes cuyas valientes luchas y escritos han iluminado el camino hacia una sociedad de valores y compromiso con la verdad.

A aquellos que han dedicado sus vidas a la búsqueda incansable de la verdad, a pesar de la adversidad y el peligro, les debemos una gratitud infinita. Sus palabras y acciones nos guían hacia una comprensión más profunda de las injusticias que afligen a nuestra sociedad.

A los autores cuyas obras han desafiado las narrativas dominantes y han expuesto verdades incómodas, nuestra gratitud eterna. Su valentía al enfrentar la censura y la represión nos inspira a levantar nuestras propias voces en defensa de la verdad y la justicia.

A los activistas comunitarios que han liderado movimientos de base con valentía y han trabajado incansablemente para construir un mundo más inclusivo y compasivo, y a los defensores de los derechos humanos que han arriesgado sus vidas en la lucha por la igualdad y la dignidad para todos, les estamos eternamente agradecidos. Su dedicación y sacrificio es una poderosa muestra de la fuerza del espíritu humano y la capacidad de resistencia frente a la adversidad. A los líderes visionarios que han marcado época con su integridad, su coraje y su capacidad de movilizar conciencias, les extiendo mi más sincera gratitud. Su legado no solo ha transformado naciones, sino que sigue siendo un referente ético ineludible para quienes creemos en la posibilidad de un mundo más justo.

En especial, honramos la memoria de Mahatma Gandhi, cuya filosofía de la resistencia pacífica ha inspirado movimientos de liberación en todo el mundo; a Nelson Mandela, cuyo sacrificio y liderazgo moral guiaron a Sudáfrica hacia la reconciliación y la justicia después de décadas de apartheid; y a Martin Luther King Jr., cuyo sueño de igualdad y fraternidad sigue resonando en las campanas del tiempo como baluarte de esperanza en un mundo lleno de desigualdad y división.

A todos aquellos —nombrados y anónimos— cuyas palabras y acciones han contribuido a la causa de la verdad y la justicia, les extendemos nuestro más sincero agradecimiento. Sus luchas no han sido en vano: son semillas de conciencia que siguen germinando.

Que sus ejemplos continúen inspirándonos en nuestros esfuerzos por construir un futuro donde la verdad prevalezca sobre la mentira, la justicia sobre la opresión y la dignidad sobre el olvido. Con sus luchas, aportes y dedicación, podemos avanzar juntos hacia un mundo mejor para las generaciones venideras.

EPÍLOGO
UN FUTURO POSIBLE

"La esperanza no es un refugio, es un arma. No se trata de esperar tiempos mejores, sino de forjarlos con cada acto de resistencia."
— Inspirado en Antonio Gramsci

Después de recorrer los oscuros laberintos del poder y desentrañar los mecanismos que lo perpetúan, una certeza se impone: no basta con comprender la opresión; es necesario combatirla. Hay que actuar para transformarla.

Es el momento de trascender desafiar el orden impuesto y diseñar nuevas realidades, y pasar de la denuncia a la acción. La historia no está escrita en piedra, y cada uno de nosotros tiene un papel que jugar en la construcción del futuro. A lo largo de esta obra, hemos desentrañado cómo las élites moldean la realidad a su antojo, imponiendo la narrativa de que la escasez es inevitable y que debemos resignarnos a competir por migajas. Sin embargo, el verdadero desafío no es la falta de recursos, sino su distribución injusta. La riqueza del mundo no es escasa, sino concentrada. La verdadera revolución económica comienza cuando reclamamos la soberanía colectiva sobre nuestros recursos.

Esta misma lógica de transformación aplica a la tecnología. Aunque ha sido instrumentalizada para la vigilancia y el control, también encierra un potencial emancipador: redes descentralizadas, software libre, criptografía, blockchain... Son herramientas que, puestas al servicio del pueblo, pueden erosionar el monopolio del poder corporativo y estatal. No se trata de rechazar la tecnología, sino de liberarla de sus ataduras.

El poder responderá, como siempre, con represión. Pero la historia demuestra que la represión no detiene a los pueblos que despiertan.

Cuando las comunidades se organizan, el miedo se quiebra. Cuando recuperamos la capacidad de autogobernarnos, el poder pierde su monopolio. La historia demuestra que los cambios no vienen de la concesión de las élites, sino de la presión colectiva de los pueblos.

La crisis climática que enfrentamos hoy es la consecuencia lógica de un sistema basado en la explotación sin límites. Pero la solución no vendrá de quienes se benefician de la devastación. La soberanía alimentaria, la producción descentralizada de energía y la reconexión con la tierra no son solo respuestas ecológicas; son herramientas políticas para retomar el control de nuestro destino. Defender el planeta es, en esencia, una lucha por el poder y la dignidad de la humanidad.

Las élites se han aferrado al poder con un discurso que insiste en que "no hay alternativa." Esa es su estrategia más efectiva: sembrar la desesperanza. Un pueblo sin esperanza es un pueblo sometido. Pero la esperanza, lejos de ser ingenuidad, es un arma de combate. Construir un nuevo mundo comienza en la imaginación y se materializa con la acción colectiva.

Cada acto de resistencia, cada comunidad que se fortalece, cada conciencia que se despierta, es una grieta en el sistema. Y cuando las grietas se multiplican, los cimientos del poder tiemblan. El futuro no está escrito. No se trata de esperar tiempos mejores, sino de forjarlos.

La pregunta, entonces, no es si el cambio es posible. La verdadera pregunta es: **¿te atreverás a construirlo?**

APÉNDICE
EL PODER DEL INDIVIDUO

"No hay poder sin consentimiento. Quien se libera del miedo, rompe las cadenas de su opresor. No basta con saber la verdad; hay que usarla como arma para la transformación."

— Inspirado en Antonio Gramsci

En la construcción de una sociedad más justa e inclusiva, el papel del individuo en el cuestionamiento de las normas y la democratización del conocimiento es fundamental. A lo largo de esta obra hemos examinado cómo las élites perpetúan su poder mediante la manipulación de la información, el control económico, la vigilancia tecnológica y la domesticación cultural. Sin embargo, la verdadera fuerza reside en la capacidad de cada persona para cuestionar, aprender y actuar.

Las élites han construido un sistema basado en la sumisión y la apatía, presentando la injusticia como algo natural. Pero su poder no es absoluto: depende de la obediencia de las masas. Cuando un individuo decide despertar y actuar, debilita la estructura del control. Cuando miles lo hacen, la transformación se vuelve inevitable.

Si has llegado hasta aquí, es porque tu percepción del mundo ha cambiado. Ahora sabes que el dominio de las élites no es inquebrantable y que la resistencia no solo es posible, sino necesaria. En este apéndice reunimos estrategias prácticas para fomentar la autonomía intelectual, la resistencia organizada y la acción colectiva.

1. Construcción de una conciencia crítica

El primer paso hacia la transformación es el desarrollo del pensamiento crítico. La manera en que percibimos la realidad está profundamente influenciada por los discursos de poder que moldean la información, la cultura y la política. Identificar sus sesgos y omisiones es esencial para desafiar el statu quo. Sin embargo, la educación tradicional no siempre fomenta el análisis profundo. Más allá de la formación oficial, es necesario construir una educación autónoma basada en la autogestión del conocimiento y el aprendizaje descentralizado. Para ello:

- **Cuestiona las narrativas dominantes**: Analiza cómo se construyen las noticias, las tendencias culturales y las políticas públicas.

- **Expande tu educación**: No dependas únicamente del sistema formal; busca lecturas independientes, investiga y participa en comunidades que promuevan la reflexión crítica.

- **Construye redes de aprendizaje**: Apoya y participa en espacios educativos alternativos que fomenten el debate y la autonomía intelectual.

2. Resistencia informativa y tecnológica

En la era digital, la información es el arma más poderosa. Controlar la narrativa significa controlar la percepción de la realidad. Por eso, la resistencia informativa y tecnológica es clave para enfrentar la censura y la desinformación. Algunas estrategias incluyen:

- **Apoyar medios independientes**: Contribuye a plataformas de comunicación autónoma que desafíen la manipulación masiva.

- **Fortalecer la alfabetización digital**: Aprende a identificar desinformación, evita la manipulación algorítmica y utiliza herramientas de privacidad en línea.

- **Ejercer el escepticismo informado**: No aceptes afirmaciones sin analizar su origen, propósito e implicaciones.

La tecnología puede ser una herramienta de control, pero también un medio de resistencia. El **hacktivismo** y la **ciberresistencia** permiten desafiar la vigilancia excesiva y defender la libertad de expresión en el entorno digital.

3. Acción política y participación ciudadana

El sistema político tradicional ha sido diseñado para limitar la participación ciudadana y perpetuar el dominio de las élites. Frente a esta realidad, la transparencia y la fiscalización ciudadana son fundamentales para exigir responsabilidad y combatir la corrupción. Pero observar no basta: la verdadera transformación surge cuando la ciudadanía asume un rol activo.

Para ello, es necesario:

- **Exigir transparencia y control ciudadano**: Utilizar herramientas de fiscalización social para denunciar irregularidades y evitar la impunidad.

- **Fomentar la participación directa**: Apoyar asambleas populares y mecanismos que permitan a la ciudadanía tomar decisiones de manera colectiva.

- **Ejercer la desobediencia civil organizada**: Implementar estrategias que deslegitimen estructuras opresivas y generen cambios sistémicos.

4. Construcción de un modelo económico más justo

Las desigualdades económicas no son accidentes del sistema, sino consecuencias de su diseño. Para construir una sociedad más equitativa, es fundamental replantear las políticas económicas desde una perspectiva inclusiva.

Algunas medidas clave incluyen:

- **Un sistema tributario progresivo**: Asegurar que quienes más tienen contribuyan proporcionalmente a los ingresos públicos.

- **Fortalecimiento del bienestar social**: Garantizar el acceso universal a salud, educación, vivienda y un ingreso básico digno.

- **Apoyo a modelos económicos alternativos**: Impulsar cooperativas, propiedad colectiva de recursos y sistemas de intercambio que redistribuyan el poder económico.

Una economía distinta no solo es posible: ya existe en los márgenes, esperando multiplicarse.

Este libro ha expuesto las sombras bajo las cuales operan las élites, pero también ha trazado caminos de emancipación. Sin embargo, ningún proceso colectivo de cambio es posible sin la decisión individual de actuar.

Cada persona tiene el poder de desafiar las narrativas impuestas, construir alternativas económicas, participar en redes de conocimiento y organizarse para la transformación social. El cambio no comienza en los parlamentos ni en los consejos corporativos, sino en la mente de cada individuo que decide no someterse.

Este no es un llamado al optimismo ingenuo, sino a la acción estratégica. El sistema es fuerte, sí, pero no invulnerable. Su poder se sostiene en la obediencia de las masas; su debilidad, en la insurrección de las conciencias, en la resistencia de quienes se niegan a jugar bajo sus reglas.

Las élites gobiernan porque la gente lo permite. Pero toda estructura de control se mantiene en pie solo mientras sus bases la sostienen. No basta con ver el mundo como es: **es hora de transformarlo**.

BIBLIOGRAFÍA

Libros

- Agamben, G. (1998). *Homo Sacer: El poder soberano y la nuda vida I.* Valencia: Pre-Textos.

- Agamben, G. (2003). *Estado de excepción.* Buenos Aires: Adriana Hidalgo.

- Alan, S. (2016). *The ADHD epidemic: How big pharma created the most overdiagnosed mental disorder of our time.* Scribner.

- Ainscow, M., & Miles, S. (Eds.). (2008). *Creando escuelas inclusivas: una guía práctica para promover la inclusión en las escuelas.* Routledge.

- Althusser, L. (1970). *Ideología y aparatos ideológicos de Estado.* París: La Pensée.

- Bauman, Z. (2000). *Modernidad líquida.* Buenos Aires: Fondo de Cultura Económica.

- Bauman, Z. (2007). *Vida de consumo.* Madrid: Fondo de Cultura Económica.

- Bourdieu, P. (2000). *La fuerza del derecho.* Madrid: Editores Siglo XXI.

- Bourguignon, F. (2015). *La globalización de la desigualdad.* Prensa de la Universidad de Princeton.

- Chomsky, N. (1991). *Ilusiones necesarias: control del pensamiento en las sociedades democráticas.* Barcelona: Crítica.

- Clausewitz, C. von (1832). *De la guerra.* Berlín: Dümmler.

- Derrida, J. (1967). *De la gramatología.* París: Les Éditions de Minuit.

- Desmarais, A. A., Wiebe, N., & Wittman, H. (Eds.). (2010). *Soberanía alimentaria: reconectando los alimentos, la naturaleza y la comunidad*. Fernwood Publishing.

- Dewey, J. (1938). *Experiencia y educación*. Macmillan.

- Eire, C. M. N. (2016). *Reformas: el mundo moderno temprano, 1450-1650*. Prensa de la Universidad de Yale.

- Fraser, N. (1997). *Justicia interrumpida: Reflexiones críticas sobre la condición "postsocialista"*. Routledge.

- Freire, P. (1970). *Pedagogía del oprimido*. Siglo XXI Editores.

- Foucault, M. (1976). *Vigilar y castigar: Nacimiento de la prisión*. París: Gallimard.

- Gay, G. (2010). *Enseñanza culturalmente receptiva: teoría, investigación y práctica* (2ª ed.). Prensa universitaria de profesores.

- Gergen, K. J. (1999). *Una invitación a la construcción social*. Publicaciones sabias.

- Graeber, D. (2011). *Deuda: Los primeros 5000 años*. Casa Melville.

- Harvey, D. (2005). *Breve historia del neoliberalismo*. Oxford: Oxford University Press.

- Herman, E. S., & Chomsky, N. (1988). *Consentimiento de fabricación: la economía política de los medios de comunicación*. Libros del Panteón.

- Horkheimer, M., & Adorno, T. W. (1947). *Dialéctica de la Ilustración*. Ámsterdam: Querido Verlag.

- Klein, N. (2007). *La doctrina del shock: el surgimiento del capitalismo del desastre*. Libros metropolitanos.

- Krajcik, J. S., & Blumenfeld, P. C. (2006). Aprendizaje basado en proyectos. In R. K. Sawyer (Ed.), *El handbook de Cambridge de las ciencias del aprendizaje* (pp. 317-333). Prensa de la Universidad de Cambridge.

- MacCulloch, D. (2004). *La reforma: una historia*. Libros de pingüinos.

- MacCulloch, D. (2010). *Una historia del cristianismo: los primeros tres mil años*. Libros de pingüinos.

- Mahan, A. T. (2013). *La influencia del poder naval en la historia, 1660–1783*. Madrid: Ministerio de Defensa de España.

- Marcuse, H. (1964). *El hombre unidimensional: Estudios sobre la ideología de la sociedad industrial avanzada*. Boston: Beacon Press.

- Marx, K., & Engels, F. (1848). *El Manifiesto Comunista*. Londres: Partido Comunista.

- Moss, M. (2013). *Sal, azúcar, grasa: cómo los gigantes de la alimentación nos engancharon. Random House*.

- *Moynihan, R., & Cassels, A. (2006). La venta de enfermedades: Cómo las grandes farmacéuticas nos convierten en pacientes. Barcelona: Ediciones Urano*.

- Neill, A. S. (1960). *Summerhill: Un enfoque radical para la crianza de los niños*. Compañía editorial Hart.

- Nestle, M. (2007). *Política alimentaria: Cómo la industria influye en la nutrición y la salud*. Madrid: Ediciones Pirámide.

- Nestle, M. (2015). *Soda Politics: Taking on Big Soda (and Winning)* [Política de las gaseosas: Enfrentando a las grandes marcas de refrescos (y ganando), traducción propia]. Oxford University Press

- Perkins, J. (2005). *Confesiones de un gángster económico: La verdad sobre los crímenes económicos globales*. Editorial Planeta.

- Popkin, B. M., & Hawkes, C. (2016). *Dulcificación de la dieta global, especialmente las bebidas: patrones, tendencias y respuestas políticas* [Traducción propia]. *The Lancet Diabetes & Endocrinology*, 4(2), 174–186. https://doi.org/10.1016/S2213-8587(15)00419-2

- Rublack, U. (Ed.). (2017). *El handbook de Oxford de las reformas protestantes*. Prensa de la Universidad de Oxford.

- Schlosser, E. (2002). *Fast Food: El lado oscuro de la comida rápida*. Barcelona: Ediciones B.

- Smith, J. (2020). *La evolución de la tecnología digital.* Ciudad Fantasía: Editorial Tech.

- Smith, L. T. (1999). *Metodologías descolonizadoras: Investigación y pueblos indígenas.* Libros Zed.

- Stiglitz, J. E. (2002). *El malestar en la globalización.* Nueva York: W. W. Norton & Company.

- Stiglitz, J. E. (2002). *La globalización y sus descontentos.* W.W. Norton & Company.

- Wertheim, S. (2020). *Tomorrow, the World: The Birth of U.S. Global Supremacy* [Mañana, el mundo: El nacimiento de la supremacía global de EE. UU., traducción propia]. Harvard University Press.

- Zinn, H. (1980). *Una historia popular de los Estados Unidos.* Harper & Row.

- Zuboff, S. (2019). *La era del capitalismo de vigilancia: la lucha por un futuro humano en la nueva frontera del poder.* Nueva York: Asuntos Públicos.

Revistas

- American Journal of Therapeutics. (2021). Meta-analysis: The effectiveness of ivermectin in COVID-19 treatment. https://journals.lww.com/americantherapeutics

- BMJ. (2017). The high price of anticancer drugs: Origins, implications, barriers, and solutions. *BMJ*, 359, j4543. https://www.bmj.com/content/359/bmj.j4543

- BMJ. (2018). Editorial on the expulsion of Peter C. Gøtzsche. https://www.bmj.com/content/363/bmj.k4460

- BMJ. (2019). Selling sickness: The medicalization of ordinary life. *BMJ*, 364, l1090. https://www.bmj.com

- Cialdini, R. B. (1984). "Influencia: la psicología de la persuasión". *Revista de marketing*, 12(4), 35-44.

- Doe, J. (2019). "Influencia de las redes sociales en las elecciones". *Revista de Medios Sociales*, 15(3), 123-135.

- Gómez, E. J., & Harris, J. L. (2016). Deserts alimentarios y desigualdad nutricional en América Latina. *Global Health Review*, 2(1), 34–49.

- GBD 2019 Risk Factors Collaborators. (2020). Global burden of 87 risk factors in 204 countries and territories, 1990–2019: A systematic analysis. *The Lancet*, 396(10258), 1223–1249. https://doi.org/10.1016/S0140-6736(20)30752-2

- Pires, A. C. S., et al. (2021). Front-of-pack nutrition labeling: Evidence on effectiveness from a scoping review. *Public Health Nutrition*, 24(3), 567–582. https://doi.org/10.1017/S1368980020004354

- Tuck, E., & Yang, K. W. (2012). "La descolonización no es una metáfora". *Descolonización: indigeneidad, educación y sociedad*, 1(1), 1-40.

Sitios web

- Alianza por la Salud Alimentaria. (2018). Subsidios, ultraprocesados y el precio de comer mal. https://alianzasalud.org.mx

- Banco Mundial. (2002). Crisis financiera en Argentina: Un análisis de la cesación de pagos del 2001. Recuperado de https://www.bancomundial.org/argentina-crisis-2001

- CBS News. (2015, 22 de septiembre). CEO: 5000-percent drug price hike 'not excessive at all'. Recuperado de https://www.cbsnews.com/news/turing-pharmaceuticals-ceo-martin-shkreli-defends-5000-percent-price-hike-on-daraprim-drug/

- Comisión Económica para América Latina y el Caribe (CEPAL). (2015). La región ha subestimado la desigualdad. https://www.cepal.org/es/comunicados/cepal-la-region-ha-subestimado-la-desigualdad

- Council of Europe. (2010). The handling of the H1N1 pandemic: More transparency needed. https://assembly.coe.int

- Encyclopedia Britannica (n.d.). El Concilio de Trento. Recuperado de https://www.britannica.com

- Green, A. (2018). "Cómo la inteligencia artificial está remodelando nuestras vidas". Inteligencia Digital Hoy. Recuperado de https://www.inteligenciadigital.com/ia-vidas

- Health Affairs. (n.d.). Insulin pricing and manufacturing cost analysis. https://www.healthaffairs.org

- Instituto Nacional de Estadística y Geografía de México (INEGI). (2019). Distribución de la riqueza en México 2018. Recuperado de https://www.inegi.org.mx/distribucion-riqueza-2018

- JAMA. (2020). Insulin's out-of-pocket cost burden to diabetic patients continues to rise. JAMA Network. https://jamanetwork.com

- Journal of Intellectual Property Law. (n.d.). Evergreening and pharmaceutical patents: The case of Pfizer and Viagra. https://digitalcommons.law.uga.edu/jipl/

- Monteiro, C. A., Moubarac, J. C., Cannon, G., Ng, S. W., & Popkin, B. (2013). Ultra-processed products are becoming dominant in the global food system. *Obesity Reviews*, 14(S2), 21–28. https://doi.org/10.1111/obr.12107

- Morozov, E. (2011). El engaño de la red: el lado oscuro de la libertad en Internet. Recuperado de https://www.netdelusion.com

- New York Times. (2015). Martin Shkreli raised the price of Daraprim from $13.50 to $750 per pill overnight. https://www.nytimes.com

- Office for National Statistics (ONS). (1991). Desigualdad y desempleo en la era Thatcher. Recuperado de https://www.ons.gov.uk/thatcher-era

- PLOS ONE. (n.d.). The cost-effectiveness and production analysis of Sovaldi (Sofosbuvir) for hepatitis C treatment. https://journals.plos.org/plosone/
- Programa de las Naciones Unidas para el Desarrollo (PNUD). (2017). Tendencias de la desigualdad de ingresos en el África subsahariana: divergencia, determinantes y consecuencias. Recuperado de https://www.undp.org
- Schlosser, E. (2001). Fast Food Nation: The Dark Side of the All-American Meal. Houghton Mifflin.
- SIPRI (Stockholm International Peace Research Institute). (2023). Informe anual sobre gasto militar global. Recuperado de https://www.sipri.org
- Stuckler, D., & Nestle, M. (2012). Big Food, Big Pharma: How the two giants reinforce global health problems. *Global Health Governance*, 6(2). http://ghgj.org/Stuckler%20and%20Nestle_Big%20Food%20Big%20Pharma.pdf
- The British Medical Journal (BMJ). (2021). Conflict of interest and influence of pharmaceutical funding in WHO recommendations. https://www.bmj.com
- The Crime of the Century. (2021). Documental sobre la crisis de opioides en EE.UU. [Película]. HBO Documentary Films.
- United Nations. (2020). Informe sobre la Desigualdad Global. Recuperado de https://www.un.org/reports/inequality2020
- World Health Organization. (2021). Noncommunicable diseases: Key facts. https://www.who.int/news-room/fact-sheets/detail/noncommunicable-diseases

Capítulos de libros

- Horkheimer, M., & Adorno, T. W. (1944). "Dialéctica de la Ilustración". En *Dialéctica de la Ilustración: Fragmentos Filosóficos* (pp. 50-120). Nueva York: Social Studies Association.

- López, M. (2021). "Educación digital para el futuro". En García, R. (Ed.), *Tecnología y sociedad* (pp. 95-110). Nueva Ciudad: Ediciones Futuro.

Otras fuentes

- Amnistía Internacional & Human Rights Watch. (varios años). Informes sobre uso excesivo de leyes coercitivas.

- Eisenhower, D. D. (1961). Discurso de despedida como presidente de los EE.UU. Washington D.C.